의식이라는 꿈

SWEET DREAMS:
Philosophical Obstacles to a Science of Consciousness
by Daniel C. Dennett

This Korean edition was published by BADA Publishing Co. in 2021 by arrangement with
The MIT Press through KCC(Korea Copyright Center Inc.), Seoul.

대니얼 데닛

의식이라는 꿈

SWEET DREAMS

뇌에서 의식은 어떻게 만들어지는가

문규민 옮김

바다출판사

데닛 의식 이론의 끝, 또는 환영론의 시작

이 책은 대니얼 데닛의《SWEET DREAMS: Philosophical Obstacles to a Science of Consciousness》을 국역한 것이다. 서문에서 데닛 스스로 밝히고 있듯이, 이 책에 수록된 강의록과 논문들은 그가《의식의 수수께끼를 풀다》에서 제시한 의식 이론에 대한 유지·보수 작업의 일환으로 볼 수 있다. 1990년대 초·중반에 데닛의 의식 이론을 다중 원고 모델multiple draft model이라는 이름으로 정리한 것이《의식의 수수께끼를 풀다》라면 이 책은 약 2000년대 초에 이르러 그 사이의 시간 동안 이루어졌던 논쟁과 연구를 반영한 데닛 의식 이론의 최종판이다.

데닛의 의식 이론은 크게 부정적·비판적 단계와 긍정적·설명적 단계로 나누어진다. 부정적·비판적 단계에서는 일부 철학자들이 제시하고 과학자들 또한 관심을 가지고 있는 감각질qualia, 현상적 속성phenomenal properties, 현상적 의식phenomenal consciousness, 주관성subjectivity과 같은 것들을 '해체'하는 작업이 이루어진다. 대략 1970년대부터 영미권의 심리철학, 언어철학에서는 순전히 물리적인 관점과 개념으로는 설명될 수 없는 의식의 사적이며 형언하기 힘든, 하지만 의식의 주체에게는 너무나 직접적이고 확실하게 알려지는 주관적인 느낌의 측면들에 대한 논의가 활발하게 이어지고 있었다. 이는 요샛말로 하자면 '느낌적 느낌'이라고도 할 수 있을 의식의 특성들인데 놀랍게도 데닛은 이러한 현상들의 존재 자체를 부정한다. 그런 느낌적 느낌은 없으며, 그런 것에 대한 믿음은 없는 것을 믿고 있다는 의미에서 마치 플로지스톤이나 유니콘에 대한 믿음과 같은 일종의 착각이나 '환영illusion'이라는 것이다. 따라서 이 책의 대부분은 감각질의 존재 또는 의식에 대한 형이상학적 또는 인식적 이원론dualism에 힘을 실어주는 현대 심리철학의 유명한 사고 실험들, 즉 데이비드 차머스David Chalmers의 좀비 논변zombie argument이나 프랭크 잭슨Frank Jackson의 지식 논변knowledge argument 등에 대한 치밀한 검토와 비판에 바쳐진다.

반면 긍정적·설명적 단계에서는 데닛의 의식 이론이 제시된다. 뇌가 의식을 어떻게 만들어내는지에 대한 이론적 모델을 제안하는 것이다. 이는 다중 원고 모델을 더욱 발전시키고 세련화한 것으로 데닛에 의해 '뇌 안의 명성fame in the brain', '두뇌의 유명인cerebral celebrity' 등으로 알려진 바 있는데, 이 책에서는 '환상의 메아리 이론fantasy echo theory'이라는 멋진 이름으로 불리고 있다. 환상의 메아리 이론은 스타니슬라스 드엔Stanislas Dehaene의 광역 뉴런 작업 공간 이론Global Neuronal Workspace Theory, GNWT을 뼈대로 삼아 데닛이 보충적 설명을 덧붙인 것으로, 그 핵심은 뇌 안에서 매 순간마다 정보들, 표상들, 신호들 사이에서 선거 또는 오디션과 같은 경쟁과 선발 과정이 일어난다는 것이다. 말하자면 의식적 뇌는 최정상의 자리를 두고 온갖 정보, 표상, 신호들이 서로 정치적인 경쟁을 벌이고 있는 아수라장인 것이다. 매 순간 치열한 경쟁을 뚫고 최정상의 자리에 선 정보나 표상은, 마치 선출된 권력이 전 사회를 지배하듯이 뇌 구석구석에 울림과 반향을, 즉 메아리를 일으킴으로써 승자독식의 상황을 연출한다. 이 최정상의 정보나 표상은 뇌 구석구석에 울려퍼진다는 의미에서 '광역적으로 접근 가능'하게 되는 것이다. 그렇게 뇌 전체에 메아리치는 정보나 표상이 바로 그 시점에서의 의식의 내용이 된다. 환상의 메아리 이론의 기본적인 생각은 다중 원고 모델과 크게 다르지 않으나 기능적 뇌 영상 기술의 발달로 인해 활발하게 연구된 GNWT, 명성, 메아리 등의 설명적인 은유, 그리고 이들을 뒷받침하는 신경생리학의 최신 연구들을 통해 이전보다 더 정밀해졌다고 할 수 있다.

과연 데닛이 말하는 것처럼 의식적 경험의 감각질, 주관성, 현상적 속성들에 대한 믿음은 환영이고 따라서 그들을 물리적으로 설명할 수 없다는 의식의 '어려운 문제the Hard problem'는 애초에 잘못 제기된 사이비 문제일 뿐일까? 실제로 어려운 문제의 발견자(또는 발명자)인 차머스와 데닛은 수차례에 걸쳐 논문과 대면 토론을 통해 치열하게 논쟁한 바 있다. 이들의 논쟁은 의식 이론의 데이터가 무엇인지를 놓고 벌어지는데, 이는 사실 철학적 논쟁이라기보다는 철학과 과학에서 직관이 가지는 지위를 둘러싼 메타 철학적 논쟁에 가깝다. 차머스에게서 감각질, 주관성, 현상적 속성 등은 그 자체로 주어진 데이터로서 너무나 원초적이고 직관적이기에 필요 충분 조건을 통한 환원적이고 이론적인 정의가 불가능하고, 따라서 그것을 부정하는 것은 의식 이론이 설명해야 할 것을 도외시하는 것과 같다. 반면에 데닛에게서 그들은 그 자체로 주어진 게 아니라 상당히 문제적인 직관에 의해 은밀하게 구성된 믿음에 불과하다. 그는 감각질에 대한 합의된 정의가 없으며, 대충 합의된 정의의 경우 곤란한 상황에 직면한다는 점을 지적함으로써 이를 보여 주려고 한다. 그래서 이 논쟁은 결국 '논증을 해야 할 쪽은 바로 당신'이라며 증명 부담을 서로에게 떠넘기는 식으로 진행되면서 평행선을 그리게 된다. 데닛은 물론 차머스 또한 이런 교착 상태의 성격을 잘 알고 있다. 논의의 공통 지반 자체가 문제화되고 있는 것이다.

데닛의 견해에서 오해하지 말아야 할 부분들이 있다. 우선 그의 주장은 의식에 대한 거칠고 단순한 제거주의brute eliminativism가 아니다. 데닛은 단순히 의식은 존재하지 않으며 따라서 우리 모두는 의식 없는 좀비라는 황당한 주장을 하고 있는 게 아니다. 그가 말하는 것은 일부 철학자들과 그에 동조하는 과학자들이 말하는 '그런' 의식, '그런' 주관성, '그런' 감각질은 없다는 것이다. 이에 데닛은 매우 비판적이고 회의적인 관점에서 감각질, 어려운 문제 등을 둘러싼 논쟁 지형에 대한 일종의 철학사회학적 또는 과학사회학적 기술을 제공하고 있다. 또한 데닛이 모든 직관을 다 거부하고 오직 삼인칭적이고 객관적인 과학적 조사에 올인해야 한다고 주장하는 것도 아니다. 이 점에서 데닛의 입장은 최근의 실험철학experimental philosophy과도 구분된다. 그의 요점은 아무 직관이나 마구 집어먹으면 안 된다는 것이다. 쉽게 포기하지 말아야 할 건강한 직관도 있고, 자격 미달로 폐기되어야 할 '불량 직관'도 있다. 데닛은 단지 그런 건강한 직관과 불량 직관을 개별 사례마다 그때그때 면밀하게 검토해야 한다고 제안할 뿐이다. 그래서 그는 좀비 논변이나 지식 논변, 또는 토머스 네이글Thomas Nagel의 '박쥐가 된다는 어떤 것'의 세부 사항들에 대해 현미경을 들이대고 전수 조사를 실시한다. 조사 결과 그런 직관들은 의식과학의 기초가 될 수 없는 불량 직관임이 드러난다는 것이다. 또한 이 과정에서 데닛은 검토 대상이 되는 사고 실험들을 패러디한 직관펌프intuition pumps를 제시한다. SF소설 뺨치게 기발한 이 직관펌프들은 상대가 애지중지하는 직관을 누그러뜨리면서 자신이 내세우는 직관을 끌어올리는 '데닛 스타일'의 정수를 생생하게 보여 준다.

이 책에 수록된 논문과 강의록 들은 데닛 의식 이론의 핵심을 보여 줄 뿐만 아니라, 특히 의식에 대한 최신의 철학적 논쟁을 예견하고 있기도 하다. 최근의 의식에 대한 철학적 논쟁에서 주목을 끌고 있는 이론으로 범심론panpsychism과 환영론illusionism을 꼽을 수 있는데, 이는 의식의 어려운 문제에 대한 두 가지 극단적 대응이라고 할 수 있다. 범심론의 핵심은 거칠게 말해 의식은 아니지만 모종의 방식으로 결합될 경우 의식이 될 수 있는 것들, 즉 의식의 '싹'이나 '원자재'라고 할 만한 것들이 물리적 우주를 구성하는 근본 토대의 수준에 이미 깔려 있다는 것이다. 반면에 환영론의 핵심은 데닛의 견해와 거의 동일하다. 범심론이 의식을 설명하기 위해 의식을 설명할 만한 뭔가를 처음부터 우주에 깔아 놓고 시작한다면, 환영론은 설명을 요구하는 의식 자체를 부정하면서 의식에 대한 믿음을 하나의 필연적 환영으로 간주하려 한다. 이러한 환영론의 기본 전략과 원천 발상들original ideas은 전부 데닛에게서 나왔다고 해도 과언이 아니다. 2016년 《의식연구저널》은 특집으로 환영론을 다룬 바 있는데 데닛은 감각질, 주관성, 현상적 속성과 같은 것들이 개념적, 철학적으로 문제적일 뿐 아니라 이런 문제가 의식과학과 관련하여 문제를 일으킬 것이라는 점을 거의 30년 전부터 정확하게 예측해 온 것이다. 데닛의 선견지명은 실로 놀랍다. 계획경제를 평생에 걸쳐 비판해 온 프리드리히 폰 하이에크Friedrich von Hayek는 아흔 살이 되는 해 베를린 장벽의 붕괴 소식을 듣고는 "거 봐, 내가 뭐랬어!"라고 한 바 있는데, 현재 환영론의 부흥을 보는 데닛도 비슷한 심정이지 않을까 싶다.

데닛의 의식 이론에 동의를 하건 하지 않건, 환영론에 환호를 하건 질색을 하건 이 책은 의식의 과학과 철학에 진지하게 개입하고자 하는 모든 이들이 반드시 읽어야 할 책이라고 단언할 수 있다. 그렇지 않았다면 애초에 읽고 소화하기도 만만치 않은, 논쟁적 주장으로 가득 찬 이런 책의 번역을 맡지도 않았을 것이다. 데닛의 비비 꼬인 만연체 문장들과 심심할 때마다 튀어나오는 관용 표현, 무엇보다 복잡하고 현란한 리듬으로 전개되는 그의 사유를 따라잡는 일이 결코 쉽지 않았음을 고백한다. 의식과학은 현재 명실상부 정상과학normal science이 되어 가고 있다. 이 책을 읽고 의식과학에 관심을 갖게 되는 명민한 독자들이 많아지면 좋겠다.

문규민

들어가며

수년 전 나는 다양한 분야의 의식 이론을 논평해 달라는 요청을 받았다. 양자물리학, 화학, 신경과학, 심리학, 그리고 철학, 문학을 망라한 다양한 분야의 최신 이론들이었다. 당시 나는 책장 속 **괜찮은** 신간들을(2004년 2월 28일 현재, 내 책장에는 78권의 책이 있는데 바로 그때의 그 책들이다) 재빨리 훑어본 뒤 이 제안을 고사했다. 이후 시끌벅적한 십여 년이 흘렀는데, 그 십여 년이 너무나 소란스러웠던 나머지 몇몇 이들은 바로 그 시끌벅적함에 대한 책을 쓰고 있다. 그리고 나는 이제껏 미뤄 두었던 유지·보수 작업의 일환으로 그 넘치는 작업들에 이 책을 보태고 있는 중이다. 내 생각엔 내가 1991년 《의식의 수수께끼를 풀다》에서 풀어낸 이론은 (긍정적 측면에서의) 실증적인 발전과 (부정적 측면에서의) 몇몇 잘못된 해석에도 불구하고 꽤 잘 버티고 있다. 내가 처음부터 전부 옳았던 것은 아니지만, 그렇다고 전부 틀렸던 것도 아니었다.

이제 몇 가지를 수정하고 갱신할 시간이 되었다.

　진화에 대한 신다윈주의 이론과 그 철학적 함축에 집중하기 전까지 나는 1990년대 초 대부분의 시간을 내 책이 촉발한 비판과 반응에 대응하면서 보냈다. 1995년 《다윈의 위험한 생각》을 출간한 뒤 나는 **그 책**의 주장을 옹호하고 확장하는 데 몇 년을 더 보냈는데, 그동안 의식에 관한 문헌들이 급격히 증가했다. 세기가 바뀌자 나는 1991년의 책이 제기한 문제들로 돌아가 경험적 결과와 이론적 제안 등 새로운 문제 제기에 대응하여 나의 입장을 다시금 가다듬어야 한다는 것을 알게 되었다. 그 결과로 이 책이 나왔다. 첫 장은 왕립철학학회the Royal Institute of Philosophy 의 밀레니얼 강연인데, 세기의 전환기에 심리철학이 처한 상황에 대한 내용이었다. 그 강연은 이후 논문(Dennett 2001b)으로 출간되었다. 나는 2001년 11월 파리의 장 니코 연구소the Institut Nicod in Paris에서 의식과학의 철학적 장애물들에 관한 강연을 진행했고, 이듬해 11월 서울에서 열린 대우 재단의 강연에서 그것을 수정하고 확장하여 발표했다. 이 책의 2장부터 5장까지는 당시 발표한 내용을 수정하여 발췌한 것이다. (니코 강연의 일부는 Dennett 2003a의 8장에 일부 포함되어 있지만 이 책에는 나오지 않으며, 이 책의 5장은 또한 Alter 2005에 수록되어 있다) 6장은 《인지》라는 저널에 재수록되었으며(Dennett 2001a) 7장은 1999년 런던에서의 강연 내용에서 발췌한 것이고, 8장은 리처드 그레고리Richard Gregory의

《옥스퍼드 마음 안내서》의 개정판에 수록한 짧은 에세이이다. 이 부분들에는 약간의 문체상 수정이 있다.

의식의 다중 원고 모델The Multiple Draft Model of consciousness은 지난 십여 년간 내 학문적 삶의 모델이기도 하다. 폭넓은 대중을 상대로 일 년에 수십 회씩 치른 공개 강연은 이전 원고들에 대대적인 적응과 변이를 촉진했다. 이 책에서 나는 때때로 잠시 시간을 멈추고, 맥락은 보존하되 반복은 최대한 줄이면서 그 모든 원고의 '최고' 버전을 만들어 내려고 했다. 나의 이론에 따르면 바로 이것이 남들에게 (또는 이후의 우리 자신에게) 자신의 의식적 경험을 이야기할 때 우리가 하는 일이다. 2000년 이후의 글들은 이 책에 수록하지 않았는데, 왜냐하면 그 글들은 이 책에서 제시된 논의의 이전 버전을 포함하거나 특정 글이나 책에 대한 응답이므로 반드시 본래의 맥락에서 읽어야 하기 때문이다.

"Explaining the 'Magic' of Consciousness," in *Exploring Consciousness, Humanities, Natural Science, Religion*, Proceedings of the International Symposium, Milano, November 19-20, 2001 (published in December, 2002, Fondazione Carlo Erba), pp. 47-58; reprinted in J. Laszlo, T. Bereczkei, C. Pleh, eds., *Journal of Cultural and Evolutionary Psychology*, 1, 2003, pp. 7-19 (Dennett 2001c).

"Who's on First? Heterophenomenology Explained," *Journal of Consciousness Studies*, special issue: Trusting the Subject? (Part 1), 10, no. 9-10, October 2003, pp. 19-30; also appears in A. Jack and A. Roepstorff eds., *Trusting the Subject?* Volume 1, Imprint Academic, 2003, pp. 19-30 (Dennett 2003b).

"The Case for Rorts," in *Rorty and His Critics*, R. B. Brandom, ed., Blackwell, 2000, pp. 89-108 (Dennett 2000a).

"It's Not a Bug, It's a Feature," commentary on Humphrey, *Journal of Consciousness Studies*, 7, 2000, pp. 25-27 (Dennett 2000b).

"Surprise, Surprise," commentary on O'Regan and Noë, *Behavioral and Brain Sciences*, 24:5, 2001, p. 982 (Dennett 2001d).

"How Could I Be Wrong? How Wrong Could I Be?" for special issue of *Journal of Consciousness Studies*, "Is The Visual World a Grand Illusion?", ed. Alva Noë, vol. 9, no. 5-6, January 13, 2002, pp. 13-16 (Dennett 2002a).

"Does Your Brain Use the Images in It, and If So, How?" commentary on Pylyshyn, *Behavioral and Brain Sciences*, 25:2, 2002, pp. 18-190 (Dennett 2002b).

"Look Out for the Dirty Baby," commentary on Baars, *Journal of Consciousness Studies*, "The Double Life of B. F. Skinner," 10:1, 2003, pp. 31-33 (Dennett 2003c).

"Making Ourselves at Home in Our Machines," review of Wegner, *The Illusion of Conscious Will*, The MIT Press, 2002, in *Journal of Mathematical Psychology* 47, 2003, pp. 101-104 (Dennett 2003d).

현재 진행 중인 의식의 다양한 인지과학 논란에서 내가 어느 편을 들기를 기대하는 독자들은 실망할 것이다. 나는 그 쟁점들에 강한 견해를 갖고 있기는 하지만 굳이 위험을 무릅쓰고 내가 선호하는 경험적 주장을 하지는 않을 것인데, 왜냐하면 나는 철학자와 비철학자 모두를 혼란에 빠뜨리고 엇나가게 만들면서 이 분야를 계속 어지럽히는 **철학적인** 쟁점들에 주목하고 싶기 때문이다. 나는 존 로크John Locke가 《인간지성론》에서 최초로 철학자의 올바른 역할을 제시했다고 늘 생각해 왔다. 그것은 비교적 절제된 어조로 쓰인 '독자에게 드리는 서한'에 있는 대목이다. 우리는 아직 누가 인지과학의 아이작 뉴턴Isaac Newton인지 혹은 크리스티안 하위헌스Christian Huygens인지에 대한 합의에 이르진 못했지만 그런 부분을 제외한다면, 로크의 말은 3세기를 뛰어넘는 섬뜩한 정확성을 보여 준다.

　　위대한 하위헌스나 비견할 수 없는 뉴턴 선생 같은 거장이 탄생한 이 시대에는 앞으로 나아가는 길에 놓여 있는 쓰레기를 치우는 조수로 고용되는 일조차 야망으로 간주됩니다. 낯설고 부자연스럽고 이해할 수 없는 용어를 박식하지만 저속하게 사용하는 방식이 학문에 들어와 학문의 한 종류가 되었고, 오직 사물에 대한 참다운 지식인 철학이 점잖은 교제와 품위 있는 대화에 부적합하다거나 화젯거리로 등장할 수 없다고 생

각하는 지경에 이르렀습니다. 만약 재능 있고 성실한 이들의
노력이 그러한 용어 사용 때문에 방해받지 않았던들 지식은
훨씬 진보했을 것입니다.

— 존 로크,《인간지성론》

나는 나에게 많은 통찰과 자극을 준 동료, 학생, 비평가, 리
뷰어, 청중, 그리고 나와 대화를 나눈 이들에게 감사한다. 특히
내 작업의 보금자리인 인지 연구 센터를 지원해 준 터프츠 대학
에 감사한다. 이 책의 핵심이 된 강연들을 후원해 준 장 니코 연
구소와 한국의 대우 재단에도 감사한다. 이 책을 위한 최고의 삽
화를 찾는 데 도움을 준 알 세클Al Seckel에게도 감사한다. 그리고
늘 그렇듯, 40년이 넘는 세월 동안 그것 없이는 내가 결코 버티
지 못했을 충고, 지지, 우정, 그리고 사랑을 준 나의 아내에게 감
사의 인사를 하고 싶다.

대니얼 C. 데닛

좀비감

의식적 인간과 완전한 좀비 사이에 실제적인 차이가 있다는 확신 및 직관. 데닛은 이를 천동설과 같은 직관이라고 비판한다.

철학적 좀비

데이비드 차머스가 제안한 사고 실험에서 등장한 개념으로 물리, 화학적 반응은 여타 인간들과 완벽하게 동일하지만 의식은 없는 상태의 인간을 의미한다.

직관펌프

엄밀성은 떨어지지만 일견 직관적으로는 그럴듯한 사고 실험. 데닛이 철학자 존 설의 사고 실험 '중국어 방'을 비판하면서 지어낸 개념 용어다. 이솝우화의 철학자 버전으로서 특정한 직관을 끌어올리거나 또는 깎아내릴 수 있다.

타자현상학

의식에 관한 삼인칭적 과학 방법론. 삼인칭 시점을 고수하는 객관적인 과학 방법론이라는 점에서 자기현상학과 대조된다. 삼인칭 시점을 고수하면서 데이터에 대한 현상학적 설명을 추구하는 중립적인 방법이다. 신중한 데이터 수집, 데이터에 대한 지향적 자세에서의 해석 등으로 구성된다.

감각질

퀄리아라고도 불린다. 질quality을 의미하는 라틴어의 복수형이다. 의식에 대한 가장 흔한 직관으로 정신 상태의 질적인 내용을 의미하며 의식을 다른 모든 심리 상태들과 명확히 구분된다고 본다. 데닛은 감각질은 없다고 단언한다. 현대 철학자들이 감각질을 전제하고 의식의 주관성을 강조하는 것이 현대의 뇌과학적 성과를 무시한 채 여전히 데카르트적 시각에 갇혀 있다고 보는 것이다.

데카르트적 극장 모델

의식을 영화를 감상하듯 객석에 앉아 뇌 속에서 일어나는 모든 일을 관찰하는 존재라고 보는 관점. 정신과 물질을 실체적으로 구분하는 이원론을 전제한 채 어떤 내용이 의식적이게 되기 위해 무대에 올려져야 할 어떤 공간이 뇌 속에 있어야 한다고 주장한다. 하지만 데닛은 우리의 뇌에 그러한 공간이 따로 없다고 지적한다.

다중 원고 모델

데카르트적 극장 모델을 대체하기 위해 데닛이 꺼내 든 모델. 의식이 발생하는 단일한 특정 장소는 없다. 의식의 확정된 내용은 감각 입력이 각각 독립적으로 편집되고 수정, 해석된 여럿의 원고들 중 최선의 버전일 뿐이다. 언제 어디서 그런 최선의 버전이 확정될지는 따로 정해져 있지 않다.

지향적 자세

우리가 어떤 대상의 행위를 생각할 때, 그 대상이 자신의 믿음과 욕구에 근거한 합리적 행위를 하는 행위자라고 이해하는 전략. 지향적 자세에서 합리적 행위자로 해석된 대상들을 데닛은 지향계라고 한다. 데닛에 따르면 아메바, 체스를 두는 컴퓨터, 인간은 모두 지향계이다.

중국어 방 실험

존 설이 제시한 유명한 사고 실험이다. 인공지능이 튜링 테스트를 통과하면 인간과 동일한 이해력을 가진다는 강한 인공지능에 대한 주장을 논박하기 위해 설계되었다. 설은 인공지능이 중국어에 대한 튜링 테스트를 통과하지만 중국인처럼 중국어를 이해한다고 볼 수 없는 상황을 상상적으로 구성해 보인다.

치머스의 어려운 문제

데이비드 차머스를 일약 철학계의 록스타로 만든 구분법이다. 차머스는 의식에 대한 문제를 쉬운 문제와 어려운 문제로 구분한다. 쉬운 문제는 의식과 관련된 주의, 지각, 각성, 정보의 처리와 통합 등의 기제를 규명하고 설명하는 문제이다. 쉬운 문제는 비록 현실적이고 기술적인 어려움은 있겠지만, 적어도 원칙적으로 해결이 불가능할 것 같지 않다. 반면에 어려운 문제는 왜 어떤 신경 과정 또는 정보 과정에 주관적이고 질적인 의식적 경험이나 감각질이 동반하는지, 또는 그런 의식적 경험이 애당초 왜 존재하는지를 설명하는 문제이다. 차머스는 쉬운 문제와는 달리 어려운 문제는 원칙적으로 해결이 어려우리라 보는 반면, 데닛은 아예 그런 문제 자체가 성립하지 않는다고 주장한다.

존 설

미국의 철학자. 언어철학, 심리철학에 많은 기여를 했다. 30대 초반에 언어철학에 큰 업적을 남겼으며, 인지혁명의 시기에 중국어 방 논증을 통해 강한 인공지능에 대한 논의에 혁혁한 기여를 했다. 인공지능 논쟁을 이어받아서, 의식은 두뇌의 생물학적 인과력의 산물이라고 주장했다. 지향성과 사회적 실재의 구성에 대해서도 매우 중요한 연구를 수행한 바 있다.

토머스 네이글

미국의 철학자로 대부분의 철학 분야에 큰 기여를 했다. 여러 작업 중에서도 특히 이 책에서 반복해서 언급되는 "박쥐가 된다는 것은 어떤 것인가"라는 논문은 현대의 고전이 되었다. 이 논문에서 네이글은 물리주의나 유물론의 입장에서는 결코 알 수 없는 의식적 경험의 주관적이고 질적인 측면에 대한 강력한 직관을 피력했다. 이 논문을 통해 의식의 주관성과 감각질을 나타내는 '…하는 어떤 것…what it is like to'이라는 표현이 철학계를 넘어 대중적 담론에까지 널리 퍼지게 된다.

좀비감:
직관의 소멸?

본문에 언급되는 스타인버그의 일러스트는 여기서 볼 수 있습니다.

사울 스타인버그의 삽화(26쪽 QR코드 참조 – 편집자주)는 의식의 문제를 바라보는 한 가지 좋은 방식을 보여 주고 있다. 만약 이 삽화가 의식에 대한 은유적 진실이라면 문자 그대로의 진실은 무엇일까? 대체 세계에서 (삽화 인물의 뇌 안에서) 무슨 일이 일어나길래 이 멋진 삽화가 그토록 적확한 은유가 되는 것일까?

자연주의적 전회

우리가 20세기 끝 무렵에 이 질문을 생각하는 방식은 그것을 20세기 초입에 생각했었을 방식과는 매우 다르다. 이는 철학의 진보 덕분은 거의 아니었고, 대부분이 과학의 진보 덕분이었다. 의식적 인간을 촘촘한 점으로 그린 스타인버그의 **점묘법**은 (우리 대다수에게) 그러한 차이를 낳은 주요 진보에 대한 좋은 단서를 제공한다. 이제 우리는 우리들 개개인이 수조 개에 이르는 수천 종류의 세포로 구성되었다는 것을 안다. 당신의 몸을 구성하는 세포의 대부분은 난자와 정자의 후손이며, 그들의 결합이 당신을 있게 했다. (또한 당신의 몸에 숨어든 수천 가지 혈통을 가진 수백만의 히치하이커들이 존재한다) 생생하고도 직설적으로 말하자면 **당신을 구성하는 세포들 중 어느 것도 당신이 누구인지, 당신이 무엇을 신경 쓰는지 알지 못한다.**

당신을 구성하는 개별 세포들은 살아 있지만, 우리는 이제 각각의 세포가 마음이 없는 메커니즘이라는 것, 대부분 자동적인 미시 로봇이고, 효모 세포보다 더 의식적이지 않다는 것을 알 정도로 충분히 생명을 이해하고 있다. 주방의 대접에 담겨 부풀어 오르고 있는 빵 반죽은 생명으로 가득 차 있지만, 대접 속의 그 무엇도 의식적이거나 자각적이지는 않다. 만약에 의식적이거나 자각적인 뭔가가 있다면 그것은 우리가 현재 일말의 증거조차 찾지 못한 놀라운 사실이 될 것이다. 우리는 생명의 '기적들'(신진대사, 성장, 자가 수리, 자기 방어, 그리고 당연하게도 생식)이 눈이 돌아갈 정도로 복잡한, 하지만 기적적이지는 않은 방식으로 이루어진다는 사실을 알고 있다. 신진대사를 유지하기 위해 의식적인 감독자가 필요한 것은 아니고, 자가 수리를 개시하기 위해 생의 약동élan vital이 필요하진 않으며, 쉴 새 없이 가동되는 나노 공장은 유령스런 욕망이나 특별한 생명력 없이도 복제품들을 대량으로 찍어 내고 있다. 수백 킬로그램의 효모는 브라크*나 그 어떤 것에 대해서도 궁금해하지 않지만 당신은 궁금해한다. 당신은 효모 세포들과 오직 수행해야 할 과제만 다를 뿐 그들과 근본적으로 동일한 종류의 부분들*로 만들어져 있다. 당신 안에 있는 수조 개의 로봇으로 이루어진 팀은 숨이 멎을 정도로 효율적인 체제로 통합되어 있다. 그 체제는 어떤 독재자도 없이 외부인을 쫓아내고, 약한 자들을 제거하며, 규율을 위한 철칙을 강제하면서 하나의 의식적 자아, 하나의 마음이라는 총본부로 기능한다. 이러한 세포 공동체들은 극단적으로 전체주의적이지만, **당신**의 관심과 가치는 당신을 구성하는 세포들의 제한된 목표들과는 거의 아무런 관계도 없다. (다행스럽게도 말이다) 어떤 이들은 신사적이고 관대하지만 어떤 이들은 잔인하다. 어떤 이들은 포르노를 찍지만, 어떤 이들은 신을 섬기기 위해 그들의 삶을 바친다. 이러한 놀라운 차이들이 신체의 총본부에 모종의 방식으로 탑재된 **추가적인** 어떤 것(영혼)의 특별한 특성에서 비롯된다는 상상이 수 세기가 넘는 기간 동안 솔깃하게 받아들여져 왔다. 이 마법적인 추가 요소라는 관념은 매우 최근까지도 의식에 대한 설명에서 심지어 말이 되는 것처럼 **보이기까지 했던** 유일한 후보였다. 많은 이들에게는 **아직도** 이러한 관념(이원론)이 의식에 관하여 그들에게 있어 조금이라도 말

★   조르주 브라크(George Braque), 20세기 초에 활동한 프랑스의 화가이다. 야수파로서 활동하다가 후기로 갈수록 세잔의 영향을 받아 인상파에 근접하게 된다. (옮긴이)

◆   진핵세포들 말이다.

이 되는 유일한 전망일 것이다. 그러나 철학자와 과학자 사이에는 이원론이 그저 거짓이라는 (거짓임이 분명하다는) 광범위한 합의가 있다. 우리 각자는 마음이 없는 로봇들에 의해 **만들어졌을** 뿐 결코 어떤 다른 비물리적인, 로봇이 아닌 구성 요소와 같은 것으로 만들어지지 않았다.

하지만 어떻게 이런 일이 가능한가? 라이프니츠Gottfried Wilhelm Leibniz는 250년도 더 전에 생생한 직관펌프를 통해 우리의 상상에 문제를 제기한 바 있는데, 그 직관펌프는 중국어 방Chinese Room(존 설John Searle), 중국인 나라Chinese Nation(네드 블록Ned Block)와 이후의 좀비 등과 같은 그릇된 생각의 기념비적인 시초가 된다.

그 밖에도, **지각과 지각에 의존하는 것은 기계적인 근거를 통해 설명될 수 없다**는 점을, 말하자면 형태와 운동을 통해서는 설명될 수 없다는 점을 반드시 인정해야 할 것이다. 생각하고, 감정을 느끼고, 지각할 수 있도록 구성된 기계가 있다고 가정하면, 그것이 동일한 비율을 유지하면서 크기가 확장되어, 마치 풍차 안에 들어가듯이 사람이 그 기계 안으로 들어갈 수 있다고 상상할 수 있을 것이다. 이를 전제로 기계의 내부를 검사하면, 우리는 서로가 서로에게 작용하는 부분만 발견할 수 있을 뿐 지각을 설명할 수 있는 어떤 것도 발견할 수 없을 것이다. 따라서 지각이 찾아져야 할 곳은 단순 실체simple substance

안이지 복합 실체나 기계 안이 아니다. (라이프니츠, 《단자론》,
1714: 17번 문단, 라타Robert Latta의 번역)

— 라이프니츠, 《단자론》(17, 라타의 번역본)

이 유명한 구절에는 논증되지 않은 놀라운 부분이 있는데,
그것은 오늘날의 논쟁에도 다양한 반향을 일으키고 있다. 라이
프니츠의 이 주장은 (우리는 의식 기제machinery를 절대 **이해할 수 없다**
는) 인식론적 주장인가, 아니면 (의식은 절대 '기제'의 문제**일 수 없다**
는) 형이상학적 주장인가? 그의 서론과 결론은 명백히 그가 스스
로 형이상학적 진리를 증명한다고 여겼음을 보여 주지만, 그의
유일한 근거는 (기껏해야) 그보다 약한 인식론적 독해를 지지할
따름이다.♦ 의식이 (분명히, 결국에는) 복잡한 기계적 체계의 산물
임에도 불구하고, 어떻게 그러한지에 대한 이해는 모든 이의 지

♦ 라타의 번역본에서 인용된 다른 문단에서, 라이프니츠는 이를 특별히 분명하게 밝히고
   있다.

   만약 유기적인 것에 다른 것이 아니라 오직 메커니즘만이 존재한다면, 다시 말해 위
   치, 양과 형태의 차이를 가진 날것의 물질만이 존재한다면, 메커니즘을 제외한 그 어
   떤 것도, 즉 내가 앞서 언급한 그러한 차이들 외에는 그 어떤 것도 그로부터 연역되거
   나 설명될 수 없다. 왜냐하면 그 자체로 취해진 어떤 것으로부터 그것을 구성하는 차
   이들 외에 다른 어떤 것도 연역되거나 설명될 수 없기 때문이다. 따라서 우리는 어떤
   풍차나 시계 그 자체 안에도 그 안에서 일어나는 것을 지각하는 원리가 없으리라고,
   그리고 그 '기계' 안에 포함된 사물들이 구체인지 액체인지 또는 그 둘 모두로 구성된
   것인지는 무관할 것이라고 쉽게 결론 내릴 수 있을 것이다. 나아가 우리는 거칠고 미
   세한 신체들 사이에 본질적 차이는 없으며, 오직 양의 차이만 있음을 안다. 그것이 액
   체로 만들어졌건 고체로 만들어졌건, 거친 '기계' 속에서 어떻게 지각이 발생하는지

적 능력을 넘어서 있다는 주장을 **예를 들어 보이고 그럴듯하게 만들기**[**] 위해 누군가가 마치《걸리버 여행기》를 연상시키는 라이프니츠의 저 멋진 이미지를 활용했을 **수는** 있다. 그러나 라이프니츠가 의도한 바는 우리로 하여금 그가 제시한 사례를 의식이 엄청나게 복잡한 기계의 창발적 효과일 수 있다는 바로 그러한 생각의 부조리를 드러내는 것으로 간주하도록 하는 것이었음이 분명하다. ("따라서 지각이 찾아져야 할 곳은 단순 실체 안이지 복합 실체나 기계 안이 아니다")

오늘날 라이프니츠가 보여 준 것과 동일한 수단과 목적의 불일치가 우리를 사로잡고 있다. 노엄 촘스키Noam Chomsky, 토머스 네이글, 그리고 콜린 맥긴Colin McGinn은 (다른 이들과 더불어) 모두 의식은 인간의 모든 이해를 벗어나 있으며, 촘스키식 구분대로 퍼즐puzzle이 아니라 신비mystery라고 짐작하거나, 추측하거나, 주장해 왔다.[1] 이러한 생각에 따르면 우리는 '서로가 서로에게 작용하는 부분들'이 **어떻게** 의식을 구성할 수 있는지를 파악할 만한 자원(지력·관점·지능)을 결여하고 있다. 그러나 라이프니츠와

가 상상 불가능하다는 것이 따라 나온다면, 그와 마찬가지로 미세한 '기계'로부터 어떻게 지각이 발생하는지도 상상 불가능하다는 것이 따라 나온다. 왜냐하면 우리의 감각이 더 미세했더라면, 우리가 현재 그러고 있는 것처럼, 그것은 우리가 마치 거친 기계를 지각하고 있는 것과 마찬가지였을 것이기 때문이다. 《동물영혼론》 Commentatio de Anima Brutorum, 1710, 라타에게서 인용, p. 228)

[**] 그것은 물론 어떤 것도 증명하지 못한다. 그것은 그저 직관펌프일 뿐이다.

마찬가지로, 이 사상가들은 그들 자신은 의식의 신비에 대해서 약간은 (그것이 기계적 설명으로 해결될 **수 없다**고 결론 내리기에 충분한 정도로만) 이해하고 있음을 넌지시 내비쳤다. 라이프니츠가 그랬던 것처럼, 그들은 그럴듯한 이미지를 넘어서 자신들의 비관적 결론을 논증하는 방식으로는 정말 아무것도 제시한 것이 없다. 진지하게 앞으로의 전망을 고민할 때면 그들의 머릿속은 그저 하얘질 뿐이고, 그들은 곧바로 어떤 새로운 앎도 의식을 설명할 방도를 제시하지 않거나 또는 제시할 **수조차 없을 것**이라는 판결을 내려 버리는 것이다.

하지만 어쩌면 라이프니츠는, 거대한 풍차 안에서 길을 잃은 채 나무에 가려 숲을 보지 못한 것이 아닐까? 어쩌면 눈을 제대로 뜨기만 하면 활동 중인 의식의 식별 가능한 패턴들에 초점을 맞추어 전체를 조감할 수 있는 관점(문제시되는 주체의 일인칭 관점이 **아니라** 상위의 **삼인칭** 관점)이 있지 않을까? 어쩌면 서로가 서로에게 작용하는 부분들의 **조직**이 모종의 방식을 통해 창발적 산물로서 의식을 내놓는 것이 아닐까? 그리고 만약 그렇다면, 우리가 올바른 개념을 개발해 내기만 한다면 그것을 이해하기를 왜 희망할 수 없겠는가? 이것이야말로 인지과학과 기능주의라는 두 깃발 아래 열정적으로 그리고 풍요롭게 탐색되어 온 길이다. (**기계론적 자연주의**mechanistic naturalism에 의해 수행된 몸으로부터 마음으로의 외삽extrapolation 말이다) 어쨌든 우리는 현재 불과 얼마 전만 해도 말로 표현하기에는 너무나 신비로웠던 신진대사, 성장, 자가 수리, 생식에 대한 훌륭한 기계론적 설명을 가지고 있다. 이런 낙관적인 관점에서 보면 의식은 실로 놀라운 현상이지만, **그렇게까지** 놀라운 현상은 아니다. 의식은 생물학의 다른 영역에서 통했던 동일한 개념과 관점으로 설명되기에는 너무 놀라운 그런 것이 아닌 것이다.

이러한 관점에서 보면, 의식은 이 행성에 면역 체계, 비행, 시각을 선사했던 진화적 알고리듬이 상대적으로 최근에 내놓은 결과다. 금세기 전반에 많은 과학자와 철학자들이 마음에 대한 라이프니츠의 견해에 동의했는데, 그것은 단순히 마음이 생물학에서 보는 것과 **완전히 다른** 현상처럼 보인다는 이유 때문이었다. 마음이 없는 식물이나 단순한 유기체들의 (그리고 목 아래 우리 몸의) 내면적 삶은 정상적인 생명과학에 의해 남김없이 대체될 수 있었지만 조금이라도 마음을 가진 것 같은 것들은 기계론적 용어를 통해 설명될 수 없었다. 혹은 금세기 중반에 라이프니츠의 직관펌프의 주문을 깰 뭔가가 나타날 때까지는 그렇게 보였을지도 모른다. 바로 컴퓨터 말이다. 컴퓨터는 이전까지의 어떤 인공물과 달리 마음을 가진 것 같다. 컴퓨터는 식별, 추론, 기억, 판단, 예측을 요구하는 과제들을 수행하는 처리 과정을 제어할 수 있다. 컴퓨터는 (예컨대 시, 천문학, 수학에서) 이제까지는 오직 인간만이 찾기를 희망이라도 할 수 있었던 새로운 지식의 생산자이자 패턴의 발견자이다. 우리는 이제 그 복잡성과 속도에 있어 라이프니츠의 거대한 풍차를 압도하는 실제적인 인공물을 가지고 있다. 그리고 우리는 수십억의 장치들이 뒤얽힌 수준에서는 거의 보이지 않는 것도 더 상위의 분석 수준에서는 쉽게 이해 가능하다는 사실 또한 제대로 인식하게 되었다. 그것은 (조직의 조직의) 조직의 패턴의 패턴의 패턴을 통해 풍차의 놀라운 능력을 명확하게 드러내고 또한 **설명**할 수 있는 중첩된 '소프트웨어' 수준들 중 어느 수준에서라도 가능한 것이다. 컴퓨터라는 단순한 존재가 부정할 수 없는 영향력을 지닌 존재 증명을 제공한 것이다. 이제까지 마음에만 부여되었던 여러 능력을 가진 메커니즘들(일상적으로 잘 이해된, 물리적 원리들을 따르며 순전히 물리적이지만 신비로울 것은 없는 메커니즘들)이 **있다.**

우리가 컴퓨터에 대해 확실하게 알고 있는 한 가지는 이 사물에는 숨겨진 어떤 것도 없다는 것이다. 초감각 지각 extrasensory perception, ESP이나 디스크 드라이브들 사이의 형태 공명morphic resonance*도, 기이한 힘에 의한 원격 작용도 없다. 컴퓨

---

* 영국의 생물학자인 루퍼트 셸드레이크(Rupert Sheldrake)가 주장하는 가설로, 이에 따르면 형태형성장(Morphic Fields)이라는 현상이 존재하며 여기에 기억, 유전자 정보를 비롯한 수많은 정보들이 기록되고 저장되어 있다. 형태공명가설에 따르면 세포나 유기체는 이 형태형성장에 저장된 정보의 번역기에 불과하다. 동일한 형태장을 공유하기에 공간적으로 멀리 떨어진 개체들도 동시에 형태장에 동조할 수 있다. 셸드레이크는 이 가설을 통해 텔레파시와 같은 현상도 설명할 수 있다고 주장했다. (옮긴이)

터가 어떤 능력을 보여 주건 그 능력에 대한 **설명**은 투명성을 가진 모델을 보여주는데, 이러한 투명성은 인지과학의 가장 매력적인 특징 중 하나다. **어떤** 정신 현상에 대해서든 그것의 계산 모델을 **만약** 얻는다면, 우리는 그 모델이 그것의 더 단순한 선조들로부터 이러한 설명의 투명성을 물려받을 것이라고 확신할 수 있다.*

놀라운 범례이자 연구 도구인 컴퓨터 외에도, 우리에겐 컴퓨터 과학이 정의하고 친숙하게 만든 풍부한 새로운 개념들이 있다. 우리는 수십 개의 수준에서 상호 작용하는 복잡하게 뒤얽힌 방대한 미시 메커니즘들을, 수조에 이르는 수십억 가지 사건들의 누적 효과를 어떻게 원활하고 신빙성 있게 사고할 것인지를 알게 되었다. 우리는 훈련된 상상이라는 이러한 새로운 능력을 라이프니츠의 풍차를 벗어나는 데 활용할 수 있을까? 많은 이들에게는 그럴 수 있으리라는 희망이 매력적으로 다가온다. (심지어 고무적이기까지 하다) 의식에 대한 자연주의적·기계론적

---

* 여기서 데닛이 강조하는 설명의 투명성은 인지과학의 기능주의적 또는 계산주의적 설명을 염두에 두고 있는 것으로 보인다. 계산 모델은 정보처리 체계에 입력이 주어졌을 때 그것이 어떻게 처리되어 어떤 출력을 내놓는지와 관련된 메커니즘을 모두 명시한다. 따라서 입력-출력 관계에 대해 설명되지 않는 것, 즉 숨겨지거나 불투명한 측면이 있을 수 없다. 계산 모델이 복잡할 수는 있으나 이런 복잡한 모델은 더 단순한 모델들로 분석될 수 있으며 이 단순한 모델들 자체에는 불투명한 구석이 없다. 그러므로 정신 현상에 대한 복잡한 모델도 결국에는 설명되지 않는 바 없이 전부 다 말끔하고 투명하게 설명된다. 단순한 선조들로부터 투명성을 물려받는 것이다. (옮긴이)

인 설명은 그저 가능하기만 한 것이 아니다. 그것은 빠르게 현실화되고 있다. 단지 지난 세기 내내 생물학에서 이루어진, 그리고 지난 반세기 동안 인지과학에서 이루어져왔던 고된 노력이 더 필요할 뿐이다.

반동분자들

그러나 1990년대 중반 이후 십 년에 걸쳐 철학자들 사이에서 이러한 진화론적·기계론적 자연주의에 반대하는 반동분자들의 느슨한 연대가 출현했다. 앞서 언급했듯이 **신비론자들**mysterians이 존재하는데, 이 '신비론자'는 앞서 말한 낙관이 제대로 된 근거가 없다고 생각할 뿐만 아니라 실패할 것이 확실하다고 생각하는 이들을 가리키기 위해 오웬 플라내건Owen Flanagan이 만들어 낸 유용한 용어다. 또한 의식 문제가 해결 가능하다고 확신하지 않지만, 그 하위 과제들을 '쉬운 문제easy problems'와 '어려운 문제the Hard problem'로 적절하게 나눌 수 있으리라고 생각하는 이(데이비드 차머스) 또는 마음을 하나의 통합적 설명으로 포섭하려는 이들을 좌절시키는 '설명적 간극'이라는 것이 있고, 앞으로도 있을 거라고 생각하는 이(조지프 러빈)도 있다.[2] 전부는 아니지만 이들 반동분자들 중 많은 이들에게서 발견되는 하나의 흥미로운 시대

착오적 현상은 의식 문제(또는 문제들)의 해결책에 대해 그들이 일말의 희망이라도 품는 한, 그 해결책이 생물학이나 인지과학이 아니라 (하고많은 것들 중에서) 물리학으로부터 나올 것이라고 추측한다는 것이다!

물리학을 향한 이러한 구애를 받아들인 최초의 철학자들 중 한 명은 데이비드 차머스다. 그는 의식 이론은 "경험 그 자체를 질량과 전하, 시공간과 마찬가지로 세계의 근본적인 특성으로 간주"해야 한다고 제안했다. 그가 올바르게 지적했듯이 "더 단순한 것을 가지고 이 특성을 설명하려는 그 어떤 시도도 물리학자들에 의해 이루어지지 않았다."[3] 이런 생각은 토머스 네이글에게서도 유사하게 반복된다.

> 의식은 개념적으로 환원 불가능하지만 그와 동등하게 환원 불가능한 측면들에 필연적으로 연결된 실재의 한 측면으로 인정되어야 한다. 전자기장이 전하를 띤 입자로 환원되지 않지만 그것과 필연적으로 연결되어 있는 것처럼, 중력장이 질량의 운동으로 환원되지는 않지만 그것과 필연적으로 연결되어 있으며 그 반대도 마찬가지인 것처럼 말이다.[4]

그리고 노엄 촘스키에 따르면

자연스러운 결론은 … 인간의 사고와 행동은 '인력과 척력', 전하 등과 마찬가지로, 조직된 물질의 속성이라는 것이다.◆5

또한 갈렌 스트로슨Galen Strawson은 콜린 맥긴이 가장 최근에 출간한 책에 대한 리뷰에서 "우리는 의식이 신비롭다고 생각하는데 그것은 오직 물질에 대한 잘못된 상을 가지고 있기 때문"이라고 말하면서 아래와 같이 덧붙인다.

우리는 물질의 운동을 기술하는 많은 수학적 방정식을 갖고 있지만, 물질의 내재적 본성에 대해서는 정말 아무것도 알지 못한다. 그것의 내재적 본성에 대해 우리가 가진 유일한 단서는 사실상 당신이 물질을 뇌가 배열된 방식으로 배열했을 때, 의식을 얻는다는 것뿐이다.6

철학자와 언어학자만 이런 매력적인 생각을 한 것은 아니었다. 여러 물리학자들이 로지 펜로즈를 따라 유행에 편승했는데, 뉴런 속 미세소관microtubule 내부의 양자 요동quantum fluctuation에

◆ Chomsky, "Naturalism and Dualism," p. 189. 촘스키는 라 메트리(La Mettrie)와 프리스틀리(Priestley)의 결론에 대해 이야기하고 있지만, 뒤따르는 논의에서 그는 로저 펜로즈(Roger Penrose)와 존 아치볼드 휠러(John Archibald Wheeler)를 주석하면서 자신이 이것이 뉴턴 이후 초기의 시절뿐만 아니라 오늘날의 자연스런 결론이라고 생각한다는 것을 분명히 밝힌다.

대한 그의 사변은 많은 문제에도 불구하고 적지 않은 주목과 열광을 이끌어냈다.♦ 이 모든 견해들의 공통점은, 마치 라이프니츠의 풍차가 그랬던 것과 마찬가지로, 물리학의 어떤 혁명적인 원리가 '서로가 서로에게 작용하는 부분들'을 통해 의식이 설명될 것이라는 생각에 맞서는 **경쟁자**가 될 것이라는 것이다.

그런 견해가 옳다고 가정해 보자. 어려운 문제(그것이 무엇이건 간에)가 뇌를 구성하는 세포들의 **물리학**에서 놀랍고도 새로운 환원 불가능한 속성을 받아들임으로써만 해결될 수 있다고 가정해 보자. 이러한 생각의 문제는, 당신 뇌세포의 물리학이 우리가 아는 한 접시 안에서 폭발적으로 증식하고 있는 효모 세포의 물리학과 동일하다는 것이다. 뉴런과 효모 세포의 기능상의 차이는 세포 해부학이나 세포 구조에 의해서 설명되지 물리학에 의해서 설명되지 않는다. 어쩌면 그 기능상의 차이들이 뉴런으로 하여금 효모 세포는 반응하지 못하는 물리적 차이들에 반응하도

♦ 구제불능의 낙관주의자로서, 나는 인지신경과학에 대한 물리학자들의 이러한 최근의 침공이 불행한 일임에도 불구하고 일말의 희망을 내비치고 있다고 생각한다. 나의 직업적 삶에 있어서 최초로 다른 분야에 참견하는 학문이 침범 받는 분야에 대한 오만과 무지를 결합하는 데 있어 철학을 물리치고 우승을 차지했기 때문이다. **수반**(supervenience)과 **s가-들어간-내포성**(intensionality-with-an-s)의 세밀한 요점들에 대해 논쟁하는 철학자들을 이해하지 못한 채 멍하니 바라보기만 하던 신경과학자들과 심리학자들은, 이제 그와 유사한 태도로 양자 얽힘(quantum entanglement)과 보스-아인슈타인 응축(Bose-Einstein condensates)의 비밀과 씨름하게 생겼다. 물리학에서 진보를 이루기가 갈수록 더 어려워지자 일부 물리학자들이 실험의 어려움과 명백한 모순을 덜 두려워하면서 그들의 사변을 전개할 수 있는 새로운 분야를 찾아다녔다고 가정해 봄직 하다.

록 만드는 것은 아닐까? 우리는 여기서 신중해져야 하는데, 왜냐하면 조심하지 않으면 좀 더 미시적인 수준에서 라이프니츠의 당혹스러운 풍차를 또다시 끌어들이고 말 것이기 때문이다. 단일한 세포 내부의 미세소관 속 양자 요동을 보면서도 어떻게 그 '서로가 서로에게 작용하는 부분들'이 의식을 설명할 수 있는지 알지 못한 채 말이다.

만약 당신이 라이프니츠의 풍차가 주는 당혹감을 피하고 싶다면, 의식은 어떤 식으로든 '단순 실체 속에 내속하는' 환원 불가능한 속성이며, 라이프니츠가 말하듯이, "복합물이나 기계 속에 있는 것이 아니"라고 생각하는 것이 나을지 모른다. 물리학 덕분에 뉴런들이 극도로 미세한 (어쩌면 양자적인!) 의식을 가진다고 가정해 보자. 그러면 우리는 어떻게 그러한 세포들의 거대한 집단(당신과 나와 같은)이 의식적일 수 있는지의 문제를 해결할 수 있을 것이다. 우리는 우리의 뇌가 알맞은 종류의 재료, 즉 의식에 **필요하지만 내가 알지는 못하는**je-ne-sais-quoi 어떤 미시적인 재료들로 구성되어 있기 때문에 의식적인 것이다. 그러나 설사 우리가 그 문제를 해결했다 하더라도, 내가 이 글을 시작하면서 묘사했던 문제에 봉착하게 된다. 어떻게 미술이나 개, 또는 산에 대해 아무것도 알지 못하는 세포들, 심지어 **의식적인** 세포들이 브라크, 푸들, 킬리만자로에 대한 의식적 생각을 가진 것을 구성할 수 있다는 말인가? 그 집단의 모든 부분들이 얼마나 의식적이거나 감수적이건 집단의 부분들이 극단적으로 근시안적이고 유아론적이라면, 어떻게 그 전체 집단이 (그 자리에 없는 예술가나 산은 말할 것도 없고) 미술 전시에 대해 그리도 박식할 수가 있으며 멀리 떨어져 있는 작품들에 대해 그리도 잘 알 수 있단 말인가? 우리는 이를 의식 질문의 **주제**topic-of-consciousness question라고 부를 수 있을 것이다.◆

나는 물리학으로의 회귀가 일부에게 매력적으로 보이는 이유는 그들이 이 문제에 대답할 필요를 느끼지 않았기 때문은 아닌가 의심하고 있다. 왜냐하면, 그들이 그 문제에 답을 하려고 시도하는 순간, 근본적이고 환원 불가능한 감각장sentience-field이나 그와 유사한 것을 전제하는 '이론'은 그 문제에 대처할 만한 자원이 **조금도** 없다는 것을 알게 될 것이기 때문이다. **오직** 부분들이 어떻게 거대한 집단을 이루어 서로 같이 작동하는지에 관한 이론**만이** 주제 질문에 빛을 비춰 줄 희망이 있으며, 일단 이론이 그러한 상위 수준으로 상승하고 나면, 하위 수준의 물리적 복잡성이 어떤 쓸모가 있을지 그리 분명하지 않다. 게다가 이미 여

◆ 자연에서의 주제 질문과 그에 대한 궁극적인 계산적 해결에 대한 고전적인 사례 중 하나는 더글러스 호프스태터(Douglas Hofstadter)의 유명한 책 《괴델, 에셔, 바흐(Godel, Escher, Bach)》(1979)에 나오는 "서곡 … 개미 푸가"다. 그것은 개미 군집("힐러리 아줌마")과 뇌를 비교하는 대화다. 거기서 뇌의 부분들은 모두 뇌 전체가 갖는 체계적 지식에 대해 동등하게 무지함에도 불구하고 그 지식에 기여한다. 그와 데닛이 함께 편집한 《그래 이게 바로 나야(The Mind's I)》(1981)에 재수록된 이 에세이의 후기에서 호프스태터는 묻는다. "영혼은 그 부분들의 흥얼거림(hum)보다 더한 무엇인가?"

러 **버전**의 주제 질문에 대해 논란 없이 답하는 체계에 대한 모델이 다수 있는데, 그것들은 전부 계산적이다. 어떻게 당신의 책상 위에 있는 그 작은 상자는 그것의 부분들이 체스에 대해 아무것도 모르는데도 불구하고 체스에서 그토록 놀라운 신뢰도로 당신을 이길 수 있는 것일까? 어떻게 배의 키와 연결된 피스톤을 조종하는 작은 상자가 바다에서 수십 년을 보낸 노련한 선원보다도 최단 항로를 더 잘 찾는 것일까? 라이프니츠는 (감히 말하건대) '지각'을 기계론적으로 설명하는 것이 불가능하다는, 자신감 넘치는 그의 주장을 뒤흔드는 이런 메커니즘들을 보고 감탄하면서 황홀감에 빠졌을 것이다.

　내가 생각하기에 어려운 문제의 발견자인 데이비드 차머스는 나에게 동의할 것이다. 그는 주제 질문을 '쉬운 문제들' 중 하나로 (제어 기제에 대한 계산 모델에서 그 해결책을 **실제로 찾아내는** 문제로) 분류할 것이다. 그것은 그가 조직적 불변의 원리the principle of organizational invariance*라고 부르는 것으로부터 따라 나온다.[7] 다

---

*　데이비드 차머스가 뒤에 인용될 논문 "부재하는 감각질, 사라지는 감각질, 춤추는 감각질(Absent qualia, fading qualia, and dancing qualia)"(1996)에서 제시한 원리다. 그는 기능과 현상적 의식의 관계를 고찰하면서, 현상적 의식의 수반 토대(supervenience base)로서 기능적 조직뿐만 아니라 그 실현자들까지 포함할 경우 현실 세계에서 일어난다고 받아들이기 어려운 반직관적인 상황이 생길 수 있음을 논증한다. 그는 적어도 현실 세계에서는 설명되어야 할 행동을 결정할 만큼 미세한 수준에서의 기능들 전체 조직이 동일하다면 현상적 의식 또한 동일하다고 보아야 한다고 주장하는데, 이것이 조직적 불변의 원리다. 이 원리는 현상적 의식의 기능적 속성 사이의 자연적 수반(natural supervenience)의 관계를 지지한다. (옮긴이)

시 스타인버그의 일러스트 속 **점묘법으로 그려진** 남자를 생각해 보고 그 그림에서 *그*가 진정으로 의식적인 존재인지 아니면 좀 비인지 알아볼 수 있을지를 물어보자. (행동적으로는 정상적인 인간 과 식별할 수 없지만 의식을 완전히 결여하고 있는 철학자들의 좀비 말이 다) 그 남자의 좀비 버전도 역동적으로 상호 작용하고 후속 신호 들을 실행하며, 기억의 인출을 촉진하고, 즉석에서 새로운 의미 와 힘을 가진 새로운 구조를 만들어 내는 데이터 구조로 가득 찬 머리를 갖고 있을 것이다. 왜 그런가? 왜냐하면 오직 그렇게 내 적으로 작동하고 활동하는 체계만이 여러 가지 검사를 받게 했 을 때 이 남자가 틀림없이 드러낼 복잡한 행동들의 집합을 기적 적이지 않은 방식으로 유지할 수 있을 것이기 때문이다. 만약 당 신이 정보 처리 활동에 대한 이론을 바란다면, 그가 의식적이건 아니건 간에 그 이론은 계산적 이론이어야 할 것이다. 차머스에 따르면 그에게는 의식의 흐름이 있지만 좀비에게는 무의식의 흐 름이 있다. 또한 차머스는 한쪽의 (생각 풍선 안에 그려진 모든 이행, 모든 구성, 모든 연합들을 포함하는) **순전히 정보적인 능력**을 설명하 는 무엇이건 간에 다른 쪽의 동일한 능력들을 설명할 것이라고 설득력 있게 논증한 바 있다. 정보의 흐름 속에서 휘몰아치는 그 모든 것들을 야기하는 메커니즘들에 대한 문자 그대로의 진실은 흘러가는 정보 내용들과 마찬가지로, 정보의 흐름이 의식적인 지 아니면 무의식적인지에 (가정상) 전혀 영향을 받지 않는다. 스타인버그의 일러스트는 의식에 대한 훌륭한 은유인 동시에 정확히 좀비의 머릿속에서 일어나는 일들에 대한 탁월한 은유이기도 한 것이다. (좀비의 믿음에 대한 논의에 대해서는 Chalmers 1996, pp. 203-205를 참조하라)

좀비의 당혹스러움

좀비에 대해 이야기 **해야만** 할까? 그래야 할 것 같다. 자연주의에 친화적인 계산적, 기계론적 의식 모델이 **분명히 뭔가를 빠뜨린다**는 강력하고도 보편적인 직관이 존재한다. (뭔가 중요한 것을 말이다) 무엇을 빠뜨렸을까? 비판자들은 그것이 무엇인지 정확히 말하기 힘들다고 한다. 그것은 의식의 감각질, 느낌, 정서, 그것의 어떠함what-it's-likeness(네이글)[8] 또는 존재론적 주관성(설)[9]이다. 유령 같은 잔여물을 묘사하기 위한 이러한 시도들은 심각한 반대에 부딪혔고, 그 직관을 붙여잡고자 하는 이들에게서조차 버려졌으며, 이에 따라 점진적으로 그들을 걸러내는 과정이 진행되었다. 이 과정에서 반동분자만 남았다. 그들은 그들 사이의 모든 불일치에도 불구하고 **의식적 인간과 완전한 좀비 사이에 실재적인 차이가 있다**는 확신 (이 직관을 **좀비감**Zombic Hunch이라고 부르자) 아래 하나로 뭉쳤고, 그러한 확신은 그들을 **좀비주의**Zombism라는 논제로 이끌었다. **의식에 대한 기계론적 이론의 근본적인 오류는 이 중요한 차이를 설명할 수 없다는 것이다.**◆

나는 100년 후에는 이러한 주장이 거의 받아들여지지 않으리라 생각한다. 그러나 1999년에 존 설, 데이비드 차머스, 콜린 맥긴, 조지프 러빈과 많은 심리철학자들은 좀비감에 대해 **어떤 꺼림칙함**도 느끼지 않으며 오히려 그것을 **신뢰한다**는 사실을 똑똑히 알아 두도록 하자. (나는 다른 이들과 마찬가지로 꺼림칙함을 느낀다) 그들은 제아무리 마지못해 하더라도, 좀비라는 문제 제기가 심각한 비판이 된다고 믿는 좀비주의자인 것이다. 문제는 그들이 자신의 입장이 이상하다는 사실을 모른다는 것이 아니다. 핀의 머리 위에서 몇 명의 천사가 춤출 수 있는지를 두고 열정적으로 논쟁하는 철학자들에 대한 정형화된 이미지는 (모두에게 상상적 존재로 받아들여지는) 좀비가 (1) 형이상학적으로 불가능한지 (2) 논리적으로 불가능한지 (3) 물리적으로 불가능한지 아니면 그저 (4) 존재하기에는 극단적으로 개연성이 낮은지로 논의의 주제가 새로워진다 한들 별로 나아지는 바가 없다. 반동분자들은 좀비를 진지하게 여기는 많은 이들이 그 가능성을 올바로 상상하지 못한다는 사실을 인정했다. 예컨대 만약 당신이 스타

◆ 가장 열정적인 그들의 대변인들 중 한 명의 말에 따르면 "모든 것은 결국 좀비로 귀착된다." (Selmer Bringszord, "Dennett versus Searle on Cognitive Science: It All Comes Down to Zombies and Searle is Right" 1994년 12월 APA에서 발표된 논문)

인버그의 삽화가 좀비의 머릿속에서 벌어지는 일들에 대한 적확한 은유적 묘사라는 나의 주장을 듣고 **놀라워한다면,** 당신은 여태껏 좀비가 무엇인지를 (그리고 무엇이 아닌지를) 이해하지 못한 것이다. 더 중요한 것은 만약 당신이 **아직도** 이와 관련하여 차머스와 내가 틀렸다고 생각한다면, 당신은 그저 철학적 논의와는 무관한, 좀비에 대한 잘못된 개념을 가지고 생각하고 있는 것이다. (내가 이렇게 말하는 이유는 구경꾼들, 특히 과학자들이, 철학자들이 좀비와 같은 터무니없는 관념을 진지하게 여길 수 있다는 사실을 믿기 어려워하고 그래서 친절하게도 그 관념을 과학자가 진지하게 여길 수 있는, 하지만 철학적 작업을 수행하지는 못하는 다른 것으로 바꿔친다는 사실을 발견했기 때문이다. 기억하라. 정의상 좀비는 질문에 대답하는 방식의 검사만이 아니라 정신물리학적 검사, 신경생리학적 검사들을 포함하는 모든 검사들, '삼인칭' 과학이 고안할 수 있는 모든 검사에서 의식적인 존재와 **식별 불가능하게** 행동한다)

토머스 네이글은 좀비로부터 다소간 후퇴한 반동분자 중 하나다. 이 문제에 대한 최근의 인급에서, 그는 좀비를 상당히 신중하게 받아들인다. 한편으로 그는 자연주의는 지금까지 우리의 기대를 저버렸다고 말한다.

> 현재로서는 우리는 어떻게 그 모든 주관적이고 물리적인 특성이 단일한 존재자 또는 단일한 과정의 본질적 측면일 수가

있는지를 이해하기 위한 개념적 장치를 갖고 있지 않다.*

왜 갖고 있지 못하다는 말인가? 왜냐하면 "우리는 여전히 좀비의 … 일견 그럴듯한 상상 가능성을 다루어야 하기 때문이다." 네이글이 말하는 것이 **겉보기에**apparently 그럴듯한 상상 가능성이라는 점에 유의하라. 나는 그러한 상상 가능성이 **오직** 겉보기에 그러할 뿐이라고 오랫동안 주장해 왔다. 잘못된 방향으로 이끌린 일부 철학자들이 좀비를 상상할 수 있다고 생각하기는 하지만, 그들은 심하게 착각한 것이다.[10] 네이글은, 일단은 이에 동의한다.

> 온전하고 정상적으로 기능하는 물리적인 인간 유기체가 완전히 무의식적인 좀비인 상황이 상상 가능하다는 강력한 직관은 환영이다.[11]

데이비드 차머스도 좀비라는 도전을 지지한다고 여겨지는 잘못된 상상을 날카롭게 비판하는 사람이다. (그의 1996, 7장, "부재하는 감각질, 사라지는 감각질, 춤추는 감각질"은 가망 없는 시도들을 논박하는 논증들로 가득하다) 그러나 끝에 가서 그는 좀비가 그 어

---

* 출처는 Nagel, "Conceiving the Impossible"이다. (옮긴이)

떤 현실적인 의미에서도 불가능하지만, 그럼에도 불구하고 우리의 '비환원적 기능주의자들'은 뭔가를 빠뜨린다고 (혹은 차라리 해야 할 일을 끝내지 못했다고) 주장한다. 우리가 그로부터 좀비의 불가능성을 연역할 수 있는 '**근본 법칙들**fundamental laws'을 제시하지 못한다는 것이다. (p. 276과 다른 곳) 그러나 근본 법칙에 대한 차머스의 요구는 그가 좀비감에 대한 그의 신뢰를 정당화하고자 할 때 그에게 필요한 독립성을 갖지 못하는데, 왜냐하면 그 요구가 바로 그 직관**으로부터 나오는** 것이기 때문이다. 당신이 **만약** 우주가 의식을 가진 것과 가지지 않은 것으로 양분된다고 생각한다면, **그리고** 이것이 근본적인 형이상학적 구분이라고 생각한다면, 그러한 분할을 강제하고 설명하는 근본 법칙에 대한 요구가 말이 되겠지만, 우리 자연주의자들은 의식을 그렇게 격상시키는 것 자체가 전통을 제외한 다른 어떤 것에 의해서도 지지되지 않는, 의심할 만한 일이라고 생각하고 있다. 오늘날 그 누구도 **캥거루에 대한 이론**에서 유사 캥거루들이 물리적·논리적·형이상학적으로 불가능하다는 것을 보여 주는 근본 법칙을 소리 높여 요구하진 않는다는 것을 생각해 보라. 캥거루는 놀랍지만, **그렇게까지** 놀라운 것은 아니다. 우리 자연주의자들은 의식이 마치 운동이나 음식 섭취처럼 여러 종류로 나타나지만 다양한 진화적 역사·환경에 의한 차이에도 불구하고 기능적 속성들을 공유한다고 생각한다. 우리는 이 구별을 하는 데 근본 법칙을 필요로 하지 않는다.

우리는 모두 좀비감을 **느끼기 쉽지만**susceptible 만약 우리가 그 느낌을 신뢰한다면 우리에게는 좋은 논증이 필요하다. 왜냐 하면 그것이 끈질긴 인지적 환영cognitive illusion일 뿐 그 이상이 아 니라는 문제 제기가 있기 때문이다. 나는 좋은 논증을 찾지 못했 고, 오직 수많은 나쁜 논증만을 발견했을 뿐이다. 그렇다면 왜 그 토록 많은 철학자들이 스스로도 그 출처가 미심쩍다는 것을 알 면서도 그러한 직관을 끈질기게 추종하고 있는 것일까? 나는 이 런 현상이 부분적으로는 지난 몇 년간 인지과학에서의 소통을 방해한 심각한 오해의 결과라고 생각한다.

넓은 기능주의와 최소주의

기능주의란 하는 짓이 예뻐야 예쁜 것이라는 생각, 중요한 것은 오직 그것이 할 수 있는 것 때문에 중요하다는 생각이다. 이러한 가장 넓은 의미에서의 기능주의는 과학에서 너무나 보편적이기 에 과학 전체의 지배적 가정이나 마찬가지다. 그리고 과학은 언 제나 단순화를 추구하고 끌어낼 수 있는 최대의 일반성을 추구 하기 때문에 실제로 행해지는 기능주의는 최소주의를, 즉 사람 들이 생각했던 것보다 더 적은 것이 중요하다고 말하기를 선호하는 경향이 있다. 만유인력의 법칙은 사물이 어떤 소재로 만들어졌는지는 중요하지 않다고 말한다. 오직 그것의 질량만이 중요할 뿐이다. (진공 속을 제외한다면, 밀도도 중요하다) 동등한 질량과 밀도를 가진 포탄들의 궤적은 소재가 철, 구리 또는 금인지에 따른 영향을 받지 않는다. 사람들은 그것이 **중요할지도 모른다고** 상상하지만, 사실은 그렇지 않다. 또한 날개는 동력 비행을 위해 깃털을 가져야 **할** 필요가 없으며, 눈은 보기 위해서 파랗거나 갈색일 필요가 없다. 모든 눈은 시각을 위해 필요한 것보다 더 많은 속성들을 갖고 있다. 과학이 해야 할 일은 고려되고 있는 힘 또는 능력에 대한 최대로 일반적이고 최대로 비개입적인 (따라서 최소적인) 묘사를 찾는 것이다. 정상과학에서의 많은 논쟁들이 어떤 사상이 일반성의 추구에 있어 과도한지 아닌지의 문제에 관여한다는 것은 그리 놀랄 일이 아니다.

　인지과학의 초창기 이래 유난히 과감하고 논쟁적인 기능주의적 최소주의가 존재해 왔다. 그것은 심장이 기본적으로 펌프이며 혈액을 손상하지 않고 펌프질을 하는 한 원칙적으로 어떤 것으로도 만들어질 수 있는 것과 꼭 마찬가지로, 마음이란 근본적으로 통제 체계이며 실제로는 유기적 뇌로 구현되어 있지만, 그 외에도 **동일한 제어 함수**control function**를 계산**할 수 있는 다른 것도 그 기능을 수행할 수 있다는 생각이다. 뇌의 실제 소재는(시냅스의 화학, 신경 섬유의 탈분극에서 칼슘의 역할 등등) 거칠게 말해 포탄의 화학적 구성만큼이나 무관하다. 이러한 솔깃한 제안에 따르면 심지어 뇌 연결 기저의 미시 구조마저도 다양한 목적을 위해 무시될 수 있다. 적어도 일정 시간 동안은 하나의 특정한 계산 구조에 의해 계산될 수 있는 어떤 함수라도 (아마도 훨씬 덜 효율적일) 또 다른 구조에 의해 계산될 수 있다는 것이 컴퓨터 과학자들에 의해 증명되었기 때문이다. 중요한 것은 오직 계산일 뿐이라면, 우리는 뇌의 배선 도식도, 그리고 그것의 화학도 무시할 수 있을 것이고, 그저 뇌에서 돌아가는 '소프트웨어'만을 걱정하면 될 것이다. 간단히 말해 (그리고 지금 우리는 너무나 많은 오해를 야기한 도발적인 견해에 이르렀는데) 원칙적으로 당신은 당신의 축축하고 유기적인 뇌를 한 묶음의 실리콘 칩과 전선으로 대체하고도 별문제 없이 생각을 (또한 의식을 가지는 일, 그 외 기타 등등을) 할 수 있을 것이다.

이러한 과감한 전망, 즉 계산주의computationalism 또는 '강한 인공지능'strong AI(Searle 1980)은 두 부분으로 구성되어 있다. 그것은 기능주의에 대한 폭넓은 신념 (하는 짓이 예뻐야 예쁜 것이다) 그리고 최소주의적인 경험적 추정들이다. 신경해부학은 중요치 않다. 화학은 중요치 않다. 이 두 번째 논제는 경제학자들이 주화의 금속 공학을 또는 매도 증서에 사용된 잉크나 종이의 화학을 알지 않아도 되는 것과 동일한 이유로 인지과학자 지망생들이 그러한 분야들을 스스로 공부하지 않아도 되게 해 주었다. 이는 여러 면에서 좋은 생각이었지만, 아주 당연한 이유로 인해 **정치적으로** 강력한 이데올로기가 되지는 못했다. 왜냐하면 그런 생각은 기능신경해부학과 신경화학에 삶을 바친 과학자들의 지위를 의식의 설명이라는 장대한 기획에서 상대적으로 부수적인 역할로, 예컨대 전기 기사와 배관공과 같은 역할로 평가절하했기 때문이다. 그들은 이러한 평가절하에 분개하면서 격렬하게 반격했다. 근래 신경과학의 역사는 세부 사항 애호가들의 연이은 승리로 간주될 수 있다. 그렇다, 특정한 신경 전달 물질과 그 효과가 중요하다. 그렇다, 구조가 중요하다. 그렇다, 발화 패턴의 세밀한 시간적 리듬이 중요하다, 기타 등등. 기회주의적 최소주의자들의 헛된 희망들이 박살 났다. 그들은 다양한 것들을 빠뜨려도 되기를 바랐지만 그렇지 않다는 것을, 즉 만약 x 또는 y 또는 z를 빠뜨린다면 마음이 어떻게 작동하는지를 알 수 없다는 것을 알게 되었던 것이다.

이는 일부 집단들 사이에 기능주의의 근본 발상이 받을 만한 비판을 받았다는 잘못된 인상을 남겼다. 전혀 그렇지 않다. 정반대로 이 새로운 주장들을 받아들여야 할 이유가 바로 정확히 기능주의를 받아들여야 할 이유가 된다. 신경화학은 뇌 전반에 걸쳐 분사되는 다양한 신경 조절 물질들과 여타 화학적 신호 전달자들이 중요한 차이들을 만드는 **기능적 역할들**을 갖는다는 것을 발견했기 때문에(그리고 **오직** 그 때문에) 중요한 것이다. 그 분자들이 **수행하는** 바는 뉴런들에 의해 실행되는 **계산적** 역할들에서 중요한 것으로 밝혀졌고, 따라서 우리는 어쨌든 그것들에 주목해야 하는 것이다. 여기서 문제되는 바가 무엇인지를 알기 위해, 신경 조절 물질을 인간이 소화하는 음식과 비교해 보자. 심리학자와 신경과학자는 뇌가 어떻게 과제를 수행하는가와 관련해서는 바닐라맛 아이스크림을 먹는 것이나 딸기맛 아이스크림을 먹는 것이 거의 같은 기여를 한다는 완전히 그럴듯한 근거에 따라, 원칙적으로 피험자들의 음식물 섭취를 일일이 신경 쓰지 않는다. 브라우니에 대마초가 들어 있지 않은 한, 우리는 음식의 구체적 성분들을 무시할 수 있으며 그저 안정적인 에너지원과 뇌의 전력 공급원으로 다룰 수 있는 것이다. 이것이 거짓으로 드러날 수도 있다. 심리적으로 중요한, 미묘한 차이가 피험자가 최근에 바닐라 아이스크림을 먹었는지에 달려 있는 것으로 밝혀질 수도 있을 것이다. 그것이 차이를 만든다고 생각하는 이들과 그렇지 않다고 생각하는 이들은 경험적 견해에서 중요한 차이를 보이겠지만, 이러한 불일치는 기능주의자와 반기능주의자 사이의 불일치가 아니다. 기능주의가 음식의 화학까지 포함할 정도로 확장되어야 한다고 생각하는 이들과 기능주의는 그러한 복잡한 사안들을 넘겨 버릴 수 있다고 생각하는 이들 사이의 불일치인 것이다. 다음을 생각해 보라.

사고의 패턴화를 안내함에도 불구하고 어떤 계산적 작업으로도 명확히 드러낼 수 없는 (뉴로펩타이드 체계에 기반을 둔) 다양한 일반적인 신경화학적 성향들이 있을지 모른다. (Penskepp 1998, p. 36)

이러한 언급은 널리 퍼진 (그리고 열정적으로 옹호되어 온) 태도를 완벽하게 포착하고 있다. 그러나 예를 들어 신경 조절 물질의 분비와 그 효과에 대한 계산적 이론에는 어떤 모순도 없다는 점, 그리고 '가상 신경 조절 물질'과 '계산적 통제의 확산 모델'에 관한 선구적 작업들이 무리 없이 잘 진행되고 있다는 점에 유의하라. 마음은 **단순한** 컴퓨터는 아닌 것으로 드러날 것이고, 마음의 계산적 자원은 오직 유기적 두뇌만이 사용할 수 있는 세포 내부의 분자적 자원에까지 이르는 것으로 밝혀질 것이다. 그러나 그로부터 출현하는 이론은 여전히 넓은 의미에서 기능주의적일 것이다.

널리 가정된 기능주의의 **내부에서** 여러 중요한 논쟁들이 유용한 방식으로 일어나고 있었다. 그러나 논쟁이 낳은 흥미로웠던 부작용은 극단적으로 반컴퓨터적이고 반인공지능적이었던 많은 신경과학자와 심리학자가 여러 이데올로기적인 이유로, 철학자들의 **감각질과 좀비와 뒤집힌 스펙트럼***이 그들의 싸움에서 유용한 무기가 될 것이라고 착각했다는 것이다. 하지만 정상과학의 넓고 중립적인 기능주의에 추호의 의심도 없이 너무나 충실했던 나머지 과학자들은 철학자들이 실제로 말한 바 그대로를 말하고 있다고 차마 생각하지 못했다. 어떤 신경과학자들은 **감각질**을 우호적으로 받아들였고, 감각질이 지나치게 단순화된 계산주의를 반박하는, 기능적으로 특징 지을 수 있는 문제를 위한 용어라고 확신했다. 다른 이들은 철학자들이 좀비와 의식적인 인간들을 비교하면서 정서 상태의 중요성이나 신경 조절 물질의 불균형을 강조하고 있다고 생각했다. 나는 과학자들에게 그들의 논쟁과 철학자들의 논쟁이 그들이 생각하는 것처럼 서로 번역되는 것이 아니라 거짓짝^{false friends}** 이며 서로 무관하다는 것을 설명하는 데 생각보다 많은 시간을 소비했다. 그러나 자비의 원리 the principle of charity 는 이 문제를 계속 혼란스럽게 만들고 있으며, 많은 과학자들은 너그럽게도 철학자들이 그토록 편협하고 공상적인 의견의 분열을 두고 소란을 떨 수 있다고 믿기를 한사코 거부하고 있다.

그러는 와중에 일부 철학자들은 기능주의에 반하여 감각

★ 감각적 경험에 대한 오래된 사고 실험으로 감각질이 뒤집히는 상황을 말한다. 가령 정상적인 경우라면 잘 익은 토마토를 보면서 빨강 감각질을 느끼고 청명한 하늘을 보면서 파랑 감각질을 느끼겠지만, 감각질이 뒤집히면 반대로 잘 익은 토마토를 보면서 파랑 감각질을 느끼고, 청명한 하늘을 보면서 빨강 감각질을 느끼게 된다. 철학자 로크가 유사한 경우를 지적한 바 있다. 이 책의 4장에 나오는 데닛의 사고 실험과 관련된다. (옮긴이)

★★ 언어학의 용어로 형태나 소리는 유사하지만 의미는 다른 단어의 쌍을 가리킨다. (옮긴이)

질에 우호적으로, '일인칭 관점'의 환원 불가능성 등등의 문제에 우호적으로 판이 뒤집혔다는 그들의 주장을 뒷받침하기 위해 그와 같은 인지과학 내부의 논쟁들을 멋대로 갖다 썼다. 널리 퍼져 있는 이러한 확신은 잘못된 학제 간 소통이 빚어 낸 인위적 결과과 외에 아무것도 아니다.

환상의 미래

널리 퍼진 이러한 오해가 언제까지 계속될지 모르겠지만 나는 언젠가 다음 세기에는 사람들이 이 분야를 회고하면서 좀비감에 내려져야 할 명백한 판결, 즉 그것은 환영이라는 판결에 대한 본능적인visceral 거부감♦이 그토록 강력했다는 데 놀랄 것이라 추측할 만큼 여전히 낙관적이다. 그것은 환영이다.

좀비감은 사라질까? 나는 그렇지 않으리라 예상한다. 그것은 지금처럼 해로운 형태를 계속 유지하지는 못하겠지만 덜 해롭게 변형된 형태로, 즉 권위는 없지만 심리적으로는 여전히 강

♦ 거의 전적으로 비이성적이며 논증 또는 그것의 부재에 둔감하다는 점에서 이러한 반감은 본능적이다. 철학자들 사이에 퍼진 이러한 이성에 대한 기이한 거부를 처음 명시적으로 언급한 것은 아마도 라이칸(William Lycan)일 것이다. 그것은 그의 1987년의 책《의식 Consciousness》의 끝부분의 주석에서였는데, 이 주석은 그 전체를 인용할 만 하다.

력한 형태로 존속할 것이다. 우리는 전에도 이러한 경우를 본 적 있다. 여전히 지구는 멈춰 있고 태양과 달이 그 주위를 도는 것처럼 **보이지만**, 우리는 이 명백한 외관을 그저 외관일 뿐이라고 대수롭지 않게 여겨야 현명하다는 것을 알게 되었다. 여전히 하나의 관성계 안에서 절대적으로 정지해 있는 물체와 가속하지 않는 물체 사이에는 차이가 있는 것처럼 **보이지만**, 우리는 이러한 느낌을 믿어서는 안 된다는 것을 알게 되었다. 나는 철학자, 과학자, 일반인이 의식과 관련하여 우리가 이전에 느꼈던 당혹스러움을 두고 낄낄거리며 웃을 날이 오기를 기대한다. "여전히 의식에 대한 기계론적 이론들이 뭔가를 빠뜨리는 것처럼 **보이지**

좌담이나 강연을 통해 내가 이 책의 일부를 전할 몇 번의 기회가 있었는데 그때마다 청중들 중 한둘은 수차례에 걸쳐 내 논증의 교묘함, 변증적 기술 등등을 친절하게 상찬하면서도 그러한 영민함은 (그리고 나의 논증 자체가) 요점을 크게 빗나가는 그저 연습 그리고/또는 과시일 뿐이라고 덧붙였다. 네이글(1979 [[필멸의 질문들Mortal Questions], Cambridge Univ, Press의 서문])은 더 자비롭게 독해될 수 있겠지만, 지나치게 자비롭게 독해되어서는 안 될 것이다.

나는 해결책보다 문제를, 논증보다 직관을 더 신뢰해야 한다고 믿는다. [글쎄, 저기 잠깐만요!-WGL] 만약 논증이나 이론적 고려가 직관적으로 말이 안 되는 결과로 이어진다면 …, 논증이 뭔가 잘못된 것이며 추가적인 작업이 행해져야 한다. 문제는 종종 다시 정식화되어야 하는데, 왜냐하면 원래의 문제에 대한 충분한 대답이 문제의 의미를 사라지게 만들기 때문이다. (pp. x-xi)

만약 이를 통해 네이글이 의미하는 바가 그저 일견 건전한 논증과는 달리 직관이 적어도 설명해 치워져야 한다(explained away)는 것이라면 동의하지 않을 사람은 아무도 없을 것이다. (그러나 "논증이 뭔가 잘못된 것"이라는 구절은 그러한 해석을 망설이게 한다) 나는 이 책에서 '감각질'에 기반을 둔 유물론에 대한 직관적 반발을 설명해 치우는 과제를 상당 부분 수행했다. 만약 내가 실패했다면, 나는 **왜 그런지를 볼 수 있었으면** 좋겠다. (또는 당연하게도 새로운 반유물론 논증이 제시되었으면 좋겠다) 계속 궁시렁거리며 젠체하는 것은 헛수고일 것이다. (1987, pp. 147-148) (1987, pp. 147-148)

만, 물론 그것은 환영이야. 그 이론들은 의식에 대해 설명될 필요가 있는 모든 걸 다 설명한다구."

만약 당신이 나의 예측을 믿을 수 없다고 느낀다면, 당신은 그 느낌에 좀비감을 느끼기 쉬운 당신의 성향 이상의 근거가 있는지를 면밀히 검토해 볼 수 있을 것이다. 만약 당신이 참을성이 있고 편협하지 않다면, 그 의심은 사라질 것이다.

의식에
대한
삼인칭 접근

2

의식은 과학을 넘어선 신비로서 자주 상찬받는다. 그것이 우리 각자의 안으로부터from the inside 제아무리 내밀하게 알려지건 간에 밖에서는 꿰뚫어 볼 수 없는 것으로 여겨지는 것이다. 나는 이러한 전통이 그저 단순한 실수가 아니라고 생각한다. 나는 그것이 다른 자연 현상, 즉 신진대사, 생식, 대륙 이동, 빛, 중력 등을 심층적으로 그리고 완전하게 설명할 수 **있는** 것과 꼭 마찬가지로 의식 또한 설명할 수 있는 현재의 과학 연구를 가로막는 장애물이라고 생각한다. 이러한 연구의 토대를 놓기 위해 (혹은 그 토대를 명확히 하기 위해) 나는 의식에 대한 모든 과학적 탐구가 노정하는 한계에 대한 주장을 검토함으로써 논의를 시작할 것이다.

화성에서 온 과학자

과학적으로 그리고 기술적으로 진보한 '화성인들'이 동물군과 식물군을 연구하기 위해 지구에 왔다고 가정해 보자. 그들은 모종의 감각 기관을 갖고 있지만 그것은 당신이 상상할 수 있는 것처럼 우리의 감각 기관과 다르며, 세계의 물리적 규칙성에 대해 우리가 그럴 수 있는 것만큼 용이하게 정보를 획득한다고 가정하자. 그들은 기술적으로 진보했기 때문에, 우리가 현미경, 망원경, 적외선·자외선 감지기, 화학 '탐지기'와 그와 유사한 것들을 통해 수행했던 것들을 수행할 수 있다. 그들은 자신들의 어떤 감각이건 그것을 화성인의 사용자 인터페이스를 알맞게 갖춘 보조 장치를 통해 확장함으로써 우리가 보는 것을 '볼' 수 있도록, 우리가 들을 수 있는 것을 '들을' 수 있도록 준비할 것이다. 그렇다면 비록 어떤 경우에는 간접적이겠지만, (박테리아의 모양, 적외선 광원에 의해 포착된 전자기파의 음영, 멀리서 일어난 지진의 진동이 우리의 장치들을 통해 관찰 가능하듯이) 우리에게 관찰 가능한 것은 그들에게도 관찰 가능할 것이다.

화성인들에 의해 쉽게 관찰 가능한 이러한 현상들 중에는 의식에 대한 우리의 모든 **공적** 표상도 있을 것이다. 앞서 소개한 스타인버그의 걸작과 같은 만화의 '생각 풍선', 연극에서의 독백, 영화에 덧입혀지는 목소리, 소설에서 **전지적 작가** 시점의 사용과 기타 등등의 것들 말이다. 우리는 '우리'가 의식에 대하여 믿고 있는 바가 우리에게 대량으로 공급되는 타인들의 의식의 흐름에 대한 공적이고 객관적이며 공유된, 실제 또는 허구의 표상들로부터 유래한다는 사실을 간과하는 경향이 있다. 화성인들은 또한 모든 철학자, 심리학자, 신경과학자, 현상학자, 그리고 다른 통상적인 연구자들의 책에 나오는, 의식에 대한 재미는 좀 덜한 표상들도 곧 입수할 수 있을 것이다. 이 화성인 중 인류학자들(외外화성동물학자)은 이 모든 것에서 호모 사피엔스(지구인이 스스로를 칭하는 이름)의 행동들 중 **의식의 통속 이론**뿐만 아니라 의식의 과학 이론을 위한 우리의 초기 시도들과 관련된 부분에 대한 정밀한 설명에 도달할 수 있게 될 것이다.

여담: 나는 이 화성인들이 자신들이 관찰하고 있는 동물군에 대해 능숙하게 **지향적 자세**intentional stance를 도입하고 있으며(Dennett 1971, 1987), 따라서 그들이 우리의 언어를 배우고 우리의 공적인 의사소통을 해석할 수 있다고 가정하고 있다. 그러나 그렇다고 해서 내가 이 화성인들이 최근에 철학자들에 의해 많이 논의된 그 어떤 특정한 방식으로 의식적이라고 전제하고 있는 것은 아니다. 그러므로 논의를 위해 화성인들이 **좀비**이며 그들이 '현상성phenomenality'과 '감각질' 또는 당신이 진정한 의식의 표지로 여기는 어떤 것의 흔적 없이도 데이터 수집과 과학적 이론화를 달성한다고 가정하자. 다시 말해, 현재로서는 나는 그들의 명백한 과학적 전문 지식과 기술이 그들이 의식적이라는 거의 결정적인 증거가 된다고 가정하고 있지 않다. 나아가 그들은 우리의 미술, 우리의 음악, 우리의 연극에 거의 감동을 받지 않지만 별문제 없이 그것이 **우리에게** 얼마나 중요한지를 탐지해 낼

수 있다. ("저들은 피카소의 작품들에서 대체 무엇을 **보는** 거지?" 화성인들은 믿을 수 없어 하며 물을 것이다. 우리가 그 작품들에 지불할 높은 가격뿐만 아니라 그 작품을 마주함으로써 생성되는 신경 조절 물질, 내분비계통과 정서에서의 크나큰 효과를 알면서도 말이다)

상상의 화성인 과학자들을 도입하는 것은 내가 의식의 과학 이론에 대한 현재의 논의에서 친숙하지만 잘 인식되지는 않는 주제를 드러내어 생생하게 표현할 수 있게 해 준다. 화성인 과학자들이 곧 발견할 통속 이론의 신조 중 하나는 의식의 과학 이론이 지구인들에 의해 불가능한 것으로 널리 여겨지고 있다는 것이다. 그들이 배울 통속적 지식의 일부는(우리가 문화적 적응의 과정에서 배운 바와 마찬가지로) 의식은 완전히 사적이며, 외부자에게는 접근 불가능하고, 적어도 부분적으로는 어떻게든 과학을 통해서는 소통 불가능하고 탐구 불가능하다는 것, 즉 화성인들이 우리 행성을 탐색하는 데 사용하고 있는 바로 그 방법을 통해서는 탐구될 수 없다는 것이다. 그들이 이를 믿을까? 그들은 이를 이해할까? 그들은 이를 설명할 수 있을까? 그리고 더 중요하게도 그들은, 즉 화성인들은 알 수 없지만 우리는, 즉 지구인들은 알 수 있는 인간 의식에 대한 뭔가가 있다는 가설을 그들은 어떻게 생각할까? 그들은 네이글의 1974년의 글, "박쥐가 된다는 것은 어떤 것인가What is it like to be a bat?"를 읽고 다음과 같은 질문에 직면한다. '인간이 된다는 것은 어떤 것인가?' 그들은 데이비드 차머스의 1996년도 글 "의식의 문제The Problem of Consciousness"를 읽고 자신들이 '어려운 문제the Hard problem'를 제대로 이해하기는 했는지 알고 싶어할 수 있다. '우리의' 의식에 관한 무엇이 이 외계인 조사자들에겐 접근조차 금지되어 있는 것일까? 또한, 만약 그런 것이 있다면 '우리'는 그것이 진짜라는 것을 어떻게 아는 것일까?

화성인들이 공부할 것이 분명한 텍스트 중 하나는 데카르트의 《성찰》(1641)이다. 화성인들은 그 텍스트가 자신들을 향해 매우 단도직입적으로 말하고 있다고 느낄 것이다. 그 텍스트의 서문은 "**나와 함께** 진지하게 성찰하며, 정신을 감각으로부터 멀리함과 동시에 그 모든 편견으로부터 멀리할" 이들을 향해 쓰였다. 데카르트는 그의 화성인 독자들이 스스로 사고 실험과 추론을 해 보기를, 그리고 그들의 감각 기관이 가진 특이 사항들은 무시하기를 기대했을 것이다. ("감각으로부터 멀리함과 동시에 모든 편견으로부터 멀리할…") 데카르트는 탁월한 과학자였으므로 상호주관성intersubjectivity의 가치를 잘 알고 있었으며 과학이 개별 탐구자들의 특이 사항들을 무효화하면서 공유된 탐구에 모두가 참여할 수 있게 하는 방식을, 즉 과학적 방법에 대한 '삼인칭' 접근을 잘 알고 있었다. 화성인들은 데카르트의 성찰에 참여하는 데 자격이 모자라지 않으며, 따라서 나는 우리가 데카르트가 인도하는 바를 따라 최대로 상호 주관적인 의식과학을 위해 노력해 보기를 제안한다. 과학의 삼인칭 방법론을 마음의 사적인 내부에까지 침투시켰을 때 무슨 일이 일어나는지를 살펴보도록 하자. 우리는 어떤 중요하고 은밀한 장소를 탐색되지 않은 채로 남겨 놓게 될 것인가?

이러한 노력이 반드시 실패한다는 견해, 즉 의식에 대한 순수한 삼인칭 과학은 방법론적으로 빈곤하며 중요한 증거나 데이터 또는 깨달음의 … 또는 뭔가의 원천으로부터 단절되어 있다는 견해가 상당히 널리 공유되고 있다. 그에 따르면 우리에겐 '의식의 일인칭 과학' 또는 심지어 (공감을 강조하는, 그리고 아마도, **당신**Sie, vous이 아니라 **너**du, tu에 대한 이인칭의 **친숙한** 방법론second-person familiar methodology이라고 더 적절하게 명명될 수 있을) '의식의 이인칭 과학'이 필요하다. 다양하게 표현되거나 그저 암묵적으로 전제되어 왔던 이러한 견해의 요지는, 우리가 할 수 있는 이러한 게임을 화성인들은 할 수 없다는 것이다. 그들은 일인칭 의식과학에 참여할 수 없는데, 왜냐하면 그들 스스로가 적합한 종류의 일인칭이 아니기 때문이다. 그들은 **화성인의** 의식을 일인칭적 관점에서 연구할 수는 있지만, **우리의** 의식을 연구할 수는 없다. 또는 그들은 이인칭 의식과학에 참여할 수 없다고 말할 수도 있는데, 왜냐하면 그들은 외계 생명체로서 그러한 방법이 전제하는 **나-너**의 공감적 결속을 맺지 못하기 때문이다.

나의 질문은 이것이다. 이것 중 하나라도 믿을 만한 좋은 이유가 있는가? 나의 대답은 그렇지 않다는 것, 즉 우리의 의식에 화성인의 아마도 냉철한metal-headed 방법으로도 접근 불가능한 뭔가는 없다는 것이다. 자연과학의 삼인칭 방법은 다른 어떤 자연 현상들이 조사될 수 있는 것만큼 완전하게, **유의미**한 잔여물 없이, 의식을 조사하기에 충분하다. 여기서 '유의미하다'는 건 무슨 뜻인가? 그저 다음과 같은 것을 의미할 따름이다. 만약 과학자들이 한 줌의 모래를 조사한다면, 그들이 얼마나 오랫동안 작업하건 간에 항상 더 발견할 수 있는 것이 있다는 것. 그 한 줌의 모래를 이루는 원자들을 구성하는 아원자 입자들 사이의 인력과 척력의 총합은 언제나 우리가 그 시점에 계산한 마지막 유효 자릿수에 불확실성을 남길 것이고, 한 줌의 모래가 영겁에 걸쳐 점유했던 시공간적 위치를 역추적하는 일은 결국 알아볼 수 없는 양상으로 펼쳐지게 될 것이다. 그러나 우리의 무지는 유의미하지 않을 것이다. 수확 체감의 법칙이 적용되는 것이다. 나의 주장은 만약 우리가 인간의 의식을 연구하기 위해 과학의 삼인칭 방법을 사용한다면, 우리가 '결국에' 인정해야만 할 남아 있는 무지는 우리가 광합성, 지진, 또는 한 줌의 모래를 연구할 때 제거 불가능한 무지보다 더 좌절스럽거나, 더 불가해하거나, 또는 더 우려스럽지 않으리라는 것이다. 요컨대 다른 자연 현상들이 그렇지 않은 것과는 달리 의식이, 삼인칭 과학의 관점에서는, 하나의 **신비**라는 인기 있는 가설을 믿을 만한 어떤 좋은 이유도 주어진 적이 없다. 또한 우리와 얼마나 다르건 간에 화성인 과학자들이 알 수 있는 범위를 완전히 벗어난 것, 의식을 가짐으로써 우리가 알게 되는 (또는 당신이 알게 되는) 뭔가 중요한 것이 있다고 주장할 만한 좋은 이유도 없다.

　우리는 경계를 명확히 하기 위한 질문들을 제기함으로써 이 문제에 접근할 수 있다. 만약 인간 의식을 탐구하고자 하는 화성인이 뭔가를 빠뜨릴 수밖에 없다면, 우리는 이것을 어떻게 알 수 있을까? 그리고 이 '우리'는 누구인가? 프랑스어권 사람들은 자신의 의식에 대해 남들은 알 수 없는 뭔가를 아는 것일까? 여자들은 알지만 남자들은 알 수 없는 여자들의 의식에 대한 뭔가가 있는 것일까? 오른손잡이는 왼손잡이가 결코 알 수 없는 오른손잡이의 의식에 대해 뭔가를 아는 것일까? 우리 타인들은 결코 알 수 없지만, **당신**은 아는 당신의 의식에 대한 뭔가가 있는 것일까? 네이글의 고전적인 논문은 이러한 유아론으로의 후퇴에 (그것을 지지하는 논증을 제시하지 않은 채) 점잖게 맞선다. 그는 '우리'는 인간의 방식으로 사물을 경험하는 것이 '우리'에게 어떤 것인지를 알 수 있다고 제안하지만, 또한 박쥐만큼이나 다른 무엇이 되는 것이 어떤 것인지에 대해서는 알 수 없다고 (그것을 지지하는 논증을 제시하지 않은 채) 끈질기게 주장한다. 내가 생각하기에 네이글이 이렇게 마음대로 유아론을 부정할 수 있는 이유는 단지 아무도 그에 대해 문제를 제기하지 않기 때문이다. 그것은 많은 이들에게 호소력이 있다. 그것은 우리에게 호소력이 있다. 우리는 (알지, 알잖는가!) 우리의 의식에 대해 알고 있는데, 왜냐하면 그것에 대해 늘 소통하기 때문이다.* 매일의 일상에서 우리는 서로를 대하면서 의식의 공적 표상에 대한 방대하게 공유된 이해를 **전제한다.** 또한 우리가 그 공통 지분에 기여하기 때문에, 우리가 그렇게 전제하는 것은 분명히 정당화된다.

인간 의식에 대한 통속 이론은 매우 성공적인 상호 협력 사업mutual enterprise이긴 하지만, 거기에는 잘 알려진 수수께끼들이 있다. 날 때부터 맹인이었던 사람은 색에 대한 '우리의' 이해를 공유할 수 있을까? 색맹인 사람은 어떤가? 적어도 삼백 년은 된 사고 실험인 '스펙트럼 전도'는 어떤가? 나에겐 파랑으로 보이는 것이 당신에겐 노랑으로 보이지만, 그럼에도 불구하고 당신이 그 주관적인 색을 파랑이라고 부를 수도 있지 않을까? 유아가 되는 것은 어떤 것일까? 그것은 "윙윙거리는 만발한 혼란buzzing blooming confusion"**일까, 아니면 그와 매우 다른 무엇일까? 남자와 여자는 근본적으로 비교 불가능한 방식으로 세계를 경험하는 것일까? 이 수수께끼 같은 질문에 매우 많은 답이 경쟁하고 있고, 그 모두가 어쨌든 우리의 주의를 요할 것이다. 하지만 우리는

---

*   "알지, 알잖는가!"로 번역한 원문은 'nudge, nudge'다. 동의나 동조를 구하기 위해 상대를 은근슬쩍 쿡 찌르는 행위를 nudge라고 한다. 여기서는 이런 의미를 살려 '알지, 알잖는가'로 옮겼다. (옮긴이)

**   윌리엄 제임스(William James)의 《심리학 원리》에 나오는 표현이다. 제임스는 이 표현으로 아기가 최초로 세계를 접하면서 갖게 되는 내적 경험을 묘사한다. (옮긴이)

처음부터 그 모든 것을 다 따지려 하기보다는, 일단 심호흡을 한 번 하고 그 모든 좋고 나쁜 답들이 그 자체로 의식에 대한 **통속 이론**의 일부이며 우리가 화성인과 공유할 수 있는 **데이터**는 아니라는 점부터 인식해야 할 것이다.

통속 이론과 철학

1970년대에 인공지능 연구자 패트릭 헤이즈Patrick Hayes(1978)는 통속 물리학folk physics 또는 그가 소박 물리학naïve physics이라고 부르는, 우리가 일상에서 그에 대한 지식을 보여 주는 물리학, 즉 수건은 물을 흡수하고, 그림자는 투명한 유리를 투과하며, 사물은 당신이 그것을 놓쳤을 때 떨어지고 (그것이 떨어지는 표면에 따라) 종종 튕겨 나가며, 사물이 부딪히면 소리를 내는 등등의 일부를 형식화하는 작업에 착수했다.* 우리는 소박 물리학 없이는 말 그대로 살 수가 없다. 그것은 믿을 만한 예측을 하는 데 있어서 극도로 빠르고 생산적이며, 사실상 우리의 의지와 무관하게 일어난다. 당신은 예측을 쉽게 멈출 수 없다. 예를 들어, 물잔이

---

*   소박 물리학은 직관적 물리학(intuitive physics)의 일종이라고 할 수 있다. 직관적 물리학 이란 정식 물리학을 배우지 않은 상태에서 사람들이 물리 현상을 직관적이고 실용적으로 이해하는 방식을 말한다. (옮긴이)

엎어졌을 때 당신은 물이 탁자의 가장자리에서 당신의 허벅지로 쏟아질 것을 예상하며 '생각할 틈도 없이' 탁자로부터 물러설 것이다. 당신의 뇌는 **어떻게든** 현재의 지각적 단서들로부터 그러한 예측을 생성해 낼 것이고 적절하다고 여겨질 만한 회피 행동을 취할 것이다. 소박 물리학 배후의 기제는 내성을 통해 직접적으로 접근 가능하지 않지만 그것의 '정리들', 즉 (말하자면) 그것의 개별적인 실행들에 의해 뒷받침되는 것으로 보이는 일반화들을 generalizations 발견함으로써 간접적으로 연구될 수 있다. 많은 마술의 속임수들이 '불가능한' 가능성들을 간과하게 하거나, 혹은 이런저런 종류의 지각적 단서에 기반하여 결론으로 (무의식적으로) 비약하도록 유도함으로써 소박 물리학에 대한 우리의 직관을 이용한다. 그런데 우리 소박 물리학자들을 당혹스럽게 만드는 반직관적인 현상들이 존재한다. 자이로스코프, 피펫 (대체 왜 콜라는 빨대 끝에서 흘러나오지 않는가? 그것은 뻥 뚫려 있는데!), 사이펀, 역풍 항해 등 그 외 많은 것들이 있다.** 헤이즈의 유쾌한 아이디어는

** 이 사례들은 일견 반직관적인 것처럼 보이는 것들이다. 가령 자이로스코프는 회전하는 물체의 회전축에 모멘트를 가했을 때 모멘트의 회전 방향대로 회전축이 움직이지 않고 그 직각 방향으로 회전하는 현상으로서, 사물에 모멘트를 가하면 방향대로 움직인다는 직관에 반한다. 피펫의 사례는 밑이 뚫려 있다면 거기 담긴 액체는 쏟아진다는 직관에 반한다. 사이펀의 경우 펌프질이 없이도 높은 곳의 액체가 중력을 거슬러 올라가 낮은 곳으로 옮겨진다. 역풍 항해에서는 배가 바람에 떠밀려야 할 것 같은데 오히려 바람을 맞으며 전진한다. 이런 직관에 반하는 사례들은 물리 현상에 대한 소박한 직관을 바탕으로 구성된 소박 물리학의 입장에서는 물리적으로 불가능하게 느껴진다. (옮긴이)

액체에 대한 소박 물리학을 형식화함으로써, 우리가 액체에 대해 예측하는 모든 것들을 예측하고 따라서 사이펀과 같이 우리가 변칙적인 것으로 간주하는 액체의 행동과는 **반대되는** 예측을 내놓는 **이론**을 만드는 것이었다. 소박 물리학에 따르면, 사이펀은 '물리적으로 불가능하다.'

헤이즈가 하려고 한 것은 일종의 엄밀한 인류학이었는데, 일반인들 사이에서 발견되는 틀린 이론을 공리화하는 것이었다. 그 토대 공리가 함축하는 것을 연역할 때 실제 사실들이 미칠 수 있는 영향을 단호하게 거부한다는 점을 드러내기 위해, 이를 **소박 물리학에 대한 선험적 인류학**aprioristic anthropology of naive physics 이라고 부르도록 하자. 소박 물리학은 순진했지만 헤이즈는 그렇지 않았다. 그가 기획한 과제는 정교한 선험적 인류학이었는데, 왜냐하면 그는 틀린 이론이 참된 이론만큼이나 형식화가 가능하다는 점을 충분히 인식하고 있었으며 그래서 그의 공리들을 충실히 따르기를 전적으로 보류했기 때문이다.

누군가는 통속 심리학에 대하여 정확히 동일한 종류의 과제를 기획하려 할 수 있다. 일반인들에게 '공리적인'(의심에 붙여지지 않은, 부정할 수 없는, 굳이 말하기에는 너무 당연한) 것으로 보이는 무엇에 대해서건 그 함축을 연역하는 것 말이다. 이러한 과제를 **(소박한) 통속 심리학에 대한 정교한 선험적 인류학**sophisticated aprioristic anthropology of folk (naïve) psychology이라고 부르자. 그로부터 도출된 이론은 마치 소박 물리학이 그러하듯이, 일반인들로부터 의혹의 시선이나 전적인 당혹스러움을 끌어내는 심리적 이상 현상이라면 무엇이건 단적으로 불가능한 것으로 배제할 것이다. ("**그런 일은 있을 수 없어!**") 따라서 맹시blindsight, 실명 부정blindness denial, 안면실인증prosopagnosia(얼굴을 알아보는 능력의 상실), 그리고 그 외의 여러 잘 알려진 기이한 현상들(심리학에서의 피펫과 자이로스코프)은 그것들을 부정하는 형식적 통속 심리학의 정리들을 갖게 될 것이다. 심리철학philosophy of mind이라는 분야를 바로 이러한 노력으로 해석하는 것은 솔깃한 일이다. 일반인들이 그들의 일상사와 이것저것을 캐묻는 인류학자들과의 반성적인 상호 작용 모두에서 보여 주는 근본적인 직관들을 엄밀하게 통합하고 형식화하려는 시도로 말이다. "당신의 직관을 따르세요" 철학자들은 말한다. "그것은 다음의 명제와 부합합니까…?" 그리고 만약 과제가 제대로 수행된다면, 그것은 앞으로의 연구를 위한 성과로서 20세기 후반 영어권 통속 심리학에 대한 최적화된 '이론'이 될 것이다. 그것은 다른 언어를 쓰는, 다른 시대와 장소에 사는 사람들의 통속 심리학을 유사한 방식으로 정교화한 것과 비교될 수 있다. 이러한 연구 전통이 자연 언어의 문법을 형식적으로 부호화함으로써 모든 문법적 문장들을, 이를테면 원어민들이 생각하기에 그들에게 올바른 것으로 들리는 문장들을 만들어 내려고 하는 언어학자들의 시도와 공통점이 많다는 것은 말할 필요도 없다. ("그건 영어로는 말이 안 돼요!") 이것들은 할 만한 탐구들이고, 그 결과는 차고 넘치도록 계발적이었다.

이러한 해석은 심리철학자들에게는 그들이 지난 반세기 동안 해 왔던 일의 대부분과 일치하는 명확하고도 귀중한 직무기술job description일 것이다. 그러나 그럼에도 불구하고 그것은 하나의 측면에서는 왜곡인데, 왜냐하면 철학자들은 자신과 동료들, 학생들을 검토를 받아야 할 일반인으로 간주했음에도 불구하고 (**자기인류학**auto anthropology) 많은 이가 자신들이 밝혀낸 공리를 스스로 충실히 따르고 있는 사태를 괄호 치는 데 소홀했기 때문이다. (언어학자들은 문법성에 대한 그들 자신의 소박한 직관을 참조하면서 발생하는 왜곡이라는 인식론적 문제와 오랫동안 맞서 싸워 왔다. 이상하게도, 철학자들은 그들의 방법론적 반성에 있어서 항상 스스로에게 비판적이지는 않았다) 그러한 철학자들의 기획을 **소박한 선험적 자기인류학**naïve aprioristic autoanthropolgy이라고 부르자. 그들은 자신들의 정제되지 않은 직관이 전해 주는 바가 **기획된 과제에 있어서 공리적일 뿐 아니라 실제로도 참**인 것처럼, 그리고 나아가, 어쨌든 불가침인 것처럼 일을 진행했다. (이전 장의 주석에서 이 주제와 관련하여 네이글을 겨냥한 라이칸의 폭로를 보라) 이에 대한 생생하지만 그러나 항상 믿을 만하지는 않은 하나의 징후는 심리철학자들 사이에서 '반직관적counterintuitive'이라는 형용사의 의미값이 흥미로운 방식으로 뒤집혀 있다는 것이다. 대부분의 과학에서 반직관적인 결과보다 더 높이 평가받는 것은 없다. 그것은 뭔가 놀라운 것을 보여 주며 우리로 하여금 암묵적인 전제들을 재고하게 만든다. 그런데 심리철학에서는, 반직관적인 '결과'(누군가의 지각·기억·의식 또는 무엇에 대한 '이론'의 받아들이기 힘든 함축)는 전형적으로 논박과 동등한 것으로 취급된다. 현행의 직관에 대한 이러한 애착은 (이전 장에서 보았듯이) 종종 대안적 관점을 고려조차 하지 않고 거부하는 지경에까지 이르고, 철학자들의 방법에 뿌리 깊은 보수주의를 고착시킨다. 보수주의는 좋은 것일 수도 있지만 이는 그것이 널리 받아들여졌을 때에만 그러할 것이다. 물론 완벽하게 건전하고도 친숙한 직관들을 싸워 보지도 않은 채 포기하지는 말자. 하지만 문제를 설정하는 데 사용되었던 직관이 그 문제가 해결될 때까지 존속하지 못할 수 있다는 점 또한 인정하자.

만약 우리가 소박 물리학과 학술적 물리학의 발전을 지침으로 삼는다면, 우리는 통속 심리학에서 직관적이었던 것들이 그러한 현상들에 대한 보다 발전된 학술 이론에 의해 옹호되고 통합되고 설명될 것이라 기대할 수 있을 것이다. 어쨌든 우리에게 소박 물리학이 그토록 소중한 이유는 그것이 전해 주는 바가 대체로 참이기 때문이다. 우리는 통속 심리학도 그와 유사하게 사후에 풍부하게 참으로 입증될 것이라고 기대해야 할 것이다. 그러나 우리는 그에 대해 확신할 수는 없다.

타자현상학 다시 보기

따라서 나는 우리가 데카르트의 인도를 따라 우리가 화성인과 공유하는 것으로 알고 있는 데이터들로부터 시작해야 한다고, 그리하여 그것이 우리를 어디로 이끄는지를 봐야 한다고 제안한다. 그 데이터 중에는 우리 지구인들(또는 우리 영어권 심리철학자들)이 어떤 통속 이론을 고수하는지에 대한 사실도 있을 것이다.

우리 앞에 놓인 연구 문제들 중 하나는 이것이다. 통속 이론의 정리들 중 어느 것이 참으로 밝혀질까? 우리는 우리의 과학 이론을 전개하는 과정에서 화성인의 인간 의식에 대한 접근 불가능성에 대하여 어떤 통속 이론이 **옳다**고 처음부터 전제하지 않았다. 우리는 그저 그러한 이론을 뒷받침하는 사례들이 상호 주관적으로 접근 가능해야 한다고 요구할 따름이다. (그리고 이는 그러한 주장을 하는 사람들에 의해 전제되어야 할 것이다. 그렇지 않다면, 그들이 왜 아무 소용도 없을 그런 주장을 하며 우리의 시간을 낭비하고 있겠는가?) 우리는 피상적으로나마 이런 일이 어떻게 진행될지를 쉽게 상상할 수 있다. 화성인들은 지구인 과학자들이 실제적인 진보를 보고 있는 현상들을 예측하고, 예상하고, 설명하는 데서 계속 좌절하고 있다는 점을 알아차리게 될 것이다. 어떻게 해야 하는지를 화성인들에게 가르치려는 지구인들의 시도는 실패할 뿐만 아니라 분명한 체계적인 상반성systematic contrariness의 징후들을 보여 줄 것이다. (물리학에서 선호되는 하이젠베르크의 불확정성 원리를 떠올려 보라)* 우리는 결국 화성인이 지구인들의 의식 현상에 관해 단지 알아듣지 못하기만 하는 게 아니라는 것을 알게 될 것이다. 그러한 몰이해는 상상할 수 있는 그 어떤 보조 장치나 훈련을 통해서도 해소되지 않을 것이다. **그리고** 우리는 왜 그런지를 설명할 수 있다.

네이글은 하나의 이유를 제시하지만, 그것은 선결 문제를 요구한다. "만약 경험의 주관적 성격이 특정 관점에서만 완전히 파악 가능하다면, 더 많은 객관성으로의 이행(즉 특정한 관점과 덜 결합하는 것)도 우리를 해당 현상에 더 가까이 데려다 줄 수 없을 것이다. 그러한 이행은 우리를 그로부터 더 멀어지게 할 것이다." (1974, p. 447) 그러나 그의 조건문의 전건은 아직까지 증명되지 않았다. 그것은 증명을 요구하기엔 너무나 뻔한 것처럼 보일 수 있지만, 만약 그렇다면 그것을 부정하려는 하는 초보적인 시도조차도 결정적인 논박에 노출될 것이다. 한번 살펴보자. 우리와 화성인 모두가 받아들일 수 있고 또 우리가 공통적으

---

* 체계적인 상반성이란 '문 하나를 닫으면 반드시 다른 문 하나가 열리는' 상황을 말한다. 마치 하이젠베르크의 불확정성 원리에 따라서 한 입자의 위치를 측정하면 그에 따라 운동량에 대한 측정이 불확실해지고, 반대로 운동량을 측정하면 위치에 대한 측정이 불확실해지는 현상이 체계적이고 법칙적으로 일어나는 것과 같다. 여기서 체계적인 상반성은 지구인 과학자가 화성인 과학자에게 의식에 대해 뭔가를 가르쳐 주면, 화성인 과학자가 그것을 알아듣는 것 같으면서도 꼭 다른 부분을 이해하지 못하게 되는 곤란한 상황을 나타낸다. (옮긴이)

로 받아들이는 것으로 알고 있는 삼인칭 방법은 내가 **타자현상학**
heterophenomenology이라고 명명한 바 있는 구조 속에서 파악된다.
(Dennett 1982, 1991)

> 그것은 솔깃한 모든 지름길을 무시하고 객관적인 과학에서
> 출발해 삼인칭 시점을 고수하면서 현상학적 설명으로 가는 **중**
> **립적인** 방식이다. 가장 사적이고 형언할 수 없는 주관적인 경
> 험을 다루지만, 과학이 요구하는 방법론적인 세부 사항까지도
> 절대 포기하지 않는 길이다. (1991, p. 72)

타자현상학에는 혁명적이거나 새로운 것이 전혀 없다. 그
것은 그 전제 조건들과 금기 사항들을 엄수하는 정도를 변화시
켜 가며 100년 또는 그 이상의 시간 동안 실험심리학, 정신물리
학, 신경생리학, 그리고 오늘날의 인지신경과학의 여러 갈래들에
서 수행되어 온 것이다. 나는 그저 그것에 이름을 부여했을 뿐이
며 그것을 가능케 하는 가정들을 확인하고 동기를 부여하는 데
내 나름대로 특별히 신경을 썼을 따름이다.

우리 타자현상학자들은 피험자 안팎의 그 모든 물리적인
사태들에 대한 **기록된 미가공 데이터**로부터, (확인 가능한 병리 현
상이나 특이점을 가지거나 가지지 않은, 양성의, 모든 연령의, 다양한 사회
경제적 지위의, 기타 등등의) 서로 소통하는 인간에 국한된 풀로부터

시작한다. 화성인 협력자들이 피험자 풀에서 제외되지만 처음부터 동료 조사자로서 자격을 완전히 갖춘 것으로 간주된다는 점에 유의하라. 우리는 피험자 내부에서 일어나는 그 모든 화학적인, 전기적인, 호르몬적인, 음향적인… 그리고 여타의 물리적인 사건들에 대한 데이터를 수집하고, 이 모든 사건들의 타이밍에 특별한 주의를 기울인다. 하지만 우리는 또한 특별히 처리하기 위한 하나의 데이터 흐름을 따로 골라낸다. 우리는 피험자들이 만드는 잡음과 표지들을 (구술적인 그리고 다른 방식의) 의사소통을 구성하는 것으로 간주하고 그것들의 사본을 작성하는데, 그 사본들은 발화 행위들의 목록을 만들어 내기 위해 해석되며, 그 목록은 믿음의 (외견상의) 표현으로 해석될 것이다.

음압파와 입술의 움직임, 버튼 누르기라는 미가공 데이터를 믿음의 표현으로 변환하는 일은 지향적 자세를 **요구한다.** 그것은 피험자들을 의도된 의미를 갖고 발화 행위를 하는 믿음과 욕망의 주체로 간주하게 만든다. 그러나 그것은 의식에 대한 통속 이론에 의거할 때, 어떤 피험자가 좀비인지 아닌지와 관련된 성가신 질문을 완전히 열어 놓은 채로 내버려 둔다. 그것은 또한 좀비들이 **진짜** 언어 행위를 수행한다고 또는 그저 **외견상의** 언어 행위를 수행한다고 적절하게 말해질 수 있는지, 따라서 좀비들이 믿음을 표현하고 있는 것인지 아니면 그저 **외견상의** 믿음을 표현하는 것처럼 **보일** 뿐인지 등등의 통속 이론이 제기하는 부차적인 수수께끼들을 건드리지 않은 채 내버려 둔다. 어떤 이들은 좀비 가설이 진지한 문제라고 믿는다. 그들에게는 진지한 질문이겠지만, 그 질문들이 **처음부터**ab initio 해결되어야 할 필요는 없다. 우리는 의식적 존재와 좀비가 다르다는 것을 가정한 채 지향적 자세가 진정으로 의식적인 존재들의 행동에 통하는 것과 정확히 마찬가지로 좀비의 행동에도 통한다는 점에 모두가 동의한다는 점을 지적함으로써 편리하게 그런 문제들을 뒤로 미룰 수 있다. 정의상 철학적 좀비는 행동적으로 의식적 존재들과 식별 불가능하며, 지향적 자세는 모든 피험자들의, 그리고 그들 안팎에 모든 부분들의 상호 주관적으로 관찰 가능한 '행동들'에 국한된다는 점에서 **행동주의적**behavioristic이다. 물론 지향적 자세는 이밖의 다른 어떤 의미에서 행동주의적인 것은 아닌데, 왜냐하면 그것은 정확히 '정신적인mentalistic' 또는 '지향주의적인intentionalist' 해석들로 이루어져 있으며 그러한 해석들은 날것의 행동들을 행위들로 즉 믿음, 욕망, 의도, 여타의 명제 태도들propositional attitudes을 표현하는 것으로 간주하기 때문이다.

좀비 문제에 대해 지향적 자세가 견지하는 이러한 중립성은 결점인가 아니면 장점인가? 인간 의식의 자연과학에 토대를 놓으려는 우리의 관점에서 보자면, 그것은 거의 의심할 바 없이 장점이다. 그것은 통속 이론에서 연유하는 복잡한 문제들을 뒤로 미루면서 우리와 화성인이 공유하는 데이터를 추출하고, 조직하고, 해석하는 일에 착수할 수 있게 해 준다. 좀비가 된다는 것은 어떤 것인가? 정의상 어떤 것도 아니다. 그러나 좀비를 진지하게 여기는 이들에게조차 (적어도 겉으로 보기에는) 좀비가 되는 것 같은 뭔가가 있는 것처럼 **보이는데,** 타자현상학은 바로 그렇게 보인다는 것seeming을 세심하게 포착해 낸다.

> 이번 장에서 우리는 현상학을 조사하고 설명하는 **중립적인** 방법에 관해 알아보았다. 여기에는 **피험자**가 말한 것에서 내용을 추출하여 순화하는 과정과 이 내용을 이용하여 이론가의 허구, 즉 피험자의 **타자현상학적 세계**를 생성하는 과정이 포함되었다. 이 허구적 세계는 이미지, 사건, 직감, 예감, 피실험자가 자기 의식의 흐름에 존재한다고 진정으로 믿는 온갖 감정으로 가득하다. 이 세계는 **피험자가 된다는 것이 어떤 것인지를** 정확하게 중립적으로 묘사한다. 피실험자 자신의 말로 끌어낼 수 있는 최상의 해석을 내놓는 것이다. 사람들은 자기가 정신적 이미지, 고통, 지각 경험, 그 밖의 다른 것을 갖고 있음을 의심 없이 믿으며, **이런** 사실들과 그들이 믿는 것을 표현할 때 나오는 보고는 모든 과학적인 마음 이론theory of mind이 반드시 설명해야 할 현상이다. (Dennett 1991, p. 98)

우리와 화성인들은 서로 같이 작업하면서 **미가공** 데이터에서 **해석된** 데이터로 옮겨 간다. 확신·믿음·태도·정서적 반응 …
그러나 이 모든 것들은 중립성을 위해 **괄호 쳐진다.** 왜 괄호 쳐지
는가? 왜냐하면 일치하지 않을 수 있는 두 가지 가능성 때문이
다.* 그것은 모든 진실을 그리고 오직 진실만을 말해야 한다는
재판에서의 의무를 통해서 잘 알려져 있다. 피험자는 자주 모든
진실을 말하지는 않는데 왜냐하면 그들의 내면에서 일어나는 심
리적인 현상들이 그들에 의해 의심받지 않으며, 따라서 보고되
지 않기 때문이다. 또한 피험자는 자주 오직 진실만을 말하지는
않는데, 왜냐하면 그들에게는 우리가 그들 경험의 한계로 입증
할 수 있는 것들을 넘어서는 이론을 만들어 내는 경향이 있기 때
문이다. 괄호 치기는 피험자들에게 보이는 바가 실제로 그러한
것인지 예단하지 않은 상태에서 그들로 하여금 **어떻게 보이는지**
에 대해 설명하게 만드는 효과를 갖는다.

　예를 들어 많이 연구된 **차폐 점화**masked priming 현상을 생각
해 보라. 피험자에게 스크린에서 잠시 번쩍이는 그림이나 단어
와 같은 '점화' 자극을 제시하고 피험자가 알아보거나 다르게 반
응해야 할 '표적' 자극을 제시하기 전에 매우 빠르게 '차폐막(빈

---

*　　여기서 "일치하지 않을 수 있는 가능성"이란 미가공 데이터와 해석된 데이터가 일치하
　　지 않을 수 있는 가능성을 말한다. 바로 뒤에서 설명되듯이, 해석된 데이터는 주어진 미
　　가공 데이터보다 더 적을 수 있고, 반대로 그보다 더 클 수도 있다. 데이터 해석은 어제
　　나 과소이거나 과잉일 수 있기에 일단은 그에 대해 괄호를 치고 판단을 보류함으로써
　　이러한 과소해석과 과잉해석의 위험을 피해야 하는 것이다. (옮긴이)

칸이나 가끔은 무작위 무늬가 찍힌 사각형)'이 뒤따를 경우, 피험자들이 점화 자극에 대해 전혀 알지 못했다고 솔직하게 보고하면서도 실제로는 점화 자극을 식별했음을 보여 주는 행동을 하는 상황이 있다는 것이 수백 번의 각기 다른 실험을 통해 증명되었다. 예를 들어 어간 fri-로 시작하는 단어를 완성하는 과제에서 (차폐된) 점화 자극인 cold(차가운)를 본 피험자들은 fridge(냉장고)로 응답하기가 쉬운 반면, 차폐된 점화 자극 scared(두려운)를 본 피험자들은 fright(두려움) 또는 frightened(무서워하는)로 응답할 가능성이 높다. 이는 두 피험자 집단 모두가 빈 사각형과 그에 뒤따르는 표적 외에 어떤 것도 보지 못했다고 주장함에도 불구하고 그러하다. 그렇다면 이제 피험자들이 점화 자극을 의식하지 못했다고 말할 때 그들을 믿어야 하는 것일까? 여기 이론이 전개될 수 있는 두 가지 방식이 있다.

> A. 피험자들은 점화 자극을 의식하고, 차폐막이 이 의식적 경험을 곧바로 잊게 만든다. 그러나 이후 표적에 대한 피험자들의 수행에 영향을 미친다.
> B. 피험자들은 차폐막의 방해로 '의식에 도달'하지 못하는 점화 자극에서 무의식적으로 정보를 추출한다.

이 두 가지 이론적 경로 중 하나를 선호할 이유를 찾는 것은 과학적 조사로 결정할 문제이다. 그러나 타자현상학은 그 시작에서부터 중립적이며, 따라서 피험자의 타자현상학적 세계를 어떤 점화 자극도 없는 채로 (하여간, 그것이 피험자에게 보이는 바이다) 남겨 놓으면서 어떻게 혹은 왜 피험자에게 그렇게 보이는지에 대한 대답을 미룬다.

타자현상학은 의식과학의 시작이지 끝이 아니다. 그것은 데이터를 조직하는 방식이며, **반드시 설명되어야 하는 것**에 대한 목록이지 그 자체로 설명인 것은 아니다. 그리고 이렇게 중립성을 유지하면서 타자현상학은 **일인칭** 관점을 공정하게 다루고 있는 것인데, 왜냐하면 차폐 점화 실험의 피험자로서 당신 자신이 당신의 경험 속에서 A보다 B를 선호할 만한 그 어떤 것도 발견할 수 없기 때문이다. (만약 당신이 뭔가를 발견할 수 있다고 생각한다면, 즉 만약 경험 속에서 어떤 희미한 단서라도 알아차린다면, 큰 소리로 말하라! 당신은 피험자고, 당신은 있는 그대로 얘기해야 한다. 경험 속에서 발견한 것을 숨기면서 실험자들을 오도하지 말라. 어쩌면 그들은 당신이 반응할 시점을 잘못 설정했을 수도 있다. 그렇다면 그들에게 알려 줘라. 그러나 그들이 실험을 제대로 했다면, 그리고 당신이 정말로 당신 자신의 일인칭 관점에서 알아볼 수 있는 한 그 어떤 점화 자극도 의식하지 못했다고 생각한다면, 그렇다고 얘기하라. 그리고 여전히 A와 B는 당신이 어떤 추가적 증거도 제시할 수 없는 선택지라는 데 유의하라)

여타의 현상에서, 괄호 쳐야할 것은 자신의 경험에 제시되는 것에 대한 피험자들의 명백한 거짓 믿음들이다. 예컨대 대부분의 사람들은 (통상의 은어로는 '순진한 피험자들'은) 색 지각이 시야의 주변부에 이르기까지 확장되며, 또한 그들의 시야가 거의 대부분 상세하고 세밀하다고 가정한다. 카드가 시야 가장자리에서 흔들리는 것을 보는데도 카드라고 식별할 수 없는 (빨간색인지 검은색인지조차 말할 수 없다는) 상황을 보여주면 사람들은 소스라치게 놀란다. 움직임 탐지는 시야에서 색 지각의 범위를 훨씬 넘어서는데 이것은 시각에 대한 통속 심리학을 혼란에 빠트리는 논란의 여지가 없는 사실이다. 이 경우에서 의식과학이 설명해야 할 것은 거짓 믿음의 원인이다. 물어야 할 그리고 답해야 할 질문은

왜 사람들은 그들의 시야가 전부 상세하며 색깔을 띠고 있다고 **생각하는가?**

이지 다음과 같은 질문이 아니다.

사람들의 시야는 전부 상세하며 색깔을 띠고 **있는데** (그렇게 말들 한다) 왜 사람들은 시야의 중심와주변부parafoveal area에서 움직이는 것을 보는데도 그게 무엇인지 식별하지 못하는 걸까?

사람들에게는 자신의 의식적 경험이 주는 신비감을 과장하는 귀엽지만 오도적인 경향이 있다. 그들은 즐거우려고 실제 본 것보다 더 놀라운 장면을 목격했다고 말하며 극장을 나서는 마술쇼의 관객들과 유사하다. 그래서 타자현상학의 엄격한 중립성은 자주 의식을 설명하는 과제가 생각보다 그리 대단한 일이 아님을 보여 주는 축소적인 효과를 낸다. 의식은 많은 이들이 믿고 싶어하는 것처럼 어마어마하고 아름다우며 섬세하고 끝내주는 supercalifragilisticexpialidocious 것이 아니다. 그러나 타자현상학의 목표는 데이터를 파악하는 것이지, 축소하는 것이 아니다.

나는 방금 타자현상학의 중립성이 일인칭 경험을 실제로 공정하게 다룬다고 지적했는데, 이는 비판자들이 자주 간과하는 점이다. 이는 부분적으로 '행동주의자'라는 용어가 가진 다양한 의미 때문에 널리 퍼져 버린 혼동과 그리 다르지 않은 혼동의 결과이다. 인지과학이 성숙해 감에 따라 일어난 관점의 변화를 언급하는, 파르비치와 다마지오Josef Parvizi and Antonio Damasio의 최근 논문을 생각해 보라. 그들은 다음과 같이 비난한다.

> 의식이라는 현상이 행동적, 삼인칭적 용어들을 통해 배타적으로 개념화되는 시대다. 의식적 피험자의 그 현상, 즉 경험에 대한 인지적, 일인칭적 기술은 거의 고려되지 않는다. (Parvizi and Damasio, p. 136)

개선된 새로운 관점이 '현상에 대한 인지적, 일인칭적 **기술**'을 고려한다는 점에 유의하라. 간단히 말해, 개선된 새로운 관점은 타자현상학**이다.** 이와 대조되는 것은 피험자의 기술을 잡음을 낳는 행동으로만 보았던 구식의 (반지향주의적인 의미에서의) 행동주의적인 제약이다.

지향적 자세의 진지한 사용에 대한 이러한 편견이 남긴 화석과도 같은 흔적들이 여전히 인지과학의 도구들을 무디게 만들고 있다. 우리는 매우 세심하게 작성된 지시 사항들을 통해 피험자들을 준비시키고, 실험이 끝날 때가 되면 지시 사항을 따랐는지를 확인하기 위해 실험에 대해 말하게 한다. 이는 실험자가 피험자의 버튼 누르는 행위를 언어 행위로 해석할 때 일종의 강제적인 품질 관리 절차로 기능함은 물론, 여태껏 짐작하지 못했던 데이터 오염의 원천을 발견할 기회를 제공한다. 그러나 우리는 여전히 피험자·실험자 사이의 소통을 **최소화**하려 하며, 그것을 실제로 그러한 것보다 더 문제적인 것으로 취급한다. 대부분의 실험 상황에서, 실험자가 피험자들의 수행으로부터 가능한 한 많은 변산성variabilities을 제거한 뒤에도 남아 있는 피험자들의 개성은 문제로 취급되지 기회로 취급되지 않는다. 최근 앨런 킹스턴Allen Kingstone은 (개인적인 대화에서) 주의에 대한 인지과학의 많은 연구 패러다임들이, 피험자들의 변산성을 피험자의 태도의 일시적 변화, 특이한 실험 방법, 주의의 결핍 등에 대한 귀중한 단서가 아니라 통계적으로 해소되어야 할 잡음으로 취급하기를 고집함으로써 귀중한 기회를 놓치고 있음을 관찰한 바 있다. 이러한 변산성을 활용하기 위한 실험 설계는 여전히 상대적으로 드물게 행해지지만, 타자현상학의 원리들 중 그러한 설계를 하지 못하도록 하는 것은 아무것도 없다. 반대로 변산성이 특수한 상황에서 활용될 수 있는 경우라면, 아무리 기회주의적이더라도 그것은 언제나 높이 평가받아 왔다. 피질 자극과 깨어 있는 환자에 대한 질문으로 이루어진 펜필드의 유명한 검사가 행해진 것이 50년 전이다. 새로운 뇌영상 기술은 상대적으로 비침습적인 상황하에서 더할 나위 없이 세밀한 조사를 가능케 해 주었고, 우리는 이러한 방법들에 대한 체계적인 탐색을 이제 막 시작했을 따름이다. 그리고 뇌스캐너 바깥에서 해야 할 일들 또한 여전히 넘쳐 난다. (실제로 나는 뇌영상 기술과는 완전히 독립적인 실험 설계상의 혁신들이 향후 수십 년간 이루어질 발견의 주요 원천이 되리라 본다)

타자현상학은 포괄적인 방법론이지만, 그것의 다양한 갈래들은 거의 탐색되지 않았다. 7장에서 더 상세하게 다룰 것인데 파르비치와 다마지오의 논문이 실린, 의식의 인지신경과학을 다룬 《인지》(2001)의 특집호는 다수의 실험실에서 진행된 폭넓고 다양한 최근의 작업들을 상세하게 다루고 있으며, 그 모든 것은 타자현상학의 제약들에 따라서 수행된 것이다. 연구자들이 주장하듯이, 이러한 방법론적 제약이 연구에서 일인칭 관점을 진지하게 여기지 못하게 만들지는 않는다.

  타자현상학의 중립성을 비판하는 철학자 조지프 러빈(1994)
은 "의식적 경험에 대한 구두 보고verbal report뿐만 아니라, 의식적
경험 그 자체가 이론이 설명해야 할 일차적인 데이터다"라고 주
장했다. (p. 117) 러빈의 주장은 우리가 미가공 데이터에서 타자
현상학적 세계로 나아갈 때 전제하는 서로 근접한 데이터의 원
천들 사이의 포함관계를 통해 가장 분명하게 이해할 수 있다.

  (a) '의식적 경험 그 자체'
  (b) 이러한 경험들에 대한 믿음
  (c) 그러한 믿음들을 표현하는 '구두 보고'
  (d) 이러저러한 종류의 발화

  '일차적인 데이터'란 무엇인가? 타자현상학자들에게, **일차
적인** 데이터는 피험자의 입이 움직일 때 녹음되는 소리, 또는 (d)
발화, 해석되지 않은 **미가공** 데이터이다. 그러나 이론을 만들기
전에, 우리는 이 데이터들을 해석할 수 있고, 이는 (c) 언어 행위
로부터 (b) 경험에 대한 믿음으로 이행하도록 해 준다. 이것이 의
식과학을 위한 일차적인 **해석된** 데이터, 전이론적pretheoretical 데이
터, (타자현상학적 세계 속으로 유기적으로 통합된) **해명되어야 하는 바**
quod erat explicatum인 것이다. 일차적인 데이터를 향한 탐구에서 러

빈은 우리가 (b) 경험에 대한 피험자들의 믿음에서 멈추는 대신 곧바로 (a) 의식적 경험 그 자체로 육박하길 바라지만, 그것은 좋은 생각이 아니다. 만약 (a)가 (b)를 넘어선다면 (만약 당신이 당신이 가진다고 믿지 않는 의식적 경험을 가진다면) 그러한 여분의 의식적 경험은 외부 관찰자에게 접근 불가능한 것과 꼭 마찬가지로 당신에게도 접근 불가능할 것이다. 따라서 일인칭 접근은 타자현상학이 수집해 주는 것보다 유용한 데이터를 더 많이 수집해 주지 못한다. 나아가 만약 (b)가 (a)를 넘어선다면 (만약 당신이 실제로 가지지 않은 의식적 경험을 가졌다고 믿는다면) 그때 우리가 설명할 필요가 있는 것은 당신의 믿음이지 존재하지 않는 경험이 아니다! 타자현상학적 기준을 고수하는 것, 그리고 (b)를 일차적인 데이터의 최대 집합으로 취급하는 것은 가짜 데이터에 대한 개입을 피하는 효과적인 방식이다.

하지만 당신 믿음의 일부가 구두 보고를 통해 표현 불가능하다면 어쩔 것인가? 만약 당신이 **그것**을 믿는다면, 당신은 우리에게 그렇게 이야기할 수 있고, 우리는 우리의 일차적인 데이터의 목록에 그 믿음을 추가할 수 있을 것이다.

S는 그가 X에 대한 형언 불가능한ineffable 믿음을 갖고 있다고 주장한다.

만약 이 믿음이 참이라면, 우리는 이런 믿음들이 무엇인지 그리고 왜 형언 불가능한지를 설명할 의무를 지게 된다. 만약 이 믿음이 거짓이라 해도, 우리는 여전히 왜 S는 (거짓되게) 이 특수하고 형언 가능한 믿음들이 있다고 믿는지를 설명해야 한다. 내가 《의식의 수수께끼를 풀다》에서 아래와 같이 말했듯이 말이다.

> 당신은 당신 안에서 일어나는 일에 대해 권위를 가지는 게 **아니라** 오직 무엇이 일어나는 것처럼 **보이는지**에 대해서만 권위를 가진다. 우리는 그것이 당신에게 어떻게 보이는지에 대하여, **당신이 된다는 것은 어떤 것인가**에 대하여 당신에게 완전한, 독재적인 권위를 부여하고 있다. 그리고 당신이 당신에게 어떻게 보이는지의 일부가 형언 불가능하다고 불평한다면, 우리 타자현상학자들은 그 또한 기꺼이 받아들일 것이다. 당신이 어떤 것을 기술할 수 없다고 믿기 위한 근거로 (1) 당신이 그것을 기술하지 않으며 (2) 당신이 그것을 기술할 수 없다고 고백한다는 것보다 더 나은 어떤 근거가 있겠는가? 물론 당신이 거짓말을 하고 있을 수도 있지만, 우리는 일단 당신을 믿어줄 것이다. (1991, pp. 96-97)

타자현상학의 중립성에 문제를 제기하는 또 다른 철학자는 데이비드 차머스다. 나는 믿음 귀속을 다루는 단호하게 삼인칭적인 타자현상학의 방식이 표준적인 과학적 방법론과 완벽하게 부합한다고 주장하고 있다. 우리가 (예컨대 피험자를 준비시키고 질문하면서) 실험자가 의존하는 믿음의 귀속들을 평가할 때, 우리는 피험자의 믿음과 욕망과 관해 무엇을 가정하는 것이 합리적인지를 결정하기 위하여 지향적 자세의 원리들을 사용한다. 차머스는 (이 절이 발췌된, 2001년 2월 15일 노스웨스턴 대학에서의 토론에서) 믿음을 다루는 이러한 '행동주의적인' 방식은, 예를 들어 믿음에 대한 "현상학적 믿음phenomenological belief은 그저 반응의 패턴에 관여할 뿐 아니라 특정 경험을 필요로 한다"라는 대안적 견해와 관련하여 선결 문제를 요구하는 것이라며 반대했다. (2001년 2월 19일의 개인적 대화) 정반대로 타자현상학은 바로 이 점과 관련하여 중립적이다. 당연하게도 우리는 '현상학적' 믿음이라는 특수한 범주가 **있다**는(좀비가 알 수 있는 범위를 벗어났지만 의식적인 일반인에 대해서는 그렇지 않은 종류의 믿음이 있다는) 점에서 차머스가 옳다고 **가정**해서는 안 된다. 타자현상학은 피험자의 믿음의 전부 또는 일부가 차머스식 현상학적 믿음인지 아니면 좀비-믿음인지 결정하지 않은 채 우리가 그 믿음의 목록을 가지고 일을 진행할 수 있게 해 준다. (이에 대해서는 이후에 더 논의할 것이다) 사실 타자현상학은 과학이 이러한 짐작조차 하기 어려운 문제를 해결하느라 지체되는 바 없이 그 모든 주관적 믿음들의 패턴을 설명하는 일에 착수할 수 있도록 한다. 그리고 차머스는 믿음의 이러

한 패턴들이 의식에 대한 어떤 이론이라도 반드시 설명해야만
하는 현상들 중 하나라는 것을 틀림없이 인정할 것이다.

타자현상학과 데이비드 차머스

물론 **아직도** 많은 이들에게는 타자현상학이 뭔가를 빠뜨리는 것
처럼 **보일** 것이다. 그게 바로 좀비감이다. 타자현상학은 이에 어
떻게 대응할 수 있을까? 매우 직접적으로 대응할 수 있다. 좀비
감을 그 어떤 좋은 의식 이론이라도 반드시 설명해야 하는 진심
어린 확신들 중 하나로 **포함함으로써** 대응할 수 있는 것이다. 의
식 이론이 책임지고 설명해야 할 것들 중 하나는 '**왜 어떤 사람들
은 좀비감에 사로잡히는가**'이다. 차머스가 바로 그런 사람이므로
타자현상학적 탐구의 피험자로서 차머스가 제공하는 언어 행위
를 좀 더 자세히 들여다보도록 하자.

여기 좀비(그의 좀비 쌍둥이)에 대한 차머스의 정의가 있다.

분자 대 분자로 나와 동일하고, 완성된 물리학으로 전제되는
모든 하위 수준의 속성에서 동일하지만, 그러나 그는 의식적
경험을 완전히 결여하고 있다. … 그는 동일한 환경 속에 놓여
있다. 그는 분명히 **기능적으로** 나와 동일할 것이다. 그는 동일

한 종류의 정보를 처리할 것이며, 입력에 대해 유사한 방식으로 반응할 것이며, 내적 조직을 적절히 조절하고, 행동적으로 식별 불가능한 결과를 낼 것이다. … 그는 각성해 있을 것이며, 그의 내적 상태의 내용을 보고할 수 있을 것이고, 여러 장소에 주의를 기울이는 등등을 할 수 있을 것이다. 단지 이렇게 기능하는 것들 중 그 무엇도 그 어떤 실재의 의식적 경험을 동반하지 않을 뿐이다. 거기엔 현상적 느낌이 없을 것이다. 좀비가 된다는 어떤 것도 없는 것이다. (1996, p. 95)

차머스가 좀비가 내용 있는 내적 상태들을 가지며 그 내용을 (그들을 진정으로, 참으로 믿으면서) 보고할 수 있다고 인정한다는 점에 유의하라. 이러한 내적 상태들은 내용을 가지지만, 의식적 내용이 아니라, 오직 유사 의식적 내용pseudo-conscious contents만을 가질 뿐이다. 그렇다면 여기서 설명해야 할 좀비감은 바로 자신이 방금 진짜 문제를 묘사했다는 차머스의 확신이다. **그에게는** 자신과 좀비 쌍둥이 사이의 차이를 어떻게 설명할 것인지의 문제가 존재하는 것처럼 **보이는** 것이다.

내가 의식적이라는 나의 믿음에 대한 정당화는 인지 기제뿐만 아니라 **나의 직접 증거**direct evidence 에 **있다.** 좀비는 그 증거를 결여하며, 따라서 좀비의 착각은 우리 믿음의 토대를 위협하지 않는다. (또한 경험이 믿음 내용을 구성하는 역할을 한다는 이유로 좀비가 우리와 동일한 믿음을 가지고 있지 않다는 점을 지적할 수 있다)

— 차머스의 홈페이지: 설에 대한 응답

이러한 언어 행위는 기이하며, 따라서 그것을 해석하려 한다면 우리는 자비로운 해석을 찾아야 할 것이다. 차머스의 정당화가 어떻게 그의 '직접 증거'에 **있다**는 것일까? 그는 좀비가 직접 증거를 **결여한다**고 말하지만, 그럼에도 불구하고 좀비는 정확히 차머스가 그러한 것과 마찬가지로 자신이 그 증거를 가진다고 **믿는다.** 차머스와 그의 좀비 쌍둥이는 타자현상학적 쌍둥이다. 우리가 우리의 모든 데이터를 해석한다면, 결국은 좀비들에게 우리와 정확히 동일한 타자현상학적 세계를 부여하게 될 것이다. 차머스는 자신이 좀비가 아니라고 진심으로 믿는다. 좀비도 자신이 좀비가 아니라고 진심으로 믿는다. 차머스는 자신의 의식이라는 '직접 증거'로부터 정당화를 얻는다고 **믿는다.** 당연하게도, 좀비 또한 그렇다.

좀비는 자기가 의식이라는 직접 증거를 가지며, 이 증거가 자신이 의식적이라는 그의 믿음을 정당화한다고 확신한다. 차머스는 좀비의 그러한 확신이 거짓이라고 주장해야만 한다. 그는 "경험이 믿음 내용을 구성하는 역할을 한다는 이유로" 좀비는 우리와 같은 믿음을 가지지 **않는다**고 말하지만, 나는 어떻게 그렇다는 것인지 알 수가 없다. (차머스가 도입하려는 특수한 의미에서의) 경험은 그러한 믿음들의 내용을 구성하는 데 있어 어떤 역할도 할 수가 없는데, 왜냐하면 가정상, 만약 (이러한 의미의) 경험이 제거되더라도(만약 차머스가 갑자기 좀비가 되더라도) 그는 그가 말하는 것을 그대로 말할 것이고, 그가 지금 고집하는 것을 고집할 것이며 그 외 기타 등등을 다 할 것이기 때문이다.♦ 설사 그의 '현상학적 믿음'이 돌연 현상학적이기를 멈추더라도, 그는 그것을 알 수 없을 것이다. **그에게는** 믿음이 더 이상 현상학적이지 않은 것으로 **보이지 않을 것이다.**

하지만 잠깐, 나는 나 자신의 방법을 망각하고 피험자와 논쟁하고 있다! 제대로 된 타자현상학자로서, 나는 차머스가 그의 깊이 뿌리박힌, 정직하게 표현된 확신들과 그것들이 구성하는 타자현상학적 세계를 갖도록 전적으로 허용해야만 한다. 그런 다음에 나는 그러한 믿음들의 원인을 설명하는 과제에 착수해야 할 것이다. 어쩌면 자신의 경험에 대한 차머스의 믿음이 참으로 밝혀질 수도 있겠지만, 나는 현재로서는 어떻게 그렇게 전망할

♦ "나는 그저 의식에 호소하는 것이 행위를 설명하는 데 필요하지 않다고 말하는 것뿐이다. 의식에 호소하거나 그것을 함축하지 않는 물리적 설명이 언제나 있을 것이다. '설명적으로 무관하다(explanatorily irrelevant)'보다 더 나은 구절은 '설명적으로 잉여적이다(explanatorily superfluous)'이었을 것이다." (차머스의 웹사이트에 있는 그의 설에 대한 두번째 응답 http://www.u.arizona.edu/~chalmers/discussions.html.)

수 있을지 알 수가 없다. 그러나 나는 중립을 지킬 것이다. 우리는 그러한 믿음에 교정 불가능한 지위를 부여해서는 안 된다. (그는 교황이 아니다) 어떤 피험자들이 좀비감을 가지고 있다는 사실이 의식과학을 혁명적으로 변화시킬 근거로 간주되어서는 안 되는 것이다.**

이인칭 관점

삼인칭 관점에서 일인칭 관점으로 이행하는 것은 문제만 일으킬 뿐이다. 당신은 당신을 제외한 우리가 삼인칭 관점에서 입수할 수 없는 데이터를 가질 수 없으며, 또한 당신이 겪었다고 생각만 할 뿐인 의식적 경험을 규명하려는 부질없는 시도를 할 위험을 자초한다.

이인칭 관점은 어떤가? 이런 제안을 통해 사람들이 염두에 두고 있는 것은 타자현상학이 견지하는 실로 이상하고 부자연스러울 만치 비개입적인 태도와는 구별되는 모종의 **공감**empathy, 또는 **신뢰**trust인 것으로 보인다. 먼저 신뢰를 생각해 보자. 앨빈 골

** 차머스는 어느 정도의 사람들이 좀비감을 충실하게 따른다고 스스로 선언하는지를 알아보기 위해 자신의 청중들을 상대로 설문 조사를 진행하는 것이 중요한 데이터를 내놓는다고 생각하는 것 같다. 그러나 그와 유사한 방식으로 데이터를 수집하는 것은 신다원주의 이론의 거짓과 내세의 존재 또한 입증해 버릴 것이다.

드만Alvin Goldman은 타자현상학의 중립성, 불가지론을 비판했다. "과학, 공공성, 그리고 의식"(1997)에서 그는 타자현상학이 내가 주장하듯이 의식 연구의 표준적인 방법이 아니라고 했는데, 왜냐하면 "연구자들은 의식적 경험에 대한 (또는 그것의 부재에 대한) 피험자들의 내성적 믿음에 의존하기 때문이다." (p. 532) 개인적 대화에서(2001년 2월 21일, 나의 웹사이트에 있는 나와 차머스의 토론 중 일부로 다음의 주소를 통해 검색 가능하다. http://ase.tufts.edu/cogstud/papers/chalmersdeb3dft.htm) 그는 다음과 같은 방식으로 이 점을 분명히 한다.

> 나의 논문(Goldman 1997)에 실렸던 타자현상학에 대한 반론은 이 분야에서 인지과학자들이 **실제로** 하고 있는 것이 불가지론이 아니라는 것이었다. 대신에 그들은 피험자의 내성적 믿음(또는 보고)에 실질적으로 의존한다. 따라서 나의 주장은 타자현상학적 방법이 인지과학자들이 표준적으로 수행하는 바에 대한 정확한 묘사가 아니라는 것이다. 물론, 당신은 그것이 과학자들이 **실제로** 하고 있는 것이 아니라 그들이 **해야 하는** 것이라고 말할 수도 있다. (또는 아마도 그렇게 말하려고 의도했을 수 있지만, 그러나 만약 그랬다면 그것은 명확하진 않았다)

나는 물론 필요하다면 개혁가의 역할을 수행할 것이지만,

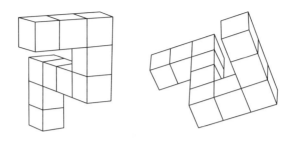

그림 1 양치기 블록. 이 모양은 서로 같은가 다른가?

골드만은 그저 착각하고 있을 뿐이다. 요즘의 과학적 실천은 불가지론을 공고히 받아들여서 굳이 말할 필요가 없을 정도라 골드만은 이런 사실을 놓친 것 같다. 예를 들어, 특히 로저 셰퍼드Roger Shepard, 스티븐 코슬린Stephen Kosslyn, 제논 필리신Zenon Pylyshyn 등이 벌여 온, 수십 년 동안 이어진 심상mental imagery에 대한 논쟁을 생각해 보자. 논쟁은 셰퍼드와 그의 학생들이 수행한 놀라운 실험에 의해 시작되었다. 그 실험에서 피험자들은 그림 1과 같은 한 쌍의 그림을 본 뒤, 모양들이 (공간상에서 회전하고 있는) 동일한 사물의 다른 측면으로 보일 경우 한 버튼을 누르고, 다른 사물일 경우 다른 버튼을 누르라는 지시를 받았다.

피험자들의 대부분은 그들의 상상 또는 '마음의 눈' 속에서 하나가 다른 것에 포개어지는지를 보기 위해 둘 중 하나를 회전시켜서 문제를 풀었다고 주장했다. 피험자들은 정말로 자신들이 주장하는 정신적 회전을 수행하고 있는 것일까? 두 형상이 합동이 되도록 회전시키는 데 요구되는 실제 각거리를 변화시켜 가며 반응 시간을 측정함으로써 셰퍼드는 반응 지연 시간과 각도 변위 사이에 놀랄 만한 정규 선형 관계가 있다는 것을 입증했다. 그가 보고하기를 실험에 참여한 피험자들은 초당 약 60도의 각속도로 그 심상들을 회전시킬 수 있었다. (Shepard and Metzler 1971) 이는 문제를 종결하지 못했는데, 왜냐하면 필리신과 다른 이들이 재빨리 이 놀라운 시간적 관계를 설명하는 대안 가설을 만들었기 때문이다. 추가적인 연구가 요청되었고 시행되었으며, 논쟁은 오늘날까지 계속해서 새로운 실험과 분석들을 내놓고 있다. (이 논쟁의 역사에 대한 탁월한 개관을 위해선 《행동과 뇌과학》에 실려 있는 Pylyshyn 2002을, 그리고 나의 언급 2002를 보라)

피험자는 언제나 그들이 심상을 회전시킨다고 **말하고**, 따라서 만약 불가지론이 오늘날의 암묵적 합의가 아니었더라면, 셰퍼드와 코슬린은 (적어도 은유적으로 묘사된) 실제로 심상을 조작하는 과정을 수행하고 있다는 피험자들의 주장을 지지하기 위한 실험을 할 필요가 결코 없었을 것이다. 불가지론은 인간 피험자에 대한 모든 제대로 된 심리학 연구 속에 깊게 뿌리박고 있다. 가령 정신물리학에서 1960년대 이래 신호 탐지 이론의 사용은 표준적 방법론의 일부였는데, 그 방법론은 피험자가 연구 주제와 관련된 데이터의 신뢰할 만한 원천이 아님에도 불구하고 그 또는 그녀가 반응 기준을 마음대로 제어할 수 있다는 사실을 연구자들이 통제해야 한다고 구체적으로 지시하고 있다. 또는 지각적이고 인지적인 착시에 대한 방대한 연구 문헌들을 생각해 보라. 그들은 피험자가 그러하다고 판단하는 것이 데이터라고 표준적으로 가정하며 결코 '피험자의 내성적 믿음에 실질적으로 의존하는' 실수를 하지 않는다.

여기서 골드만이 어떤 오류를 범했는지가 매우 명확해진다. 물론 착시를 연구하는 실험자들은 사물이 어떻게 보이는지에 대한 피험자의 내성적 믿음에 (그들의 판단에 표현된 대로) 의존하지만, 그것이 바로 타자현상학의 불가지론**이다**. 불가지론을 넘어서는 것, 예를 들어 크기 착각을 다룰 때 다른 크기의 시각적 이미지가 피험자의 뇌 속 (또는 마음속) 어딘가에 정말로 있다고 가정하는 것은 당연하게도 그 어떤 연구자도 하려고 하지 않을 일일 것이다.

그림 2의 착시를 생각해 보자. 뭔가가 회색 줄무늬 앞뒤로 움직이고 있는 것처럼 보이는가? 그 페이지 위에선 아무것도 움직이고 있지 않지만, 그렇게 보이는가? 좋다. 이제 뇌 속을 들여다보고 뇌의 시각 피질에서 어떤 일이 일어나고 있는지를 살펴보자. 연구자들은 당신의 경험 속에서 일어나는 외견상의 운동에 맞춰서 실제로 움직이는 피질 내부의 흥분 패턴들을 찾아내기를 기대하지는 않을 것이다! 그들은 그런 '뇌 안의 영화'를 찾

그림 2 〈Traffic〉, 프랑스의 화가 이슬라 레비언트(1914-2016)의 그림.

아낼 수 있을지 모르고, 만약 그렇다면 실로 혁명적인 발견이 될 것이다. 그러나 타자현상학의 불가지론은 설사 연구자들이 그런 영화를 찾지 못하더라도 피험자들이 거짓말을 하고 있다고 생각하지 않아도 되게 해 준다. 피험자들은 그들이 보고 있는 것이 어떻게 보이는지를 진지하게 말하고 있는 것이다. 그리고 이런 확신이야말로 설명이 필요한 것이다.

마지막으로 기시감déjà vu과 같은 현상을 생각해 보라. 이 주제에 대한 제대로 된 연구는 이전의 경험을 다시 겪는다는 피험자들의 주장에 대하여 불가지론을 고수하지 않는 실수를 범한 적이 결코 없다. 이와 관련된 세부 사항을 위해서는 포스너 Michael Posner(1989)에 수록된 바우어Gordon Bower 와 클래퍼John Clapper (1989)를, 또는 인지과학의 방법론에 관한 교과서라면 아무것이나 봐도 좋을 것이다.¹²

그렇다면 **공감**은 어떤가? 타자현상학적 방법의 이상한 제약들과는 중요한 방식으로 다른, 의식을 향한 우리의 탐험에서 결실을 맺을 수 있을 어떤 다른 종류의 태도가 있는가? 바렐라 Francisco Varela 와 쉬어Jonathan Shear 는 공감을 그들이 일인칭이라고 말하는 방법론의 독특한 특성으로 설명한다.

사실, 그는 자신의 역할을 그런 것으로 인식한다. 그에게 친숙한, 그리고 그의 내면에 공명하는 감정을 불러일으키는 경험에 대한 공감적인 공명자empathic resonator 말이다. 이러한 공감적 입장은 여전히 부분적으로는 타자현상학적인데, 왜냐하면 일말의 비판적 거리와 비판적 평가가 필수적이기 때문이다. 그러나 그 의도는 완전히 다르다. 그것은 같은 종의 구성원으로서, 공통의 지반 위에서 만나기 위한 것이다. … 그러한 만남은 매개자가 검토되고 있는 경험의 영역에 침잠하지 않고서는 가능하지 않을 것인데, 왜냐하면 어떤 것도 직접 지식을 대체할 수 없기 때문이다. 그렇다면 이는 우리가 이제까지 논의한 여타의 것들과는 전적으로 다른 스타일의 검증 방식일 것이다. (1999, p. 10)

실험자가 검토되고 있는 "경험의 영역에 침잠"해야 한다는 제안에 동의하지 않기는 어렵다. 그러나 한마디로 말해, 화성인들이 지구인들의 경험에 그렇게 흠뻑 젖어들 수 있을까? 만약 그럴 수 없다면, 왜 그럴 수 없는가? 공감에는 지향적 자세에 따른 탁월하고 박식한 해석보다 더한 것이 있는가? 만약 있다면, 그것은 무엇인가? 바렐라와 쉬어를 지지하는 논문에서, 에번 톰슨Evan Thomson(2001)은 육감적 공감sensual empathy을 말하며 다음과 같은 의견을 제시한다. "분명히 이러한 종류의 육감적 공감이 가능하기 위해서는 그 자신의 신체와 타자의 신체가 유사한 유형이어야만 할 것이다." 톰슨에게는 분명할지 몰라도, 나에게는 분명하지 않다. 사실, 나는 그것이 심각한 착각이라고 생각한다.

어쩌면 결국에는 어떤 유형의 '화성인들'은 인간과 육감적 공감을 할 수 없다는 것이 참일 수도 있을 것이다. 그러나 이것은 의식의 자연과학이 기반을 두어야 할 의견이기는 어렵다. 그것이 어쨌든 참이라면, 그러한 불가능성은 예를 들어 소통 과정에서 발견되는 실패들, 그리고 성공에 있어 화성인과 지구인 실험자·조사자들 사이의 도드라진 차이를 통해 드러날 것이다. 그것은 우리의 이론이 설명할 수 있는 사실이어야지 이론의 데이터를 모으는 바로 그 과정에서부터 전제되는 무엇이어서는 안 된다. 진지하게 여길 만한 그 어떤 요소나 불연속성도 그 자체로 타자현상학에 의해 발견될 수 있을 것이다.

톰슨의 주장이 '우리'는 박쥐가 된다는 것이 어떤 것인지를 알 수 없다는 네이글의 논증되지 않은 주장을 방법론적 원리로 떠받들면서 그의 주장을 조사할 수 있는 범위 바깥으로 넘겨 버린다는 점에 유의하라. 그것은 의식과학을 해 나가기 위한 좋은 방식일 수가 없는데, 왜냐하면 다른 무엇보다도 박쥐가 된다는 것이 (만약 그런 것이 있다면) 어떤 것인지에 대한 탁월한 작업이 이미 '우리'에 의해 수행된 바 있기 때문이다! 애킨스Kathleen Akins (1993)는 어떻게 그런 작업을 해 나가는지를 보여 주었는데, 그 과정에서 그녀는 박쥐(그녀의 특정 연구에서는 콧수염박쥐)에 의해 점유되는 어떤 관점이나 시점이 **있다**는 네이글의 가정이 결코 안일한 철학적 전통이 가정하는 것만큼 확고하지 않다는 점을 보여 주었다. 만약 우리가 그러한 결정되지 않은 가능성들을 간과하고 싶지 않다면 더 중립적인 입장을 받아들여야 할 것이다. 외계인들은 연구팀에 지원할 필요가 없다는 것을 방법론적 원리로 삼는 대신, '신체 유형body type'과 무관하게 모든 지원자들에게 자리를 개방해야 하며 그것이 연구에 방해가 되는지를 봐야 한다.

잠정적이며 논박 가능한 나의 결론은 나의 논지가 지금까지는 별다른 타격을 받지 않았다는 것이다. 타자현상학은 인간의식의 이론을 위한 모든 데이터를 중립적인 방식으로 포착한다. '일인칭' 의식과학은 결국에는 타자현상학으로 함몰하거나, 그렇지 않다면 그 최초의 가정과 관련하여 받아들이기 힘든 편향을 드러내게 될 것이다.

의식이라는
'마술'
설명하기

많은 이들에게 의식은 하나의 신비, 상상할 수 있는 최고로 놀라운 마술쇼, 설명을 불허하는 특수 효과들의 끝없는 연속으로 보인다. 나는 그들이 심각한 착각에 빠졌다고 생각한다. 의식은 비록 그 작동에서 절묘하게 독창적이지만, 기적적이거나 심지어 궁극적으로는 신비스럽지조차 않은 (신진대사나 생식, 자가 수리와 같은) 물리적이고 생물학적인 현상일 따름이다.

의식을 설명하는 문제의 일부는 의식을 실제로 그러한 것보다 더 놀라운 것으로 생각하게 만드는 강력한 힘들이 존재한다는 데 있다. 내가 이전 장에서 지적했듯이, 의식은 이런 측면에서 **무대** 마술을 닮았다. 그것은 우리의 속기 쉬운 성향을, 심지어 속고 싶어 하는, 홀리고 싶어 하는, 경외하고 싶어 하는 욕망을 이용하는 것이다. 무대 마술을 설명하는 일은 어떤 면에서는 보람이 없는 일이다. 사람들에게 어떤 효과가 어떻게 이루어지는지를 알려주는 사람은 자주 미움을 사며, 흥을 깨는 사람, 파티를 망치는 사람 취급을 받는다. 나는 의식의 일부 측면들을 설명하려는 나의 시도가 그와 비슷한 저항을 불러일으킨다는 인상을 자주 받는다.

우리 모두가 의식의 마술적인 신비로움 속에 흠뻑 **빠져** 살 수 있다면 그것이 **더 멋진** 일이지 않을까? 심지어 이렇게 말한다. 당신이 만약에 실제로 의식을 설명할 수 있다면, 당신은 우리 모두를 폄하diminish하는 것이며, 우리를 한낱 단백질 로봇으로, 한낱 **사물**로 바꿔 버릴 것이라는 것이다.

마술을 설명한다는 보람 없는 일

내가 맞서야 할 지배적인 분위기가 이렇다. 그러나 과제의 어려움은 내가 결과적으로 맞서 싸우고자 하는 바로 그 이미지를 전략적으로 활용하도록 부추기기도 한다. 리 시글Lee Siegel의 훌륭한 책《마술의 그물: 인도의 불가사의와 속임수Net of Magic: Wonders and Deceptions in India》에 나오는 근본적인 뒤틀림에 주목해 보자.

> "마술에 대한 책을 쓰고 있어요" 나는 설명한다. 그리고 질문을 받는다. "진짜 마술요?" **진짜 마술**로 사람들은 기적, 마법적인 행위, 초자연적인 힘을 의미한다. "아니오." 나는 답한다. "마술의 트릭 말이에요, 진짜 마술 말고요." **진짜 마술**이란, 달리 말해, 진짜가 아닌 마술을 지시하는 반면, 진짜인 마술, 실제로 행해질 수 있는 마술은 **진짜 마술이 아닌 것이다.** (1991, p. 425)

만약에 그것이 온갖 평범한 트릭들로 (말하자면 값싼 트릭들로) 이루어지는 현상으로 해명될 수 있다면 그것은 **진짜** 마술일 수 없다는 것이다. 그리고 많은 사람들이 의식에 대해서도 그와 같이 주장한다. 따라서 무대 마술과의 유사성을 따라가면서, 의식의 **일부** 효과가 어떻게 설명될 수 있을지, 그러한 일부 설명들이 과연 얼마나 실망스러울지 살펴보도록 하자.

천 년이 넘도록 인도 밧줄 트릭은 그것을 설명하려는 어떤 시도도 허락하지 않았다. 나는 허공에 밧줄을 던지고 그것이 허공에 고정되면 마술사가 타고 오르는 단순한 묘기를 말하고 있는 게 아니다. 그 묘기의 여러 버전이 세계 전역에서 공연된 바 있다. 나는 **진짜** 인도 밧줄 트릭, 전설의 인도 밧줄 트릭, 훨씬 더 충격적인 마술의 사례를 말하고 있는 것이다.

마술사가 허공에 밧줄을 던지고 밧줄이 걸리는데 걸린 위쪽은 어찌된 일인지 보이지 않는다. 어린 조수가 밧줄을 타고 올라 허공 속으로 사라지고 나면, 마술사를 놀려 대는 소리가 들린다. 마술사는 커다란 칼을 입에 물고 밧줄을 타고 올라가 사라진다. 심하게 싸우는 소리가 들리지만 아무것도 보이지 않는다. 하늘에서 밧줄 아래 카펫으로 피투성이의 팔다리와 몸통 그리고 갓 잘린 머리가 떨어진다. 다시 마술사가 나타나고 슬퍼하면서 밧줄을 타고 내려와 어린 조수를 살해한 자신의 분노를 후회한다. 그는 피 묻은 팔다리를 주워 모아 커다란 바구니에 담은 뒤 관객들에게 죽은 어린 소년을 위한 기도를 함께 해 줄 것을 부탁한다. 그러자마자 그 젊은이는 바구니에서 뛰쳐나온다. 그리고 모든 일이 다 잘 되었다.

이것이 인도 밧줄 트릭의 타자현상학적 세계다. 이것이 인도 밧줄 트릭을 목격한다는 어떤 것이다. 그 트릭이 행해진 적이 있었을까? 아무도 모른다. 수천 명, 아마도 수만 명의 사람들이 수백 년이 넘는 시간 동안 그들 자신의 눈으로 (또는 그들의 형제 또는 삼촌 또는 조카 또는 친구들이) 굉장한 광경을 목격했다고 열렬하게 믿어 왔다.

1875년에 노스브룩Northbrook 경은 그 트릭을 행할 수 있는 이에게 1만 파운드 스털링이라는 거금을 제시했다. 1930년대에는 〈타임스 오브 인디아〉가 1만 루피 상금을 걸었으며, 다른 많은 이들도 큰 상금을 걸었다. (Siegel 1991, pp. 199-200) 누구도 상금을 받지 못했고, 그러므로 이런 상황을 제일 잘 아는 이들이 마땅히 내려야 할 판단은 인도 밧줄 트릭이 원형적인 도시 전설, 한낱 지향적 대상이자 상상적인 트릭이지 진짜는 아니라는 것이다.

하지만 잠깐, 많은 사람들이 그 트릭이 행해졌다고 진지하게 믿고 있다. 몇몇은 분명히, **그들이 트릭이 행해진 것을 보았다**

고 진지하게 믿고 있는 것이다. 몇몇 사람들이 트릭이 행해진 것을 보았다고 진지하게 믿는다면, 그것으로 된 것 아닌가? 마술 트릭은 그저 진짜로 어떤 놀라운 사건을 봤다는 거짓 믿음을 만들어 내는 것이다. 마술사는 **실제로** 그 여인을 반으로 자르지 않았다. 그는 단지 그러는 것을 **보았다고 믿게 만들었을** 뿐이다! 만약 마술사가 밧줄을 타고 올라가고, 사라지며, 소년을 토막 내고, 소년을 다시 살려낸다고 생각하게 만들 수 있다면 그는 인도 밧줄 트릭을 행한 것이다. 그렇지 않은가? 뭐가 더 필요하단 말인가?

믿음이 어떻게 유도되는지가 중요한 것 같다. 만약 마술사가 관객들에게 최면을 걸고 주의를 사로잡는 상세한 세부 사항과 함께 그가 무엇을 하고 있는지를 그저 **말해 주기만** 할 뿐이라면 그가 손가락을 튕기며 관객들을 놀라움의 환호와 찬사 속에서 깨어나게 했을 때 많은 이들은 속았다고 느낄 것이다. (몰래 투여한 환각제가 있건 없건 이 집단 최면 가설로 밧줄 트릭이라는 전설의 탄생을 설명하려는 사람들이 있었다고 시글은 지적했다) 마술이 반드시 조금도 속임수가 아니어야 하는 것은 아니지만, 우리는 이것을 선을 넘은 것이라 느낀다. 이것은 무효다. 마술사가 단순한 밧줄 타기 묘기를 보여 준 뒤에 전설적인 업적을 보았다고 **공언하도록** 사람들을 매수하는 것도 마찬가지로 무효다. 이 경우 우리는 (b) 믿음이 없는 (c) 구두 표현을 갖게 된다.* 하지만 자신들의 놀라움을 열렬히 진술하는 그러한 많은 사기꾼들의 효과가 일부 순진한 관객들을 압도하여 그들을 동일한 거짓 믿음을 공공연히 받아들이도록 만들 수 있다면 어떨까?

집단 순응group conformism을 입증한 솔로몬 애쉬Solomon Asch (1958)의 유명한 실험을 상기해 보라. 전형적인 애쉬 실험에서, '피험자들'은 세 개의 직선들 중 어느 것이 목표 직선과 길이가 같은지 질문을 받는다. 직선 A가 명백히 동일한 길이이지만, 한 명의 진짜 피험자가 진술하기 전 여덟 명 또는 아홉 명의 '피험자들' (애쉬의 실험 보조자들) 모두가 연속으로 '직선 B'라고 한다고 가정해 보자. 많은 피험자들은 사회적 압력을 받아 직선 B가 목표와 부합한다는 데 '동의'한다. 실험 후 애쉬가 피험자들에게 질문했을 때 일부는 자신이 믿지 않는 판단을 내리도록 이끌렸다는 것을 인정한 반면, 다른 이들은 결정해야 할 때쯤에는 자신의 첫인상이 틀렸음을 확신했다고 끈질기게 주장한다는 것을 발견했다. 완전히 틀린 판단을 내렸을 때 실제로 그것을 믿었던 것이다. 만약 마술사가 많은 바람잡이들을 써서 소수의 관객들에게 애쉬 효과를 일으킬 수 있었다면, 그들에게 인도 밧줄 트릭이 실제로 행해졌다고 **주장할 수** 있는데, 그들이 트릭을 목격했다고 (그들에

---

*   2장에서 의식과학의 데이터로 (a) 의식적 경험 (b) 의식적 경험에 대한 믿음 (c) 의식적 경험에 대한 믿음을 표현하는 구두 보고 (d) 이러저러한 발화를 제시한 바 있다. 여기서는 데닛이 말하는 (b) 믿음과 (c) 구두 보고는 의식과학 데이터들을 참조한 것이다. (옮긴이)

게 그렇게 보인다) 믿도록 속아 넘어갔기 때문이다. 그러나 여전히 내가 생각하기에는 우리는 그러한 방식을 속임수로 간주하려 할 것 같다.

이와는 다른 좀 더 최첨단의 방식을 생각해 보자. 만약 돈이 지나치게 많은 마술사가 인더스트리얼 라이트 앤드 매직 Industrial Light & Magic[**]의 컴퓨터 그래픽 전문가들에게 수수료를 주고 그러한 묘기들을 극사실적인 컴퓨터 기법을 통해 비디오로 촬영한 뒤, 너무나 진짜 같아서 CNN에 의해 가짜로 밝혀지지 않고서 '생방송'으로 내보낼 수 있는 비디오테이프를 만들어 낸다고 하자. 이것은 앞서와 마찬가지로 전부는 아니더라도 거의 대부분의 사람들이 트릭을 실행하는 도전에 부합한다고 보지는 않을 것이다. 나는 당신이 그런 묘기를 통해 상금을 탈 수 있을 것 같지 않다. 비록 수백만의 사람들이 자신들이 '생방송' 텔레비전을 통해 실제 사건을 보았다고 확신하게 되었다고 하더라도 말이다.

이러한 시나리오들에 실제로 무엇이 빠졌는지를 말하기란 쉽지 않다. 연기와 거울, 조명, 가짜 팔다리나 피를 사용하는 것은 전부 괜찮을 것이다. 수십 명의 조수를 쓰는 것은 괜찮을까? 그들이 무대 뒤에서 이러저러한 일을 한다면 괜찮을 것이다. 하

[**]   1975년에 창립된 미국의 특수 효과 스튜디오로 〈스타워즈〉〈인디아나존스〉〈E.T〉〈터미네이터〉〈쥐라기공원〉 등 유명 헐리우드 영화의 특수 효과를 담당했다. (옮긴이)

지만 그들이 관객으로 위장한 채 결정적인 순간에 뛰어올라서 진짜 관객들의 시야를 흐린다면 어떨까? 믿음에 이르는 인과의 사슬 중 개입을 허용할 수 있는 마지막 지점은 어디일까? '암시의 힘'은 마술사의 도구 상자에 있는 강력한 도구이고, 종종 그가 **보여 주거나 행하는** 어떤 것보다도 그의 **말**이 더 중요한 역할을 하기도 한다.

이러한 고찰은 무엇이 올바른 마술 트릭인지에 대한 우리 감각을 지배하는 방만한 가정들에 주목하게 한다. 무엇을 마술 트릭으로 간주하는지에 대한 우리의 개념이 어떤 측면에서 지저분하거나 불명료하다고 인정하는 것은 그리 부끄러워할 일은 아닌데, 왜냐하면 어차피 우리의 암묵적 이해에 어떤 큰 부담도 주지 않았기 때문이다. 마술사들은 우리의 마술에 대한 개념을 남용하려 할 수 있고, 무엇이 마술로 통할지를 오판할 경우 감당해야 할 위험이라곤 관객들을 잃는 것 뿐이다. 뭐가 어찌 되었든 그것은 뇌과학은 아니다. 그저 쇼비즈니스일 따름이다.

그러나 주제가 뇌과학**일** 경우에도, 그와 유사한 일이 일어날 수 있다. 우리가 의식이라는 현상에 대해 생각하고 그것이 어떻게 뇌에서 이루어지는지를 궁금해할 때 '마술'이라는 과장된 어휘로 후퇴하는 것은 결코 드문 일이 아니다. 정신이 우리에게 트릭을 쓰는 것이다. 뇌가 의식을 산출해 내는 방식은 **꽤나** 마술적이다. 의식이 영원히 신비로울 것이라고 끈질기게 주장하는 이들은, 예컨대 우리에게 의식의 현상학phenomenology of consciousness 이라고 알려진 효과들의 놀라운 해명 불가능성을 그저 탐닉하며 살 공산이 크다. 그리고 그런 효과들 중 하나가 설명된다면, 이전 과 동일한 실망과 동일한 저항을 관찰하게 된다. 효과를 설명하 는 것은 그것을 폄하하는 것이라는 저항 말이다.

하나의 사례로 기시감을 들어 보자. 못말리는 낭만주의자들 은 그것을 넓은 범위의 현상들 중 마술적인 한 극단에서 일어나는 현상이라고 생각했다. 그들에 따르면, 우리는 이전의 다른 삶에 서, 우주의 다른 층위에서, 다른 차원에서 경험했음을 아는 그런 사건들을 경험한다. 그리고 그들은 이러한 경험이 시간의 순환적 본성, 영혼의 윤회, 예지, 초감각적 지각… 등에 대해 어떤 놀라 운 통찰을 주는지를 궁금해한다. 아주 신나는 일이다! 그러나 우 리는 기시감이라는 현상이 훨씬 간단한 방식으로 설명될 수 있다 는 것을 쉽게 알아볼 수 있다. 당신은 바로 이 사건을 과거의 어느 시점에 경험했다고 실제로 **기억하는** 것이 아니다. 그저 그렇다고 잘못 **생각하는** 것이다. 자네Pierre Janet (1942)는 반세기도 더 전에, 기시감이 "지각 과정에 간섭이 일어난 결과일 수 있으며, 따라서 그것은 과거의 그리고 또 다른 현재의 경험으로 분열되는" 것일 수 있다는 가설을 세웠다.

그림 3은 자네의 제안에 영감을 받은 간단한 도식을 보여 준다. (보다 이전의 버전은 Dennett 1979를 보라) 시각 체계가 잉여

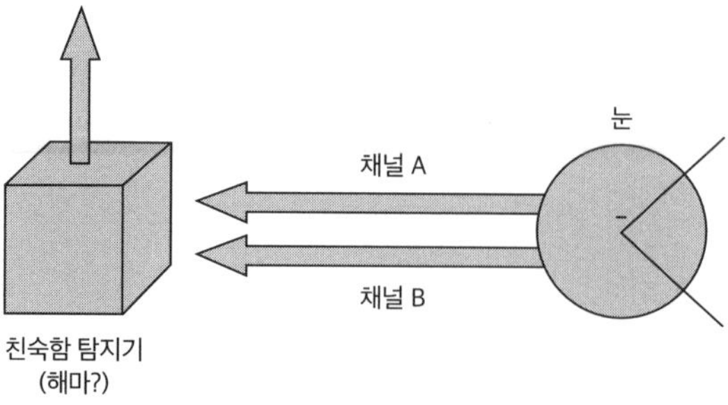

"난 이걸 전에 본 적이 있어!"

채널 A

채널 B

눈

친숙함 탐지기
(해마?)

그림 3 기시감에 대한 전송 지연 모델

적이며 두 개의 흐름인 A와 B를 포함한다고 가정하라. 그리고
그것들이 기능과 능력에서는 유사할 수도, 또는 당신이 바라는
대로 다를 수도 있다고 가정하라. 그리고 두 흐름 모두가 모종
의 개찰구를 통해 유입되는 모든 신호들을 새로운 것과 예전에
대면한 적이 있는 것으로 식별하는 친숙함 탐지기familiarity detector
(아니면 새로움 탐지기)에 신호를 보낸다고 가정하라. (이런 종류의
선별이 해마에서 시각 과정의 상당히 초기에 일어난다는 증거가 있다. 그
러므로 이는 터무니없는 사변이 아니다. Gray 1995와 나의 1995a의 해설
을 보라) 그리고 나아가 이따금씩 B 채널을 통한 신호 전송이 아
주 조금 지연되고, 그래서 A 채널의 신호보다 몇 밀리 초 늦게
친숙함 탐지기에 도달한다고 가정하라. A 채널의 신호가 도달하
면, 그것은 친숙함 탐지기에 새로운 자취를 남기고, 거의 즉각적

120

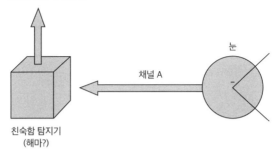

"난 이걸 전에 본 적이 있어!"

눈

채널 A

친숙함 탐지기
(해마?)

그림 4 기시감에 대한 단일 모델

으로 그 기억 흔적memory trace은 현재 도달하는 B 채널 신호와 부합하는 것으로 밝혀지며, 친숙함 탐지기로 하여금 양성 판정을 내리도록 촉발한다. "나는 이걸 이미 봤어!" 몇 주 전, 몇 달 전, 또는 또 다른 생이 아니라 겨우 몇 밀리 초 전인 것이다. 이러한 거짓 경보가 시간 여행을 했다는 입이 떡 벌어지는 경이와 감탄에서 무덤덤한 피식거림에 이르는 후속 효과들 중 어떤 것을 유발할 것인지는 해당 주체의 심리에 추가적인 세부 사항에 달려 있을 것이다. "오, 멋지군. 나는 방금 기시감을 느꼈어. 나는 **그것들**을 이전에도 봤었지!"

잉여적 체계에서 그러한 단순한 전송 지연은 기시감이라는 현상을 설명하는 데 충분할 것이다. 그러나 자네의 추측에 영감을 받은 이중 채널 모델이 그것을 설명할 수 있다면 그림 4의 더

그림 5 〈왼편에 성당이 있는 드레스덴의 풍경〉(1747), 이탈리아의 화가 베르나르도 벨로토(1721-1780)의 그림.

욱 단순한 단일 채널 체계 또한 그럴 수 있을 것이다. 이 더 단순한 모델에서는 이러저러한 간섭(뉴런의 죽음, 신경 조절 물질의 불균형, 이러저러한 종류의 피로 등)이 친숙함 탐지기에 위양성fasle positive 판정을 촉발할 수 있으며 나머지 후속 효과들은 그것들이 다른 모델에서 전개될 수 있는 어떤 방식으로든 전개될 수 있을 것이다. 고려해야 할 주된 요점은 '안으로부터'는, 즉 일인칭 관점에서는 두 모델이 식별 불가능하다는 것이다. 기시감이 어떻게 느껴지는지 혹은 보이는지에 대해 당신이 지적할 수 있는 어떤 것도 두 모형을 식별해 주지 못한다. 만약 둘 중 하나가 (또는 어떤 제3의, 제4의 모델이) 참이라면, 이는 당신 머릿속에 있는 신경 기제에 대한 삼인칭 조사를 통해 입증되어야 할 것이다. 이 무대 마술의 특정 부분을 설명하기 위해 우리는 무대 뒤로 들어가야 하는 것이다.

또 다른 놀라운 효과는 우리가 자신의 시각 경험에서 발견한다고 생각할 수 있는 '채워 넣기filling in'다. 내가 처음으로 롤리의 노스캐롤라이나 미술 박물관의 멀리 떨어진 벽에서 벨로토Bernado Belloto의 드레스덴 풍경(그림 5)을 보았을 때, 나는 그것을 카날레토Giovanni Canaletto의 작품이라 생각했다. 카날레토가 호화롭게 묘사한 베네치아의 배와 곤돌라들의 절묘한 세부들을, 즉 장비 라인, 신발의 버클, 모자의 깃털에까지 이르는 세부 사항들을 가까이서 즐길 수 있으리라 기대하며 열성적으로 그림에 다가갔다. 햇살 아래 드레스덴 다리를 건너는 한 무리의 군중들이 의상과 마차의 향연을 보여 줄 것 같았지만, 내가 가까이 다가갈수록 멀리서는 보았다고 맹세할 수조차 있었던 세부 사항들은 내 눈앞에서 사라져 버렸다. 아주 가까이에서나 보일 만한 교묘하게 배치된 단순한 물감 외에는 아무것도 없었던 것이다. (그림 6)

그 얼룩들은 옷을 입고 팔다리가 있는 사람들을 '암시했으며' 나의 뇌는 **그 암시를 받아들였다.** 그러나 이것이 무엇을 의미하는가? 나의 뇌가 무슨 짓을 한 것인가? 일군의 작은 뇌-미술가들을 파견해서 망막 지도의 적절한 위치에 얼굴, 손, 발, 모자와 코트를 그리도록 한 것인가? 이것은 경험적인 질문이고, 이

그림 6 〈왼편에 성당이 있는 드레스덴의 풍경〉의 세밀한 부분들.

놀라운 경험의 주체로서 특권을 가졌다고 추정되는 나의 관점에 서는 이 질문에 대답할 수 없다. (이 질문은 이전 장 그림 2의 착시를 겪을 때 시각 피질이 회전하는 형상들을 만들어 내느냐는 경험적인 질문과 유사하다) 거의 확실히, 나의 뇌 안에서는 그러한 어떤 일도 일어나지 않는다. 나의 뇌에 의해 어떤 추가적인 **회화 작업**도 이루어지지 않는다고 믿을 이유가 얼마든지 있다. 뇌가 암시를 **받아들일** 때, 뇌는 믿음이나 기대를 형성하지, 스스로 자기가 볼 그림을 그리지 않는다. 그러한 기대가 형성된다는 것을 우리는 어떻게 아는가? 그것은 그 기대가 어긋났을 때 드러나는데, 이러한 어긋남은 나를 헉 소리가 날 정도로 놀라게 한다. 나는 내가 곧 볼 것에 대한 어떤 사변적인 (불수의적이고, 무의식적인) 가설에 대한 입증과 상세한 설명을 기대하고 있었는데, 이 기대가 갑자기 반증되는 것이다.◆

그것은 **순전한** 환각이 아니었다. 벨로토는 일을 마무리하려는 나의 피암시성을 믿고서, 내가 보라고 그런 물감 자국들을 제공한 것이다. 그렇게 이루어진 효과는 실제로는 인도 밧줄 트릭을 행하는 부적절한 방법과 매우 유사한 것이다. 최면 후 암시,

---

◆ 불수의적인 반응(놀라움이나 웃음)은 탁월한(하지만 충분히 활용되지 않는) 타자현상학의 데이터다. 그러한 반응들은 피험자가 단호하게 부정하거나, 또는 결코 수긍하지 못함에도 불구하고 그가 그러한 믿음을 가졌다는 것을 **확신하게** 해 준다. 나의 가족 중 나이가 많은 한 분은 파킨슨병 말기였는데, 앞을 볼 수도, 거의 움직일 수도 말을 할 수도 없었다. 손님들 사이에서는 그가 아직 의식이 있기는 한 것인지에 대한 의혹이 자주 제기되곤 했다. 그러나 그는 끝까지 의식이 있었는데, 이는 일방적인 대화에서 은밀하게 농담을 던지고(말놀이나 이중의미) 불수의적인 미소로 인해 올라가는 그의 입꼬리나 눈가의 미세한 주름들을 확인함으로써 결정적으로 증명될 수 있었다. 나는 이 기법을 강력하게 추천한다. 이 기법은 당신이 말하는 무엇이건 그것에 주의 깊게 귀를 기울이는 누군가가 아직 거기 있다는 것을 명백하게 보여 줄 수 있는 것이다.

또는 매수된 기자 같은 것 말이다. 그러나 그것은 완전히 가짜는 아닌데 왜냐하면 시각적으로 제시되는 바가 있었기 때문이다. 그러나 여전히 마치 무대 마술사처럼, 뇌는 속임수를 쓰고 있다! 내가 발견한 바로는, 많은 이들이 이러한 제안에 대해 화를 잔뜩 내면서 못 믿겠다고 반응한다. "**나의** 뇌는 그렇지 않아!" 이해할 만한 신뢰이긴 하지만, 그 신뢰에는 보증도 없고 근거도 없다. 이러한 사실은 정확히 당신이 개인적인 ('일인칭') 경험으로부터 알 수 **없는** 것이다. 시글은 다음과 같이 말했다.

> 마술은 우리가 기존에 본 것을 얼마나 틀리게 기억하는지를 드러내며, 기억이 어떻게 환상을 잉태하여 길러내는 어머니가 되는지를 폭로한다. 기억은 마술사의 조수, 협조자, 바람잡이인 것이다. 내가 행한 트릭들에 대한 묘사를 들으면서, 나는 그렇게 묘사된 것에, 즉 기억이 내가 그들을 속이는 것보다 훨씬 더 과감하게 관객들을 속이는 방식에 감탄하게 된다. (1991, p. 438)

관객 해체하기

타자현상학에 남겨진 (그리고 매우 분명한) 하나의 문제가 있는 것처럼 보일 수 있다. 피험자의 말을 구성적인 것으로 봄으로써 가장 문제적인 것, 즉 마술쇼를 보고 있는 관객이라는 문제를 남겨 놓는 것 같다. 그리고 내가 길게 논증했듯이 (1991, 그리고 이후의 많은 논문들에서), 이런 상상의 쇼케이스, 데카르트적 극장, 의식을 위해 모든 것이 모이는 장소는, 반드시 해체되어야 한다. 데카르트적 극장에서 상상의 소형 인간들이 행한 모든 일들이 그들 중 누구도 **의식적이지 않은**, 뇌 속의 더 작은 행위자들에게 분담되어야 하는 것이다. 하지만 이러한 단계를 밟을 때마다 주체는 사라지고, 그저 무의식적으로 그들의 과제를 수행할 뿐인 마음을 갖지 않은 작은 기계들로 대체된다. 이것이 의식 이론이 취할 수 있는 올바른 방향일 수 있을까?

여기서 의견이 눈에 띄게 갈린다. 한편으로, **당신이 이론 안에 주체를 남겨 놓는다면, 당신은 아직 시작도 하지 않은 것이라는** 점을 인정한다는 점에서 나와 함께 하는 이들이 있다. 좋은 의식 이론은 의식적 마음을 마치 버려진 공장(라이프니츠의 풍차를 기억하라)처럼 보이게 **만들어야만 하는 것이다.** 즉 그 공장에는 웅웅거리는 기계들이 꽉 차 있지만 그것을 감독하거나, 소유하거나, 목격하는 그 누구도 없어야만 한다.

어떤 이들은 이런 생각을 싫어한다. 예를 들어 제리 포더 Jerry Fodor 는 만약에 한 마디로 말해서, 내 머릿속에 컴퓨터 공동체가 살고 있다면 그것을 책임지고 관리하는 누군가가 있는 게 좋을 것이다. 그리고 하늘에 대고 맹세컨대, 그 누군가는 나여야 할 것이다. (1998, p. 207)

이전부터 자주 그랬던 것처럼, 포더는 여기서 모든 문제를 일으키고 있는 바로 그 생각을 드러내어 옹호하는 중요한 기여를 하고 있다. 그는 데카르트적 극장의 해체로 인해 암시된 자아의 상실을 불안해하는 유일한 사람은 아니었지만 오도된 공포를 명료하고 익살스러우며 정교하게 표현하는 능력에서는 독보적이다. 로버트 라이트Robert Wright는 이와 거의 동일한 우려를 다른 방식으로 강조한다.

물론 여기서 문제는 의식이 물리적인 뇌 상태들과 '동일하다'는 주장에 있다. 데닛과 그 밖의 사람들이 이 말이 무엇을 의미하는지를 나에게 설명하려고 노력하면 할수록, 나는 그들이 진정으로 의미하는 바가 의식이 존재하지 않는다는 것이라고 더욱더 확신하게 된다. (2000, ch. 21, n. 14)

'진짜' 마술에 대한 시글의 우려를 다시 떠올려 보자.

"마술에 대한 책을 쓰고 있어요" 나는 설명한다. 그리고 질문을 받는다. "진짜 마술요?" 진짜 마술로 사람들은 기적, 마법적인 행위, 초자연적인 힘을 의미한다. "아니오." 나는 답한다. "마술의 트릭 말이에요, 진짜 마술 말고요." **진짜 마술**이란, 달리 말해, 진짜가 아닌 마술을 지시하는 반면, 진짜인 마술, 실제로 행해질 수 있는 마술은 **진짜 마술이 아닌 것이다.** (1991, p. 425)

라이트는 진짜 의식은 뇌의 물리적 상태들과는 다른(그보다 더 놀라운) 무엇이라고 생각하지 않고서는 못 배기는 것 같다. '무대' 의식(뇌 기제의 활동으로 설계될 수 있는 종류의 의식)은 진짜 의식이 아니라는 것이다. 제인 스마일리Jane Smiley는, 그녀의 새 책《일년의 경주A Year at the Races》(Knopf, 2004)에서 일부 사람들이 말들이 의식을 가지는지를 의심한다는 점을 지적하면서 다음과 같이 덧붙인다. "실제로, 데닛과 같은 인간 지능의 전문가들은 **인간**도 의식을 가지지 않는다고 주장한다. 인간 의식은 뇌 작동의 거짓된 부산물이라는 것이다." (Smiley 2004, p. 63) 당연하게도, 나는 의식이 존재하지 않는다고 주장하지 않는다. 나는 그것이 사람들이 자주 생각하는 그런 것이 아니라고 주장하는 것이다. 의식이 반드시 해명 불가능한, 환원 불가능한, 초월적인 무엇으로 밝혀져야만 한다는 확신에 찬 주장은,

예컨대 부어히스Burton Voorhees의 책에서와 같이 종종 과열된 논
조를 띠기도 한다.

대니얼 데닛은 악마다. … 그 자체로는 편리한 허구에 지나지
않는, 추상적인 서사의 무게 중심 외에는 그 어떤 내부의 목격
자도, 중앙의 의미 인식자도 존재하지 않는다. … 데닛에게 있
어, 황제는 벌거벗지 않았다. 옷을 입은 황제가 아예 없는 것
이다. (2000, pp. 55-56)

하지만 그게 바로 장점이다! 제대로 된 의식 이론에서는 황
제는 그저 폐위될 뿐만 아니라 폭로된다. 그는 더 작은 일꾼들의
교활한 음모로 밝혀지며, 그 일꾼들의 활동이 공동으로 황제의
'기적적인' 권력을 설명하는 것이다. 황제와 함께 사라지는 것은
황실의 재산the Imperial Properties 이라 불릴 만한 것들이다.* 황제가
소유하는 감각질과 제국의 칙령에 해당하는 의식적 의지라는 두
가지 가장 신비로운 속성 말이다.
진보를 향한 이러한 길을 그저 용납할 수 없다고 느끼는 이

---

* 데닛은 여기서 재산과 속성을 의미하는 'property'의 중의성을 활용하고 있는 것으로 보
인다. 마치 황실의 재산이 사실은 국민들의 피땀으로 만들어진 것이며 따라서 황제가 폐
위되는 순간 국민들의 것으로 나누어지듯이, 제대로 된 의식 이론에서는 감각질이나 의
식적 의지도 "더 작은 일꾼들", 즉 그 자체로는 감각질이나 의식적 의지와 무관한 뇌의
이러저러한 기능들로 해체되어야 한다는 것이다. (옮긴이)

들을 위해 편리한 대안적 선택지를 옹호하는 이가 있다. **만약 당신이 주체를 당신의 이론에 남겨 두지 않는다면, 주된 문제를 회피하는 것이다!** 이것이 데이비드 차머스(1996)가 어려운 문제라고 부르는 것이다. 그는 단순히 그 모든 기능적 상호 의존성을, 그 모든 무대 뒤의 기제를, 그 모든 줄과 도르래를, 그 모든 연막과 거울만을 설명하는 이론들은 의식의 '쉬운' 문제들을 해결했겠지만, 그가 어려운 문제라고 부르는 것은 해결하지 못했다고 말한다.

그 소리 나는 카드

이 두 대안적 입장을 서로 근접하게 만들 원만한 방법은 없다. 어떤 타협도 불가능하다. 한쪽이나 다른 쪽이 완전히 틀린 것이다. 차머스에게 우호적인 직관이 제아무리 강력하다 해도 그 직관은 **반드시** 폐기**되어야만** 한다. 어려운 문제가 있다는 솔깃한 생각은 그저 착각일 뿐이다. 나는 이를 증명할 수 없고, 어려운 문제를 애호하는 이들 중 일부는 나의 주장이 너무나 믿기지 않은 나머지 좀 우스워하면서 그것을 진지하게 받아들이기는 힘들다고 할 것이다. 그러므로 나는 그들의 이성을 넘어선 확신을 합리적 논증을 통해 해체하려 하는 전술상의 오류를 범하지 않을 것이다. 그것은 분명 모든 이들에게 시간 낭비일 것이다. 대신에, 나는 카드 마술의 세계에서 그 대응물을 제시할 것이다. 그것은 소리 나는 카드The Tuned Deck 다.

오하이오의 크룩스빌 출신의 유명한 카드 마술사인 랄프 헐 Ralph Hull 씨는 수년간 그가 즐겨 '소리 나는 카드'라고 불렀던 연속된 카드 트릭으로 일반 대중뿐만 아니라 아마추어 마술사, 카드 감정사, 프로 마술사 들을 당황하게 했다. (Hilliard 1938, p. 517)

랄프 헐의 트릭은 대충 다음과 같이 보였고 또 들렸다.

여러분, 여기 제가 보여 드릴 새로운 트릭이 있습니다. '그 소리 나는 카드'라고 불리지요. 이 카드 한 벌은 마술적으로 소리가 나도록 되어 있습니다. (헐은 카드 한 벌을 잡고 그의 귀에다 대고 넘기며, 조심스레 카드가 내는 소리를 듣는다) 세밀하게 조율된 카드의 진동을 통해, 저는 그 어떤 카드의 위치도 듣고 느낄 수 있답니다. 카드 하나를 뽑아 보세요, 아무 카드나요 … (한 벌의 카드가 펼쳐지거나 또는 다른 방식으로 관객에게 주어지고, 한 관객이 카드 한 장을 뽑아서 확인한 뒤 이러저러한 경로를 통해 다시 회수된다) 이제 제가 소리 나는 카드를 듣고 있는데, 얘들이 뭐라고 하는 거죠? 저는 비밀을 알려 주는 진동을 듣는 답니다. (드르륵, 드르륵, 카드들은 헐의 귀 옆에서 넘겨지고, 다양한 조작과 의식 등이 행해진 뒤, 한 번의 큰 몸짓과 함께, 관객의 카드가 나타난다)

헐은 동료 마술사들로 이루어진 선택된 관객들을 위해 그 트릭을 계속 반복했고, 그들은 그것을 알아내기 위해 도전했다. 누구도 알아내지 못했다. 마술사들이 트릭을 사기 위해 많은 돈을 제시했지만 그는 팔지 않았다. 인생 말년에 헐은 친구 힐라드에게 설명을 해 주었는데, 힐라드는 사적으로 출판한 책에서 그 설명을 공개했다. 헐이 트릭에 대해 해야 했던 말은 바로 이것이다.

> 수년간 나는 이 효과를 연출했고, 수백 번에 걸쳐 그것을 마술사들과 아마추어들에게 보여 주었지만 내가 아는 한 그들 중 단 한 사람도 비밀을 알아내지 못했다. … **그들은 모두 너무 어려운 뭔가를 찾고 있었다.** (Ibid, 강조 추가)

대단한 마술이 다 그렇듯이 그 트릭은 시작되었는지 깨닫기도 전에 끝나 버린다. 트릭의 모든 것은 그 트릭의 이름, '그 소리 나는 카드'에 있었으며, 더 구체적으로는, 단 한 단어에 있었던 것이다 —'그the!' 헐이 그토록 단순한 방식으로 열렬한 관객들에게 새로운 트릭을 공개하고 이름을 부여하고, 진동과 드르륵-드르륵-드르륵 같은 몇몇 뻔한 속임수와 교란용 멘트로 얼마의 시간을 보내고 나면, 헐은 상대적으로 간단하고 친숙한 A형 카드 트릭을 쓸 것이다. (이 시점에서 나는 전통적으로 그래왔듯이 마술의 비밀을 지킬 것이다. 카드 마술에 대한 괜찮은 책이라면 아무 것에서나 입수할 수 있을 더 자세하고 기계적인 세부 사항은 중요치 않은데, 이는 나중에 보게 될 것이다) 관객, 즉 노련한 마술사들은 헐이 어쩌면 A형 트릭을 쓴다는 것을 알 수도 있을 것이고, A형 트릭을 쓰려는 시도를 방해하는 고집스럽고 비협조적인 관객이 됨으로써 이 가설을 시험할 수 있을 것이다. 관객이 가설이 맞는지 시험하려고 저항하면 헐은 트릭을 '반복'하는데, 이번에는 B형의 카드 제시 트릭을 쓴다. 그러면 관객은 모여서 서로 의견을 교환할 것이다. 우리는 헐이 A형 트릭을 쓰고 있진 않다는 걸 증명했어. 그렇다면 B형 트릭을 쓰고 있는 건 아닐까? 관객은 B형 트릭을 쓸 수 없게 저항하면서 그 가설을 시험하고, 헐은 여전히 '그' 트릭을 쓴다. 물론 방법 C를 쓰면서 말이다. 관객이 C형 트릭을 쓰고 있다는 가설을 시험하면, 헐은 방법 D로 갈아탄다. 또는 어쩌면 다시 방법 A 또는 B로 돌아갈 수도 있는데, 왜냐하면 관객은 헐이 방법 A나 B를 쓰고 있다는 가설을 '논박' 했기 때문이다. 이런 일을 수십 번 반복하는 동안 헐은 모두가 알고 있는 트릭의 풀로부터 항상 **이런 또는 저런 트릭**을 쓸 수 있다는 자신의 깨달음을 활용하여 가설을 시험하는 이들보다 늘 한 걸음 앞서 있을 것이다. 헐은 그저 정관사를 사용함으로써 그가 다른 트릭들을 섞어 쓰고 있었다는 사실을 숨길 것이다. 그 소리 나는 카드라고 말이다.

> 매번 그것이 행해질 때마다 같은 일이 반복되었다. 관객들은 이제껏 하지 못했던 하나 또는 그 이상의 생각을 떠올렸지만, 얼마 지나지 않아 신비를 풀고자 하는 모든 시도를 어김없이 포기해 버리고 말았다 (Ibid., p. 518)

나는 데이비드 차머스가 세상에 대고 자신이 '어려운 문제'를 발견했다고 선언하면서 (의도치 않게) 이와 동일한 솜씨의 개념적 속임수를 부렸다고 제안하고 있는 것이다. 어려운 문제는 **정말로** 있는 것일까? 아니면 그 어려운 문제처럼 보이는 것은 그저 차머스가 의식의 쉬운 문제라고 부르는 것을 구성하는 온갖 다양한 트릭들일 뿐인 것은 아닐까? 이 트릭들에 대한 평범한 설명이 있을 것이고 그 설명은 어떤 물리학의 혁명도, 어떤 창발적인 새로움도 요구하지 않을 것이다. 쉬운 문제들은 노력을 들이면 인지과학의 표준적 방법들에 복속될 것이다. 나는 어려운 문제가 없다는 것을 증명할 수 없고, 차머스는 있다는 것을 증명할 수 없다. 그는 당신의 직관에 호소할 수 있겠지만, 그러나 이는 의식과학을 성립시키는 건전한 기반이 아니다. 과거에 우리는 우리 자신에게 의식에 관한 '알려진 효과'의 목록을 부풀리는 강력한 경향이 있음을 본 바 있고 (나는 여기서 몇 가지 간단한 사례들을 제시한 바 있다) 따라서 그 모든 쉬운 문제들을 모아서 정리한 뒤 설명되지 않은 잔여물을 발견했다고 생각할 경우 우리는 계산상의 착오에 의해 우리가 실제로는 속고 있을 가능성에 반드시 유의해야 한다. 그 잔여물은 우리가 알아차리지도 못하는 사이에 우리가 이미 설명을 갖고 있는 평범한 현상들의 일부로 받아들여졌을 수 있는 것이다. 그게 아니라면 적어도 그것은 아직 찾는 중인, 신비롭지 않은 설명을 통해 받아들여질 것이다.

의식의 '마술'은 무대 마술과 마찬가지로 그것을 액면 그대로 받아들일 경우에만 설명이 되지 않는 것이다. 일단 뇌가 무해한 '사용자 환상user illusion'을 만들어 낼 수 있는 그 모든 신비롭지 않은 방식들을 제대로 이해하고 나면, 우리는 뇌가 어떻게 의식을 만들어 내는지 상상할 수 있을 것이다. 하지만 그럼에도 불구하고 여전히, 나는 많은 이들이 이러한 응답이 당연하게도(당연하게도!) 주인 환상 그 자체the Master Illusion itself를, 내가 내부로부터 알고 있는 그 의식을, 데카르트가 **생각한다 고로 존재한다** cogito ergo sum에 대한 성찰을 통해 유명하게 만든 그 의식을 빠뜨리는 것은 아닌지 자문하고 있으리라는 걸 안다. 이것이 바로 끈질기게 되돌아오는, 탁자 위의 모든 카드를 추적하지 못하는 우리의 습관적인 무능력에 빌붙어 살아남는 좀비감인 것이다. 당신이 말하는 이 '나'란 물리계 바깥의 무엇 또는 활동을 통해 **당신**을 구성하는 일군의 분주하고 무의식적인 로봇들에 추가로 더해지는 무엇이 아니며, 따라서 설명되지 않은 채로 남지 않을 것이다.

감각질이
우리 삶을 살 만하게
해 주는가?

4

감각질, 잡기 어려운 용의자

'잔여물residue'이라는 용어는 감각질에 대한 철학 문헌에서 자주 등장한다. 그것은 범인이 쉽게 잡히지 않는 수사 과정에서 아무도 남지 않을 때까지 소거법을 쓰는 셜록 홈즈의 전략이 얼마나 인기가 있는지를 특징적으로 보여 준다. 감각질에 대한 은유들은 거의 빈번하게 그것이 모종의 질료, 아마도 어떤 액체라는 것을 (그게 아니라면 엑토플라즘이라는 것을!) 암시한다. 그러한 이미지는 철학자들에게만 국한된 것이 아니다. 로드니 브룩스Rodney Brooks 종종 로봇공학과 인공지능이 그가 의식의 '즙the juice'이라고 즐겨 부르는 것을 설명할 수 있을지 궁금해하곤 한다. 가브리엘 러브Gabriel Love는 문제를 제시하는 이러한 기묘한 방식을 지칭하기 위해, **SAUCE**라는 줄임말을 만들었는데, 그것은 의식적 경험에 관한 고유한 주관적 측면Subjective Aspect Unique to Conscious Experience을 의미한다. 비밀 소스를 잡으러 가 보자.

    왼손잡이로서 나는 내가 좌반구 지배적 화자인지, 또는 우반구 지배적 화자인지, 아니면 혼합된 무엇인지 궁금해할 수 있는데, 진실을 알 수 있는 유일한 방법은 나 자신이 객관적인 '삼인칭' 검사를 받게 하는 것이다. 나는 나 자신의 마음이 어떻게 그 일을 수행하는지에 대한 이러한 내밀한 사실에 '접근'할 수 없다. 그런 사실을 내성적으로 탐지하려는 나의 모든 시도는 빗나가며 어쩌면 잘은 몰라도 내가 모르는 사이에 몇 초마다 사라졌다 나타나기를 반복할 수도 있다. 이러한 사실에는 어떤 이상한 점도 없다. 내 몸 안에서 그리고 실로 내 뇌 안에서 일어나는 대부분의 사건들은 내가 알지 못한 채 일어난다. 그러나 그다지 놀랍지 않은 이러한 사태들과는 놀랍도록 대조적으로, 내 뇌 안에서 일어나자마자 내가 알게 되는 그런 사건들이 있다. 나의 경험들 그 자체 말이다. 이러한 나의 경험은 전통적으로 나는 접근할 수 있지만 **객관적인** 조사를 통해서는 접근이 불가능한 '내재적인 질intrinsic qualities'(철학자들의 은어로는 감각질)을 갖고 있다고 말해진다. 그것은 내가 접근할 수 있을 뿐 아니라 **객관적인** 조사에 의해서는 접근이 불가능하다. 이런 생각은 그 비일관성에도 불구하고 수백 년간 존속해 왔지만, 아마도 더는 오래 가지 않을 것이다.

　　감각질은 있는가? 만약 있다면 도대체 그것은 무엇인가? 감각질은 **질**을 나타내는 라틴어 단어인 'quale'의 복수형이다. 하지만 철학자들은 그 용어에 다양한 종류의 부주의한 연상과 특수한 힘을 부여했다. 그 용어는 심리철학을 제외한 다른 영역에서는 친숙하게 사용되지는 않기에 우리는 별수 없이 철학자들이 바라는 대로 정의하도록 해야 할 것이다. 그들이 할 수만 있다면 말이다! 하지만 합의된 정의는 존재하지 않는다. 그러나 이것이 예상만큼 그렇게 철학자들을 괴롭히지는 않는다.《스탠퍼드 철학백과사전》의 '감각질' 항목에서 마이클 타이Michael Tye는 감각질의 개념을 다음과 같이 소개한다.

> 느낌과 경험은 매우 다양하다. 예를 들어 나는 손가락으로 사포를 문지르고, 스컹크 냄새를 맡으며, 손가락에서 날카로운 통증을 느끼고, 밝은 보라색을 보는 것 같으며, 극도로 분노한다. 각 경우에 나는 매우 특유한 주관적 특성을 가진 심적 상태의 주체가 된다. 나에게 있어 그 각 상태들을 겪는다는 것이 어떠하다는 것, 그것의 현상학이 있는 것이다. 철학자들은 내성적으로 접근 가능한 우리 정신적 삶의 현상적 측면들phenomenal aspects을 지칭하기 위해 자주 감각질이라는 용어를 사용한다. (단수형은 quale이다) 그 용어의 이러한 표준적이고 넓은 의미에서, 감각질이 있다는 것을 부정하기는 어렵다.

맞다, 감각질이 있다는 것을 부정하기는 정말 어렵다. 나는 그 일을 수년간 하고 있지만, 거의 진전을 보지 못했다! 그것이 어려운 주된 이유는 '그 용어의 이러한 표준적이고 넓은 의미'라는 것이 검토되지 않은 전제들과 순환적으로 정의된 세부 내용들이 공모한 결과이기 때문이다. 어떤 측면이 감각질로 간주되기 위해 그것은 도대체 얼마나 '내성적으로 접근 가능'해야 하는가? 우리 경험의 어떤 측면들이 현상적 측면이며 어떤 측면들이 아닌가? 좋은 요리에 대한 우리의 **즐거움**enjoyment은 그 자체로 경험의 현상적 측면인가 아니면 그것은 현상적 측면(말하자면, 맛좋음deliciousness)의 **효과** 또는 **반응**인가? 그 기쁨이 어떤 식으로 무뎌진다면 그 맛좋음은 그대로 있을까 아니면 슬프게도 음미되지 않게 되는 것일까? [느껴지지 않는 통증이 있을 수 있는가, 만약 있다면 그것은 감각질을 가지는 것인가(또는 감각질인 것인가), 아니면 이러한 통증은 그저 감각질에 대한 통상적인 원인일 뿐인가?] '현상적'이란 무슨 뜻일까? 현상적 측면들 또는 속성들은 흔히 경험의 '관계적' 또는 '기능적' 속성에 대비되지만, 이러한 소극적 정의는 만족스럽지 않다. 그것은 한 사람의 영적인spiritual 속성이란 물리적이지 않은 속성이라고 하는 것만큼이나 알려 주는 바가 거의 없다. (당신의 몸은 얼추 백조 개 정도의 세포들로 구성되어 있다. 세포들이 죽거나 대체되기 때문에 수 밀리초마다 세포의 수는 요동칠 것이다. 가끔씩은 짧은 기간 동안 세포의 수가 소수가 되기도 할 것이다. 이것은 당신의 영적 속성 중 하나인가? 만약 아니라면, 왜 아닌가?)

'현상적'을 적극적으로 정의하기 전까지는 현상적 측면에 대해서 제기된 주장들을 제대로 평가할 수 없을 것이다. 만약 그 용어가 '감각질'과 상호 정의된다면 우리는 감각질이 주제일 때 우리가 말하고 있는 것이 도대체 무엇인지 여전히 알지 못할 것이다. 감각질이란 좀비들이 가지지 않은 것이라는 얘기를 들어 봤자 도움이 되지 않는다. 비록 그것이 만족스러운 정의를 기다리는 동안 잡기 어려운 용의자를 **가리키는** 방식으로서 점점 인기를 얻고 있는 것처럼 보이더라도 말이다. 철학에서 그 누구도 실제로 좀비가 있으리라고 생각하지 않는다. 하지만 많은 철학자들이 좀비들이 **있을 수도** 있다는 (논리적) 가능성과 그 가능성이 함축하는 바가 무엇인지를 숙고하는 것이 중요하다고 생각한다. 그리고 좀비의 가능성이 함축한다고 널리 말해지는 것들 중 하나는 의식을 연구하기 위한 방법으로서의 타자현상학의 치명적인 실패를 드러낸다는 것이다.

모든 이들이 가장 좋아하는 감각질의 사례는 '주관적 색'이다. 당신이 잘 익은 레몬을 볼 때 향유하는 농밀한 노랑이나 또는 장엄한 일몰 중에 서쪽 하늘에서 보게 될 숨막힐 정도로 아름다운 따스한 분홍 빛깔과 같은 것 말이다. 색 감각질들은 빛의 객관적 특성, 컬러 필름이나 컬러 비디오테이프에 찍힌 특성이 아니다. 그것들은 레몬 또는 레몬의 사진, 레몬의 비디오테이프를 보고 있는 당신 내부의 순전히 주관적인 효과다. 그러나 이런 식으로 감각질을 마음속으로 옮겨 놓는다고 해서 감각질이 대체 어떤 종류의 효과여야 하는지에 대해 답한 것은 아니다. 감각질은 **당신 내부에 있고,** 따라서 잠재적으로 **특이**할 수는 있겠지만, 아마도 당신 안에서 산출되는 모든 특이한 속성들이 전부 감각질인 것은 아닐 것이다.《행동과 뇌과학》에 수록된 한 중요한 논문에서 스티븐 팔머Stephen Palmer(1999)가 말하듯이, 전통적 견해는 "나 혼자만이 이런 경험들에 접근할 수 있다"는 것이다. 당연하게 들리는 이러한 주장은 그러나 **심지어 나조차도** 나 자신의 경험의 내재적 감각질에 '접근할 수' 없다는 일견 생각할 수조차 없어 보이는 가설에 맞서 옹호되어야 할 것이다. 이게 무슨 말인가? 이는 마치 언어 이해와 언어 산출 활동의 공간적 속성들처럼 나의 직접적인 앎의 범위를 벗어난 채 왔다갔다하는 나의 경험의 내재적인 질들이 있다는 뜻일 수 있다. 이는 뻔한 반응을 불러일으킨다. 그렇다면 그것들은 **내 경험의** 속성들이 아니다! 그런데 이건 또 무슨 말일까?

팔머는(상호 주관적 비교라는 악명 높은 문제를 일으키는) 피험자 간 실험between-subject experiments과 대비되는 것으로서 피험자 내 실험within-subject experiments에 주목한 바 있다. 그는 심지어 피험자 내 실험에서도 개별 피험자는 '기억 비교memory comparison'를 해야 한다는 점을 지적한다. 팔머는 또한 너무나 긴 시간 동안 너무나 서서히 변하는 내재적 질들이 있기 때문에 피험자 내부의 기억 비교가 실패할 이론적 가능성이 존재한다는 것을 인정한다. 그는 그 변화가 충분히 느리다면 아주 큰 변화조차도 탐지되지 않고 일어날 수 있으며, 만약 변화가 충분히 미묘하다면 그것이 피험자의 알아차림 없이도 빠르게 변할 수 있다는 것을 인정한다. 그러나 그는 이러한 것들을 신경 쓰지 말라고 하는데, 왜냐하면 오직 피험자 내부에서의 경험적 질의 변화들 중 '빠르고 큰' 것들만 고려하고 있기 때문이다. 얼마나 빠르고 얼마나 크다는 말인가? 그들은 딱 **피험자에게 탐지될 만큼** 빠르고 크다.

팔머는 "피험자 내 설계는 경험에서의 변화들을 검토할 수 있지만 그것들이 어디로부터 또는 어디를 향해 변화한 것인지는 드러내지 못한다"고 결론 내린다. 하지만 당신 또한 실험자와 동일한 곤란한 상황에 빠졌다는 사실을 주목하라. 당신은 어떤 흥미로운 의미에서도 당신 자신의 경험의 내재적 질들에 '접근할 **수 없으며**, 외부 관찰자가 할 수 있는 것보다 더 접근할 수 있지도 않다. 당신은 오직 **당신이 탐지할 수 있는** 내재적 질 사이의 관계에만 접근할 수 있을 뿐이다. 바로 그렇게 '빠르고 큰 변화들'이 **피험자에 의해** 접근 가능하다는 것이야말로 내재적 질이 '기능주의의 영역 안에' 있음을 보장해 주는 것이다. 내재적 질은 타자현상학적 방법에 의해 객관적으로 조사 가능하다.♦[13]

이는 타자현상학에 의해 접근이 가능하지 **않은** 경험의 내

♦   이제까지의 세 문단은 수정을 거쳐 Dennett 1999로부터 발췌된 것이다.

재적 질은 존재하지 않는다는 것을 입증하지는 않으며 (팔머는 그러한 속성들을 '동형하subisomorphic'라 부른다) 단지 만약 그런 것이 있다면 그것의 현존과 부재는 삼인칭적인 과학적 조사와 이론에 의해서 간접적으로 결정되어야 함을 입증할 뿐이다. 왜냐하면 내재적 질은 피험자의 주관적 상태에서 **피험자에 의해 식별 가능한** 어떤 차이도 만들지 않기 때문이다. 이러저러한 객관적인 증명 방법으로 탐지 가능한 (경험에 관여하는 신경 조절 물질의 화학적 구성과 같은) 경험의 동형하 속성들이 많이 있지만, 그러나 이들이 본래의 의도된 의미에서 경험의 '내재적' 속성들인가? 그렇지는 않은 것 같다. (우리 모두에게는 우리의 경험이 우리에게 알려지지 않은 '내재적' 속성을 가진다고 믿을 자유가 있다. 우리에게 빛원뿔 바깥에* 말하는 토끼들이 사는 행성이 있으리라고 믿을 자유가 있는 것과 꼭 마찬가지로 말이다—그러나 이것은 우리에게 어떤 차이도 만들지 않는 사실일 것이다)

그러나 '빠르고 큰' 변화들조차 피험자의 탐지를 벗어날 수 있는데, 이는 변화맹 현상이 보여 준 바와 같다. 이는 내가 《의식

---

* 빛원뿔(light cone)은 일반 상대성 이론에서 시공간상의 국소적 지점에서 발생한 한 사건의 결과 방출된 빛이 시공간을 따라 이동할 수 있는 모든 방향의 모든 경로를 나타낸 것이다. 물리적 상호작용은 빛의 속도를 넘어서 진행될 수 없으며, 따라서 어떤 물리적 상호 작용이건 오직 빛원뿔 내부의 사건들 사이에서만 일어날 수 있다. 빛원뿔 바깥에 있다는 것은 그러므로 어떤 물리적 상호 작용도 불가능함을, 따라서 빛원뿔 내부의 사건에 어떤 차이도 만들 수 없음을 의미한다. (옮긴이)

의 수수께끼를 풀다》에서 예측한 바 있으며, 그 뒤를 이어 그림 스John Grimes, 렌싱크Ronald Rensink, 오레건John O'Regan, 시몬스Daniel Simons와 많은 다른 연구자들의 수십 혹은 수백 번에 걸친 실험을 통해 탐구된 바 있다.

변화맹과 감각질의 문제

최근 몇 년간 나는 자주 렌싱크, 오레건, 그리고 클라크James Clark 의 초기 실험을 찍은 비디오테이프를 철학적인 청중들에게 보여 주었다. 그 실험은 거의 똑같은 사진 두 장을 각각 250밀리초로 보여 주는 것이었다. 각 사진은 비슷하게 짧은(290밀리초) 텅 빈 스크린('차폐막')으로 분리된 채 피험자가 A 사진과 B 사진 사이 의 차이를 알아보고 버튼을 누를 때까지 번갈아 반복적으로 제 시되었다. 수십 번에 걸쳐 바로 눈앞에 변화들이 제시되는 동안, 피험자들은 변화를 짚어낼 수 있기 전까지 번갈아 등장하는 사 진들을 20초 또는 30초 동안 면밀하게 살펴보았다. 나의 발표에 서는 청중이 비공식적인 피험자의 역할을 수행했다. 내가 보여 주었던 비디오테이프에 등장하는 한 쌍의 사진 중 하나에는 유 난히 잡아내기 어려운 색의 변화가 있었다. 그것은 부엌 사진이 었는데, 찬장의 문들 중 하나가 흰색과 갈색으로 왔다갔다하며

그림 7 강연에 사용된 것과 유사한 변화맹 관련 사진

깜빡였다. (그림 7에 나온 바와 같이) 그것은 작은 변화가 아니기에 일단 당신이 한 번 알아차리고 나면 수십 번 반복될 동안 당신의 경험 속에 어떤 흔적도 남기지 않고 사라졌다는 것을 믿기가 매우 힘들 것이다.

청중들을 이런 경험에 노출시킨 뒤에 (그리고 그들이 놀라 자빠지기를 기다리는 데 30초는 긴 시간이므로, 마침내 색이 바뀌는 찬장의 문으로 주의를 끌면서) 나는 모두에게 묻는다.

여러분이 색이 바뀌는 사진을 **알아차리기 전에,** 그 영역에 있는 여러분의 색 감각질은 바뀌고 있었습니까? 우리는 그 사진에서 나온 빛이 닿는 여러분의 망막 영역에 있는 원추세포들이 4분의 1초 동안 매번 다르게 반응하고 있었다는 것을 알고, 또한 우리는 그러한 변환기의 출력 차이가 여러분의 피질의 색 지각 경로에까지 차이를 만들 것이라고 확신할 수 있습니다. 그러나 스크린에서 색이 바뀔 때, 여러분의 **감각질이** 이리저리(흰색·갈색·흰색·갈색)바뀌고 있었나요? 감각질을 정의하는 속성들 중 하나가 주관성, '일인칭 접근 가능성'이므로, 아마도 그 누구도 당신보다 이 질문에 대한 답을 더 잘 알지 못할(또는 알 수도 없을)겁니다. 감각질이 바뀌고 있었나요 아니면 그렇지 않았나요?

이것은 타자현상학자가 묻기에는 전형적이지 않은 질문이다. 왜냐하면 그것은 꾸밈 없는 현상학적 보고가 아니라 피험자들의 이론화를 요구하는 불확실한 입지의 이론적 용어인 '감각질'에 호소하기 때문이다. (그것을 묻는 것이 해로운 것은 아니지만, 그 대답에는 유의해야 한다. 왜냐하면 우리가 앞으로 보게 될 것처럼 감각질은 명확하게 분별하기가 어렵기 때문이다) 세 가지 가능한 대답이 있다.

A. 바뀌었다.

B. 바뀌지 않았다.

C. 모르겠다.

    (1) 왜냐하면 나는 이제 내가 이제껏 감각질로 무엇을 의미해 왔는지를 제대로 알지 못했다는 것을 깨달았기 때문이다.

    (2) 왜냐하면 비록 나는 내가 항상 '감각질'로 무엇을 의미해 왔는지 알지만, 내 자신의 감각질에 일인칭 접근을 할 수가 없고, (a) 또한 삼인칭 과학 또한 감각질에 접근할 수 없기 때문이다!

당신을 피험자의 입장에 놓고 어떻게 대답할지를 생각해 보라. (만약 당신이 아직 변화맹을 경험해 보지 못했다면, 당신은 내가 기술한 바로부터 **그것이 어떤 것인지**를 상상할 수 있을 것이다. 당신이 변화를 알아차릴 때까지 그것은 차폐막과 함께 번갈아 깜빡이는, 변하지 않는 사진을 보는 것과 구별되지 않을 것이다. 당신은 분명히 그것이 어떤 것인지 알 것이다) 세 대답 모두 문제가 있다. 만약 당신이 **바뀌었다**는 대답에 끌린다면 당신은 알지 못한 채 당신의 감각질에 빠르고 큰 변화가 일어날 수 있다는 것을 인정할 수밖에 없을 것이다. 당신은 자주, 심지어는 일반적으로 감각질에서 일어나는 크고 갑작스러운 변화를 알아차리지 못한다는 것을 인정해야만 할 것이다. 이는 당신이 그 감각질에 대해 권위가 있거나 심지어는 오류가 불가능하다는 표준적인 가정을 무너뜨릴 것이다. 심지어 타인들, 즉 **삼인칭들**third persons 또는 화성인들이 당신 자신의 감각질의 항상성이나 비항상성에 대해서조차 당신보다 더 권위를 가질 수도 있을 것이다.

그래서 어쩌면 **바뀌지 않았다**는 대답에 끌릴지도 모른다. 그러면 당신은 당신 뇌 속의 다른 것들이 변하건 말건 상관없이, 변화를 알아차리지 못했기 **때문에** 당신의 감각질이 변하지 않았다고 주장함으로써 감각질에 대한 권위를 되찾을 수 있을 것이다. 당신이 주체이기 때문에, 당신은 감각질에 대한 당신의 주관적 상태가(변하는 것처럼 보이는 색들 또는 변하지 않는 것처럼 보이는 색들이) 확실하다고 주장할 수 있을 것이다. 그러나 이러한 주장은 감각질을 당신의 판단이나 알아차림을 통해 논리적으로 **구성된** 것으로 사소하게 만듦으로써 감각질에 대한 다른 표준적인 요구, 즉 그것이 '내재적' 속성이어야 한다는 요구를 포기하게 만들 위험이 있다. 더 중요한 점은, 만약 당신이 당신의 감각질이 변한다고 생각할 경우 그리고 오직 그 경우에만 변한다는 주장을 고수한다면 당신은 좀비가 감각질을 결여한다는 생각도 포기해야 한다는 것이다. 좀비는 정상적인 의식적 인간만큼이나 변화맹을 겪을 것인데, 왜냐하면 좀비는 정상적인 인간과 행동적으로 식별 불가능하기 때문이다. 피험자들을 변화맹 실험에 참여시키는 것은 의식적인 인간과 좀비를 구별하는 데 어떤 도움도 되지 않을 것이다. 좀비는 자신이 감각질을 가진다고 **생각**할 것이고 그 감각질들이 변한다고 생각하거나 또는 그렇게 생각하지 않을 것이다. 왜 좀비의 판단이 당신의 판단보다 권위를 덜 가진다는 말인가? (또한 좀비들이 감각질에 대한 그들의 판단에 대해 권위를 갖지 못한다면, 당신은 당신이 좀비가 아닌지를 어떻게 아는가?)

그렇다면 C를 살펴보자. 만약 당신이 이러한 문제들에 맞서 당신이 알아차리기 전에 감각질이 변했는지를 **알 수 없다**고 답하기로 결정한다면, 당신은 감각질을 삼인칭의 객관적 과학과 일인칭의 주관적 경험의 지평 모두를 넘어선 흥미로운 장소에 위치시키게 된다. 실제로 나는 이 세 가지 선택지를 마주한 사람들이 서로에게 동의하지 않는다는 사실을 발견했다. 게다가 일반적으로 나머지 두 선택지를 선택한 사람들이 어쨌든 있다는 것을 알고서 놀라워하는 이들을 세 가지 선택지 모두에서 찾을 수 있었다. 이런 비공식적인 발견은 철학자들이 감각질에 대해 말할 때 실제로는 자신들이 무슨 말을 하고 있는지를 모른다는 나의 오래된 주장(Dennett 1988)을 지지한다. 이러한 현상이 가능하리라고 결코 상상해 본 적이 없기에, 많은 이들은 그와 같은 경우를 맞닥뜨리게 되면 '감각질'이라는 용어를 사용하여 어떻게 그런 현상을 묘사할 것인지를 결코 생각해 본 적이 없다는 것을 알게 된다. 그들은 자신들의 감각질 개념에서 이제까지는 상상조차 하지 못했던 오류를 발견한다. 마치 물리학자들이 최초로 질량으로부터 **무게**를 구분했을 때 무게의 개념에서 발견한 것과 유사한 오류를 말이다.

철학자들의 감각질 개념은 엉망진창이다. 철학자들은 이와 같은 극적인 경우에서 그 개념을 어떻게 적용할지에 대해 합의조차 못하고 있다. 이는 우리 분야에서는 다소 당황스러운 일인데, 왜냐하면 최근에 너무나 많은 과학자들이 감각질을 진지하게 여겨야 한다고 철학자들에게 설득 당했기 때문이다. 하지만 철학자들은 (그것이 **무엇이건 간에**) 감각질이 **언제** 존재하는지에 대하여 그들끼리의 합의에도 이르지 못하고 있다. 나는 스스로를 감각질의 새로운 친구라고 생각하는 많은 과학자들이 알고 보면 감각질 애호가qualophile를 자임하는 그 어떤 철학자들도 인정하지 않을 방식으로 그 용어를 사용하고 있었다는 것을 발견했다. 팔머는 주요한 사례다. 데닛(1999)에 대한 응답(1999)에서, 그는 나의 주장을 우리가 오직 경험의 관계적 속성에만 접근할 수 있다는 것으로 잘못 해석한다. 그는 이러한 주장을 '비일관적일 수 있는' 것으로 생각하는데, 왜냐하면 그는 관계적 속성을 랜드Edwin Land가 색에 대한 망막질 이론retinex theory에서 탐구한 것과 같은 것, 예컨대 가시적 장면들에서 "인접 영역들의 휘도luminance 사이의 명암비" 같은 것이라고 생각하기 때문이다. (p. 978) 나는 오히려 관계적 속성을 감각 상태들과 그것들이 통상적으로 주체 내부에 야기하는 믿음들 사이에 성립하는 것, 즉 정보 처리 체계로 설계될 수 있는 기능주의-친화적 속성으로 지칭하고 있는 것이다. 팔머가 "몬드리안의 무채색 작품 속에서 가장 밝은 사각형은 그 다음으로 어두운 사각형보다 단지 두 배로 밝게 보이는 것이 아니라, **희게 보인다**"라고 할 때 그는 옳지만, 오직 그것이 실제로는 내 주장에 대한 반박이 아니라는 의미에서만 그러하다. 그는 **희게 보임** looking white이 내재적 속성이라고 가정하고 있는데, 그것이 바로 내가 의문에 부치고 있는 가정이다. **희게 보임**을 내재적 속성으로 해석할 수 있다는 데에는 의심의 여지가 없다. 하지만 그렇다면 그것은 철학자들이 관심을 가지는 속성인 **시점 t에서 존에게 희게 보임**이라는 관계적 속성과는 날카롭게 구분되어야만 할 것이다. 바로 이것이 철학자들이 관심을 가지는 속성이다. 변화맹 사례는 이를 매우 예리하게 드러내는 데 활용될 수 있다. 부엌 찬장의 문은 20초가 안 되는 시간 동안 스무 번 **희게 보이기**를 멈추는 것인가? 스크린상으로는 그렇다. 그것은 존에게 희게 보이기를 멈추는가? 존이 일단 변화를 알아차리고 나면 이후의 많은 시행에서 그것은 희게 보이기를 멈출 것이다. 그러나 존이 변화를 알아차리기 전에 그는 **그에게 희게 보임**이라는 속성에 대해 뭐라고 말해야 할까?

어떤 철학자들은 이제 그들이 여태껏 '감각질'을 통해 의미한 바가 무엇인지 그리 명확하게 알지 못한다는 것을 인정할 수 있을 것이다. 그러나 다른 이들은 자신들이 여태까지 사용해 온 감각질의 개념을 확실히 알고 있다고 주장할 것이므로, 그들이 말하는 바를 고려해 보자. 내가 알아낸 바로는 그들 중 일부는 자신의 감각질이 알아차리지 못한 채 급격하게 변할 수 있다는 데 **전혀 문제를 느끼지 못한다. 그들**은 '감각질'로 그에 대한 일인칭 접근이 가변적이며 까다로운 무엇을 의미한다. 만약 당신이 그들 중 하나라면 타자현상학은 당신이 선호하는 방법이 될 것이다. 왜냐하면 그것은 일인칭 관점과는 달리 이러한 상황에서 감각질이 변하는지를 실제로 연구할 수 있기 때문이다. 그러나 뇌의 어떤 사건이 무엇을 설명하는지를 **결정하는** 일은 약간의 섬세함을 요하는 문제가 될 것이다. 예를 들어 색 변화에서의 변화맹 현상에서 우리는 당신 망막의 해당 영역에 있는 색 민감성 원추세포들이, 흰색·갈색 사각형들과 완벽하게 동시적으로 왔다갔다 번쩍일 것이라는 것을, 그리고 아마도 (검사해 봐야 알겠지만) 색 지각 체계의 다른 후기 영역들 또한 외부의 색의 변화에 맞춰 제때 변할 것이라는 것을 알고 있다. 그러나 계속 보다 보면, 우리는 아마도 오직 당신이 변화를 알아차린 이후에만 동시적으로 활성화되는 다른 영역들을 발견할 수 있을지 모른다. (그러한 효과는 유사한 fMRI연구들에서 발견되었는데, 가령 O'craven et al. 1997을 보라)

어려운 부분은 어느 상태의 어느 특성을 (무슨 근거로?) 감각이라고 정할 것인지 그리고 그것은 왜인지가 될 것이다. 나는 이에 대해 어떤 근거도 있을 수 없다고 말하는 것이 아니다. 나는 그에 대한 **좋은** 근거가 있으리라고 쉽게 상상할 수 있지만, 만약 그렇다면 감각질에 대한 삼인칭 개념을 받아들이고 옹호할 근거가 될 것이다. (예를 들어 Dennett 1988의 체이스와 샌본Chase and Sanborn에 대한 논의나, 또는 Dennett 1991의 맥주 마시는 사람의 사례를 보라) 그것이 당신에게 어떠한지/어떠했는지how it is/was에 대한 확신을 탐구하는 삼인칭 과학을 **지지하기** 위해 치러야 할 대가는 분명하다. 당신은 그것이 당신에게 어떠한지/어떠했는지로 **당신이 의미하는 바가** 삼인칭 과학을 통해 지지하거나 또는 착각임을 보일 수 있는 무엇이라는 것을 인정해야만 한다. 우리가 일단 감각질에 대한 그러한 개념을 받아들이고 나면, 예컨대, 우리는 변화맹 와중에 색 감각질이 변하는지의 질문에 대답할 수 있는 위치에 있게 될 것이다. 그리고 만약 우리의 실험 기구 속의 어떤 피험자들이 감각질이 정말 변한다고 말하지만 뇌 스캔 데이터는 그렇지 않다는 것을 분명하게 보여 준다면, 우리는 이러한 피험자들을 단순히 **자신의 감각질에 대해** 틀린 것으로 취급할 것이다. 또한 우리는 왜 그리고 어떻게 그들이 이런 거짓 믿음을 갖게 되었는지를 설명해야 할 것이다.

어떤 이들은 이러한 가능성을 상상 불가능하다고 생각할 것이다. 바로 이러한 이유 때문에, 이들은 B 선택지를 받아들일지 모른다. 즉, **바뀌지 않았다.** 내 감각질은 내가 변화를 알아차릴 때까지 변하지 않는다. **변했을 수도 없다**고. 이러한 결정은 알아차림에 결부된 감각질이 피험자의 타자현상학적 세계 내부에 있으리라는 것을, 그들의 타자현상학적 세계의 **구성적인** 특성이 될 것이라는 것을 **보증한다.** B 선택지에서는, 피험자들이 그들의 감각질에 대해서 말할 수 있는 것들이 데이터를 고정하는 것이다.[•]

◆ B 선택지를 앞서 제시된 더 단순한 사례와 관련하여 생각해 보자. (2장) 당신은 주변부 시야에 있는 커다란 대상들을 확인할 수 없다는 발견이 시각적 의식이 모조리 세부화되어 있다는 당신의 확신과 모순되는 **않는다**는 이유로 시각적 의식이라는 개념을 고수하고자 하는가? 당신은 끈질기게 고집할 수는 있을 것이다. "아, 당신이 보여 준 전부는 우리의 주변부 시야의 대상들을 잘 확인하지 못한다는 것뿐이야. **그것**은 주변부 의식이 그것이 보이는 만큼 그렇게 세부화되어 있지 않다는 것을 보여 주지는 않아. 당신이 보여 준 것은 우리가 의식과 일치하는 것으로 잘못 생각할 수 있는 어떤 **순전한 행동 능력**이, 사실은 의식에 대해서 아무것도 알려주지 않는다는 것뿐이라구!" 그렇다, 만약 당신이 의식을 **정의하는** 데 있어 신중하고 그래서 어떤 '행동적인' 것도 의식과 관련짓지 않는다면, 당신은 절대적으로 확실하게 의식이 '행동주의'를 벗어난다고 공언할 수 있을 것이다. 이러한 종종 인기를 끌기는 하지만 가망은 없는 방안에 대한 더 상세한 설명을 위해서는 7장을 보라.

만약 이렇게 계속 순환하는 소거의 과정이 A **바뀌었다**로 우리를 되돌아가게 한다면, 타자현상학자는 당신에게 추가적인 질문을 하고 싶어 할 것이다. 만약 당신이 감각질이 정말 변했다고 생각한다면, (비록 당신이 그때는 알아차리진 못했지만) **왜** 그렇게 생각하는가? 그것은 당신의 이론인가? 만약 그렇다면, 다른 이론들과 마찬가지로 평가해야 할 필요가 있다. 만약 아니라면, 그것은 당신에게 그냥 떠오른 것인가? 본능적인 직관이란 말인가? 어느 쪽이건, 당신의 확신은 타자현상학적 진단의 일차적인 후보이다. 설명해야 할 것은 '이러한 믿음을 어떻게 갖게 되었는가'이다. 우리가 가장 하고 싶어하지 않을 일은 당신의 주장을 오류 불가능한 것으로 다루는 것이다. 그렇지 않은가?

일인칭 관점에 끌리는 이들의 딜레마가 바로 여기에 있다. 만약 당신이 오류 불가능성 주장을 피하지 않으려 한다면, 그리고 특히 일인칭 관점에서는 대답할 수 없는 문제에 답하는 삼인칭 과학의 능력을 인정한다면, 당신의 입장은 타자현상학으로 함몰될 것이다. 유일하게 남은 대안인 C(2a)는 다른 이유에서 매력적이지 않다. 당신은 타자현상학적 전유로부터 감각질을 지켜낼 수 있겠지만, 오직 그 모든 것이 과학의 바깥에 있다고 공언함으로써만 그럴 수 있다. 만약 감각질이 너무나 드러나기를 꺼려해서 일인칭 관점에서조차 접근이 불가능하다면, 감각질에 대한 **일인칭** 과학 또한 불가능할 것이다.

나는 타자현상학이나 여타의 삼인칭 접근과 잘 맞지 않는 일인칭 **사실들**의 존재를 논박하지 않을 것이다. 나의 동료인 스티븐 화이트Stephen White가 나에게 상기시켜 주었던 것처럼, 이는 내가 다른 곳에서 말한 적 있는 재미없는 '맥 빠진 역사적 사실들'과 같을 것이다. (가령, Dennett 2003) 나의 치아 속의 금이 한때 율리우스 카이사르에게 속한 적이 있다는 사실이나, 그런 적 없다는 사실과 같은 것 말이다. 그중 어떤 것은 사실일 테지만 아마도 과학을 어떤 방식으로 확장시킨다 한들 어느 것이 참인지를 알 수는 없을 것이다. 그러나 일인칭 사실이 맥 빠진 역사적 사실과 같다면, 타자현상학이 최대로 포괄적인 의식과학이라는 주장에 대한 반론이 되지 못할 것인데, 왜냐하면 그런 사실은 관련된 일인칭에게도 알려질 수 없기 때문이다!

클라프그라스 씨의 달콤한 꿈과 악몽

윌프리드 셀라스Wilfrid Sellars는 감각질과 관련하여 자주 전제하지만 면밀하게 논의하는 경우가 거의 없는 주제 하나를 나에게 분명히 드러냈다. 1971년 신시내티에서 좋은 샹베르땡 한 병을 비운 뒤였다. 내가 그에게 감각질 개념의 효용에 대해 계속 의구심을 표하자 그가 응수했다. "하지만 댄, 감각질이야말로 삶을 살 만하게 만들어 주는 것이란 말일세!"

　기본직인 생각은 충분히 명료하다. 만약 당신이 감각질을 갖지 않는다면 당신은 어떤 **즐길** 것도 갖지 못할 것이다. (아마도 고통을 겪을 일 또한 없을 것이다) 일반적으로 좀비가 되는 것에는 어떤 재미도 없을 것이라고 가정하지만 이 가정이 표현되는 경우는 거의 없다. 누구도 좀비가 되고 싶어하지 않는다. 좀비가 되는 것은 전봇대가 되는 것과 같을 것이다. 그 어떤 것도 아닐 것이라는 말이다. 좀비가 된다는 것은 어떤 것도 아니고, 그래서 당연하게도 좀비가 되는 것은 재미있지 않다. 그러나 적어도 좀비는 고통을 겪지는 않을 것이다. 만약 감각질이 삶을 살 만하게 만들어 주는 것이라면, 좀비의 삶은 살 만한 가치가 없을 것이다. 무슨 말인지 다 알아들었을 것이다.

　아니, 당신은 무슨 말인지 알아듣지 **못한다** 그렇지 않다면, 나는 적어도 그 말을 당신이 알아들었다는 것을 의심한다. 나는 좀비, 즉 감각질을 결여한 행위자의 개념이 함축하는 바를 전부 **파악한** 사람이 그것이 복구 불가능할 정도로 비일관적인 개념임을 알아보지 못할 수 있다는 것을 의심한다. 좀비라는 바로 그 생각, 그리고 적어도 가장 대중적인 의미에서의 감각질이라는 바로 그 생각의 숨겨진 모순을 끄집어내기 위하여, 나는 만약 셀라스가 말했듯이 감각질이 삶을 살 만하게 만들어 주는 것이라면 어떻게 될지를 더 직접적으로 탐색해 보고자 한다. 문제가 되는 것이 무엇인지를 알아보기 위해, 나는 몇 가지 기괴하고 반직 관적인 병리 현상에 대한 인지신경과학의 최근 연구들을 바탕으로 로 새로운 사고 실험을 제시할 것이다. 그 병리 현상들은 **안면실 인증**과 **카프그라스 망상**Capgras delusion이다.

안면실인증 환자들의 시각은 한 가지 이상한 장애를 제외하곤 정상이다. 그들은 얼굴을 알아보질 못한다. 여자 중에서 남자를, 청년 중에서 노인을, 아시아인 중에서 아프리카인을 알아볼 수는 있지만, 젠더와 나이가 같은 친한 친구들을 마주하면, 누가 누구인지를 알아보지 못한다. 목소리를 듣거나 식별을 위한 어떤 다른 특이 사항을 탐지할 때까지는 말이다. 유명 정치인이나 영화배우, 가족 구성원과 익명의 낯선 이들을 포함한 한 줄로 선 사람들의 사진이 제시되면, 아무나 아는 사람을 확인해 보라는 부탁을 받은 안면실인증 환자는 일반적으로 반반의 확률로 과제를 수행한다. 안면실인증 환자가 아닌 이들은 가령, 자신의 어머니를 바로 앞에서 보고도 알아보지 못하는 것이 어떤 것일지를 상상하기 어렵다고 느낄 것이다. 어떤 이들은 안면실인증과 같은 질병이 있을 수 있다는 것을 믿기 어렵다고 느낄 수도 있다. 내가 사람들에게 이 현상에 대해 이야기할 때마다, 나는 내가 이러한 사실을 그저 지어내고 있을 뿐이라고 꽤나 확신하는 회의론자들을 자주 만나곤 한다! 그러나 우리는 그러한 어려움을 불가능성을 꿰뚫어보는 통찰이 아니라 우리의 미약한 상상력을 나타내는 척도로 취급할 줄 알아야 할 것이다. 안면실인증은 수천 명의 사람들을 괴롭히고 있는, 제대로 연구되었으며 논쟁의 여지가 없는 병리 현상이다.

일부 안면실인증자들에 대한 가장 흥미로운 사실들 중 하나는 얼굴을 알아보거나 확인하는 의식적 과제에는 무능함에도 불구하고 친숙한 얼굴과 친숙하지 않은 얼굴에 다르게 반응한다는 것이다. 심지어 그들은 해달라고 부탁 받았더라면 식별하지 못했을 얼굴들을 **자신도 알지 못하는 채로** 또는 **암묵적으로** 올바르게 식별하고 있었음을 보여 준다. 그러한 '잠복 재인covert recognition'은 안면실인증 환자들에게 사진을 보여 주고 골라야 할 다섯 개의 **이름**을 제시했을 때 드러난다. 그들은 사진을 무작위로 고르지만, (정서적 흥분의 척도인) 그들의 갈바닉(전기)피부 반응galvanic skin response은 올바른 이름을 들었을 때 현저한 상승을 보여 준다. 이러한 간단한 테스트를 생각해 보라. 다음 중 어느 것이 정치인의 **이름**인가? 메릴린 먼로Marilyn Monroe, 앨 고어Al Gore, 마거릿 대처Margaret Thatcher, 마이크 타이슨Mike Tyson. 이는 쉬운 과제이므로 당신은 신속하게 대답할 수 있을 것이다. 그러나 이름에 그와 부합하지 않는 사진이 붙어 있을 경우 반응은 지연된다. 이는 피험자들이 **어떤 수준에서는** 얼굴들을 실제로 식별하고 있었을 경우에만 설명이 가능한 현상이다. 그렇다면, 뇌 안에는 (최소한) **두 개의** 상당히 독립적인 시각적 안면 인식 체계가 있는 것으로 보인다. 부과된 과제를 수행 중인 피험자들에게 도움이 되지 않는, 손상된 '의식적' 체계가 있으며 얼굴의 불일치에 흥분으로 반응하는, 손상되지 않은 '무의식적' 체계가 있는 것이다. 추가로 진행된 테스트는 손상된 체계가 (시각 피질에 있어) 더 '상위'인 반면 손상되지 않은 체계는 '하위'의 변연계에 연결되어 있다는 것을 보여 주었다. 이는 안면실인증에 대한 더 풍부한 이야기와 현재 관련 뇌 영역에 알려진 바를 과도하게 단순화하긴 하지만, 우리의 목적을 위해서는 충분하다. 왜냐하면 이제부터 카프그라스 망상으로 알려진 더욱 이상한 병리 현상을 살펴볼 것이기 때문이다.

카프그라스 망상을 겪는 사람들은 갑자기 그들이 사랑하는 이들(대부분의 경우 배우자나 연인, 부모)이 아무도 모르게 그들을 복제한 가짜로 바뀌었다고 믿는다! 카프그라스 망상증 환자들은 히스테리컬하거나 미치지 않았다. 그들은 다른 측면에서는 **아주** 정상이지만, 뇌 손상의 결과로 급작스레 이러한 특정한 믿음을 갖게 된다. 그런 믿음이 과도하며 결코 있을 법하지 않음에도 불구하고 그들은 강한 확신으로 그것을 고수하며, 그래서 망상을 겪는 이에 의해 '가짜'가 살해당하거나 심하게 다치는 경우가 있었다. 어떤 뇌 손상이 되었건 간에 정확히 **이러한** 기이한 효과를 낸다는 것은 일견 불가능해 보일 것이다. (우리는 머리를 크게 부딪히고 그 이후로 달이 녹색 치즈로 되어 있다고 믿게 된 사람도 있으리라고 기대해야 할까?) 그러나 앤드루 영Andrew Young은 어떤 패턴을 발견하고는 카프그라스 망상이 기본적으로 안면실인증을 일으키는 병리의 '반대'라고 제안했다. 카프그라스 망상증에서는, 의식적인 피질의 안면 재인 체계는 온전하지만 (이런 식으로 그는 자신 앞에 서 있는 이를 사랑하는 이를 꼭 닮은 가짜라고 인식하는 것이다) 무의식적인 변연계는 장애를 겪으며, 그것이 가져야 할 모든 정서적 공명에 대한 인식이 고갈되어 버린다. 식별할 때 이런 섬세한 기여의 **부재**가 너무나 당황스러운 나머지 ("뭔가 빠졌어!") 그것은 손상되지 않은 체계의 찬성표에 맞서서 거부권을 행사한다. 그렇게 나타난 결과가 바로 가짜를 보고 있다는 환자의 진심 어린 확신인 것이다. 행위자는 잘못된 지각 체계의 불일치를 탓하는 대신 세계를 탓하는데 그 방식이 너무나 형이상학적으로 터무니없고 있을 법하지 않다. 그렇기에 손상된 체계가 일반적으로 우리 내면에 미치는 힘(사실상 정치적 권력)을 의심할 수 없을 정도이다. 이 특정 체계의 인식적 굶주림이 채워지지 않을 경우 그것은 다른 체계의 기여를 뒤집어 버리는 묘기를 부리게 되는 것이다.

앨리스Andrew Ellis와 영이 1990년대에 이 가설을 최초로 제안한 이래 그것은 영과 다른 이들에 의해 정교화되고 입증되어 왔다. (Burgess et al, 1996; Ellis and Lewis 2001을 보라) 물론 복잡한 문제들이 있지만 나는 그것들을 살펴보지는 않을 것이다. 왜냐하면 나는 이 상상력을 자극하는 인지신경과학의 특정한 사례를 우리로 하여금 아직 발견되지 않았지만 상상 가능한 또 다른 가능성을 열린 마음으로 고려하게 만드는 데 활용하고 싶기 때문이다. 그것은 불쌍한 클라프그라스 씨Mr. Clapgras에 관한 **상상의** 사례인데, 이 이름은 이 사례에 영감을 준 것을 상기시키기 위해 내가 지어낸 것이다. 실제 카프그라스 증후군 말이다.

클라프그라스 씨는 심리학과 정신물리학 실험의 참가자로 넉넉지 않은 생활을 이어 가고 있었고, 그래서 그 자신의 주관적 상태에 대해 미숙하지 않았다. 어느 날 잠에서 깨자마자 그는 절망적으로 소리쳤다. "아아! 뭔가 잘못 됐어! 온 세상이 그냥… **이상해… 그냥 끔찍하고,** 아무튼 **잘못 됐어!** 내가 **이런** 세상에서 계속 살고 싶은 건지 모르겠어!" 클라프그라스 씨는 눈을 감고 비벼 댔다. 그는 조심스레 다시 눈을 떴지만, 친숙하면서도 묘사하기 힘든 방식으로 달라져 버린, 기이하게 역겨운 세상과 다시 마주할 뿐이었다. 그가 말하는 바가 그러했기에 그의 타자현상학적 대화자는 실로 혼란스러웠다. 그는 질문을 받았다. "당신이 위를 볼 때 무엇이 보이나요?" 그가 대답했다. "파란 하늘, 양털 같은 흰 구름, 봄날 나무 위의 노랗고 푸른 새싹들, 잔가지 위에 앉은 새빨간 홍관조" 겉보기에 그의 색 지각은 정상이었지만 그저 검사를 한번 해 보기 위해 표준적인 이시하라 검사Ishihara test를 받았고, 검사 결과는 그가 색맹이 아니며 수십 개의 먼셀 색상표

Munsell color chips를 올바로 식별하고 있음을 보여 주었다. 불쌍한 클라프그라스 씨의 병이 무엇이건 그것이 색 지각과 관련된 것은 아니라는 데 거의 대부분의 사람들이 만족하고 말았지만, 한 명의 연구원, 색깔조아 박사Dr. Chromaphil 만큼은 몇 가지 검사를 더 해 보고자 했다.

색깔조아 박사는 색 선호, 색에 대한 정서 반응, 각기 다른 색들이 주의, 집중, 혈압, 심박 수, 신진대사 활동, 다수의 미묘한 감정적 효과에 미치는 효과에 대한 연구를 진행 중이었다. 이 모든 검사를 통해 그는 6개월이 넘도록 클라프그라스 씨의 특이하거나 흔한 반응 전체에 대한 방대한 데이터베이스를 축적하면서 그동안 어떤 변화가 있었는지를 알고자 했다. 그는 클라프그라스를 다시 검사했고 놀라운 패턴을 발견했다. 클라프그라스 씨는 파랑에 대해 보여 주던 모든 정서적이고 감정적인 반응들을 이제는 노랑에 대해 보여 주고 있었으며, 그 반대도 마찬가지였다. 초록보다 빨강을 더 좋아하는 그의 선호는 뒤집혔고, 다른 모든 색 선호도 마찬가지였다. 음식은 그를 역겹게 한다. 그가 어둠 속에서 음식을 먹지 않는 한 그랬다. 클라프그라스 씨는 즐거운 것으로 평가하던 색들의 조합을 이제는 어울리지 않은 것으로 평가한다. 그 색들의 '반대'의 조합은 만족스러운 것으로 느끼면서도 말이다. 그는 (이제는 누군가가 그 색조의 분홍을 자극적이라고 부를 수 있다는 데 놀라워하면서) 맥박을 뛰게 하던 자극적인 색조의 분홍을 여전히 자극적인 분홍으로 식별했지만, 이제는 분홍의 보색, 즉 그를 안정시키던 라임의 색조가 그를 흥분하게 한다. 이제 그가 그림을 볼 때 그의 단속 안구 운동saccade의 경로들은 이전 경로와는 근본적으로 달라졌는데, 그 경로들은 주의를 끌면서 시선을 교란하는 캔버스에 칠해진 색들의 미세한 효과에 좌우되는 것이 분명했다. 지금까지는 암산 문제에 대한 그의 집중력이 그가 밝은 파란색 방 안에 있을 때 심각하게 저하되었지만 이제는 밝은 노란색 방 안에 있을 때 저하된다.

간단히 말해, 클라프그라스는 색 지각에 대해 어떤 불평도 하지 않았으며 실제로 표준적인 색 명명 검사와 색 식별 검사들을 전부 통과했음에도 불구하고, 색에 대한 정서와 주의 반응에 있어 심대한 전도를 겪은 것이다. 색깔조아 박사에 따르면 클라프그라스에게 일어난 일은 단순하다. 그는 그저 상위의 인지적 색 능력들(색들을 변별할 수 있고 명명할 수 있는 그의 능력들)을 그대로 유지한 채 색 **감각질** 전도를 겪은 것이다.

여담: 2장에서 나는 우리 이론가들 모두가 직면하는 과제에 주목하도록 했다. 그 과제는 상상적인 소형 인간 또는 데카르트적 극장 속 중앙의 목격자the Central Witness에 의해 수행되던 모든 일들을 하위과제들로 분할하여 외주화하는 노동 분업을 달성하는 것, 즉 사업가들이 요즘에 말하는 것과 같이 과제를 더 작은 뇌 속 전문가들에게 분담하는 것이다. 색깔조아 박사의 효과

일람표에는 전통적으로 중앙의 목격자에게 할당되던 **색을 감정하고 분별하는** 작업들에 대한 부분적인 목록이 포함되어 있으며, 우리는 목록 일부가 다른 목록과 분리된 다음 이전의 결과와 관련해 뒤집힐 수 있다고 가정한다. 우리가 경로 탐색, 위험 경보, 안면 재인과 같은 여타의 과제들을 수행 중인 특화된 기능들의 병렬적 흐름에 대해 알아내고 있는 것들을 고려한다면, 이것 중 일부가 뇌 속에 공간적으로 고립되어 있다는 것은 설득력이 없지 않다.

이제 우리는 뭐라고 해야 할까? 클라프그라스의 감각질은 뒤집힌 것일까? 이 사례는 상상적인 것이므로 우리가 원하는 대로 대답해도 될 것처럼 보인다. 그러나 철학자들은 다른 상상적인 사례에 대해 수년간 진지하게 고려해 왔으며, 그들이 어떻게 결정하는지에 심대한 이론적 문제가 걸려 있다고 생각해 왔으므로, 우리는 이 사례를 그저 허구로 간단히 처리해 버려서는 안 될 것이다. 첫째, 이것은 **가능한** 경우인가? 이는 우리가 어떤 종류의 가능성을 말하고 있는지에 달려 있을 것이다. 그것은 논리적으로 가능한가? 그것은 생리적으로 가능한가? 이는 심대하게 다른 질문이다. 철학자들은 후자의 가능성을 철학적 고려와는 무관한 것으로 무시했으나 이 경우에는 주저할지도 모른다. 나는 이런 경우가 논리적으로 불가능하다고 주장할 어떤 방법도 알지 못한다. 묘사된 바와 같이, 클라프그라스에게서는 손상되지 않은 능력들과 충격적인 장애들이 기묘하게 조합되어 있다. 통상적으로는 강하게 연결되어 있을 성향들이 여기서는 전례 없는 방식으로 해리되는 것이다. 그러나 그의 상태가 안면실인증이나 카프그라스 망상증보다 더 극단적인가? 나는 클라프그라스의 상태가 심지어 생리적으로 불가능한지도 잘 모르겠다. 색을 잘 분별하지만 명명하지는 못하는 피험자들 (색 명칭 실어증color anomia), 그리고 색맹이 되었지만 그들의 새로운 결함을 알아차리지 못한 채 아무 거리낌 없이 말을 지어내면서 지레짐작하고 있다는 어떤 인식도 없이 무작위로 색을 명명하는 피험자들에 대한 연구 사례들이 있다. 클라프그라스는 카프그라스 환자와 마찬가지로 재인과 명명에서는 어떤 문제도 겪지 않는다. 그의 내부에서 완전히 뒤틀려 버린 것은 바로 미세하고 형언 불가능한 선호flavoring다. 그림을 볼 만한 것으로, 방을 칠할 만한 것으로, 색의 조합을 고를 만한 것으로 만드는 그 모든 개인적인 성향들 말이다. 삶을 살 만하게 만드는 데 기여하는 색의 주관적 효과들이 클라프그라스의 내부에서 변한 것이다. 달리 말해 (만약 셀라스가 옳다면) 그의 색 **감각질**이 바뀐 것이다.

하지만 이전의 변화맹 사례에서와 같이, 우리는 문제를 클라프그라스에게 가져가 그에게 색 감각질이 뒤집혔는지를 물어봐야 할 것이다. 가능한 답은 세 가지이다. **뒤집혔다, 뒤집히지 않았다, 모르겠다.** 그는 뭐라고 대답해야 하는가? 나의 클라프그라스 씨에 대한 이야기를 철학자들이 신중하게 퍼뜨리고 오랫동안 논의해 온 전도된 감각질에 대한 수많은 이야기와 비교해 본다면, 가장 충격적으로 달라진 지점은 클라프그라스의 감각질이 뒤집혔지만, 그는 그것을 모를지도 모른다는 가능성이 생겼다는 것이다. 색깔조아 박사는 회의적인 그의 동료들에게 이러한 가설을 제시해야 할 것이고, 클라프그라스 또한 그들과 의심을 공유할지 모른다. 어쨌든, 그는 색 감각질과 관련하여 (표준적인 이야기에서와 같이) 어떤 문제에 대해서도 불평하지 않았을 뿐더러, 표준적인 색 지각 검사들을 통과함으로써 그의 색 지각이 실제로는 괜찮다고 연구자들을 납득시킨 것과 동일한 방식으로 스스로를 납득시켰다. 이는 철학자들의 심기를 좀 불편하게 할 것이다. 확실히 **그러한** 검사들은 감각질과 아무 관계가 없다. 최소한 철학 문헌에서는 그렇다고 흔히 가정한다. 보통 **그러한** 검사들은 통상적으로 감각질과 관련된 난관을 명확히 밝히거나 제약할 힘을 가지지 못한 것으로 묘사된다. 그러나 나의 변형된 이야기가 보여 준 **바와 같이**, 철학자들의 상상은 누군가가 자신의 감각질이 바뀌지 않았다는 확신에 대한 보증을 위해 그러한 테스트들에 의존하고 **싶어 할** 가능성을 간과하고 있다. 그러고 싶어 하는 사람은 그저 혼란에 빠진 것일까? 만일 그가 색들을 명명할 때 그래 왔듯이 색을 명명하기 위한 자신의 의지와 능력에 의존해서는 안 된다면, 그는 무엇에 의지해야 하는 것일까? 그는 그에게 노랑이 보였던 방식과 그것이 지금 보이는 방식이 동일한지, 동일하지 않은지를 그냥 **알아볼** 수 있는가? 이 사고 실험에 대한 철학자들과의 토론으로부터, 나는 여기에 당신이 그냥 (말하자면) **노랑을 상상하는** 과제를 스스로 설정해 버리고는 과거에 노랑을 상상할 때 항상 해 왔던 것과 같은 것을 하고 있음을 **알** 수 있다고 가정하려 하는 이상한 유혹이 존재한다는 것을 알게 되었다. 그러나 만약 당신에게 이러한 직관이 있다는 것을 발견했다면, 당신은 그 직관을 즉각 버리든지 아니면 적어도 그것을 충실히 따르기를 멈춰야 할 것이다.

다시 한번 나는 감각질에 대한 특정한 정의상의 문제 definitional question에 어떻게 답할지를 놓고 철학자들이 갈라진다고 생각한다. 그 질문은 구체적으로 다음과 같다.

당신이 '정동affect'에 있어서 변화를 겪을 때 당신의 감각질은 변치 않고 그대로일 수 있는가?

화학 조미료인 글루탐산 모노나트륨을 생각해 보자. 그것이 음식을 더 맛있게 느껴지게 하며 강한 맛이 나도록 한다는 데는 의심의 여지가 없다. 그러나 그것은 서로 분명히 다른 몇 가지 상상 가능한 현상학적 효과들 중 어떤 효과를 내는 것일까? 그것은 (**짠** 감각질을 더함으로써 소금이 그러하듯이, **단** 감각질을 더함으로써 설탕이 그러하듯이 말이다. 나는 감각질 애호가들이 이렇게 말하리라고 가정하고 있다) 음식의 **감각질**을 변하게 하는가 아니면 사람들이 이미 즐기고 있는 감각질에 대한 감도를 높일 뿐인가? 그것은 새로운 '내재적 속성'을 더하는 것인가 아니면 주체로 하여금 이미 의식 안에 **있는** 내재적 속성들에 접촉하도록 만들어 주는 것인가? 최근의 연구에 따르면, 포유류의 혀에는 달콤함을 탐지하는 수용체들과 유사한, **감칠맛, 우마미**umami를 탐지하는 특정한 수용체 단백질들이 존재한다. (Kawamura and Kare 1987; Rolls and Yamamoto 2001; Zhao et al. 2003) 그렇다면, 우마미 감각질이 있는 것인가? 우마미 수용체 흥분의 후속 효과는 지도화되기 시작할 것이고 그것은 틀림없이 싱거운 음식보다는 우마미가 가미된 음식에 대한 선호를 유발할 것이다. 그러나 이러한 '순전히 행동적인' 증거는 문제를 해결해 주지 않는다. 감각질 애호가들에 따르면 그럴 수 없다. 여기서 필요한 것은 (그저) 후속 효과들의 작용이 일어나는 장소에 대한 추가적인 경험적 연구가 아니라, 감각질 개념에 대한 명료화다. 이러한 명료화가 반드시 이루어져야 하는데, 왜냐하면 그 용어를 어떻게 사용해야 할지에 대하여 철학자들 사이의 합의가 없기 때문이다. 우리는 주관적 반응에서 일어나는 모든 변화를 감각질에서의 변화로 간주해야 하는가, 아니면 감각질을 견인하는 특권적인 변화들이 따로 있는 것인가? 특정한 (항상적인) 감각질에 대해 미학적 견해를 (또는 반응을) 바꾼다는 생각은 넌센스인가 아닌가? 이러한 정의상의 문제들을 결정하기 전까지는, 그 용어는 그저 모호하거나 불명료하기만 한 것이 아니다. 그것은 극단적으로 애매하며, 두 가지의 (혹은 그 이상의) 근본적으로 다른 관념들을 얼버무리고 있는 것이다. 이런 애매함이 어떻게든 청산되기 전까지는, 그 용어를 계속 사용해 봤자 아무 소용도 없을 것이다.

불쌍한 클라프그라스 씨로 돌아가자. 철학자들에게 그의 곤란한 상황 묘사에서 어떤 방식으로 개입할지를 물어보았을 때, 나는 어떤 이들이 내가 그의 상태를 묘사하기 위한 세부 사항을 충분히 제공하지 않았다고 반론한다는 것을 알았다. 나는 그의 행동 능력들(그는 색들을 올바르게 재인하고, 분별하고, 명명하지만, 많은 다른 측면에서는 '비정상적으로' 반응한다)을 묘사했지만, 의도적으로 그의 주관적 상태들에 대한 묘사를 피했다. 나는 예컨대 잘 익은 레몬을 보았을 때 그가 **내재적인 주관적 노랑, 내재적인 주관적 파랑**을 경험하거나 하지 않는다고 말하지 않았다. 하지만 그게 바로 요점이다. 나는 이러한 용어들이 경험의 어떤 실제적인 속성을 명명한다는 전제에 문제를 제기하고 있는 것이다. 만약 외부인들이 가진 기능신경해부학적 지도가 아무리 세밀하더라도 그것들을 알아보지 못한다면, 그리고 클라프그라스 자신도 그것들을 알아보지 못한다면, 이 내재적 속성들은 의식에 대한 우리의 과학적 탐구에서 계속 찾아야 하는 것이기보다는 오히려 낡아 빠진 이론적 전망(데카르트적 극장)이 남긴 인위적인 잔재일 수 있다.

바로 여기에 이런 사례들에서 표준적으로 사용되는 철학적 방법의 중대한 약점이 있다. 철학자들은 예컨대 색과 관련하여 정상적인 사람들이 보여 주는 그 모든 능력과 성향이 하나로 공고하게 뭉친 블록을 형성하며 독립적인 하위 능력들이나 하위 성향들로 분해되거나 분리되는 데 영향을 받지 않는다고 가정하는 경향이 있다. 이는 편리하게도 철학자들이 특정한 일부 성향들에 감각질이 고정되는지의 질문에 답하지 않아도 되게 만들었다. 예를 들어, 조지 그래이엄George Graham과 테리 호건Terry Horgan (2000)은 "현상적 성격과의 직접 대면direct acquaintance, 즉 재인, 분별 능력들에 경험적 기반을 제공하는 직면"을 말한다. 다시 월프리드 셀라스로 돌아가서, 만약 감각질이 삶을 살 만하게 만드는 것이라면 그것은 매일매일 색을 재인하고, 명명하는 우리의 능력을 위한 '경험적 기반'이 아닐 것이다. (나는 다음 장에서 이 가능성을 다른 각도에서 탐색해 볼 것이다)

감각질의 표준적인 일인칭 접근 가능성 또는 주관성은 어떤 경우든 문제에 봉착하게 된다. 왜냐하면 변화맹이 매우 생생하게 보여 주듯이, 이러한 상황에서 사람들에게 잘 포착되지 않는 단순한 판단들에 대한 권위를 확보하기 위해 색 감각질에 대한 일인칭 접근에 의지할 수 없다면, 그것은 아무런 쓸모도 없기 때문이다. 감각질을 믿는 이들을 위해 또 다른 일군의 난점들을 제시하면서 이 장을 마무리하도록 하겠다. 최근에 많은 식물들이 적외선 대 빨강의 비율에 민감하다는 사실이 밝혀졌는데, 그 비율은 녹색 경쟁자들이 햇빛을 침범하는지 하지 않는지에 대한 척도가 된다. 이웃한 식물들이 머리 위에서 점차 녹색으로 변해 간다는 것을 감지하면 식물은 기회를 활용하여 더 잘 경쟁하기 위해 수직 방향의 성장에 더 크게 투자하도록 그들의 성장 방식을 조정한다. 녹색 식물로 둘러싸인 식물이 된다는 것은 어떤 것일까? 그것은 화려한 고립splendid isolation 속에서 성장하는 녹색 식물이 된다는 것과 다를까? 나무가 된다는 어떤 것이 있을까? 내가 생각하기에 대부분은 이러한 질문들에 부정적으로 답하려 할 것이다. 하지만 우리가 내린 판단의 이유를 찾고자 한다면, 제시할 만한 것이 거의 없을 것이다. 식물이 제아무리 자신들을 비추는 빛의 분광 정보spectrum information를 능수능란하게 활용한다 한들, 식물이 '느낌'이나 '주관성'을 가진다는 것은 내가 생각하기에 그저 그럴듯하지 않은 것처럼 보인다. 그러나 그렇다면 일관성을 유지하기 위해 우리는 벌, 박쥐, 또는 새가 된다는 어떤 것이 있다는 우리의 확신을 지지하는 어떠한 근거라도 단호하게 포기해야 할 것이다. 그러한 확신은 그들이 분광 정보를 지능적으로 사용하는 방식에 대한 우리의 인식으로부터 유래한 것일 수 있다.

감각질 개념은 철학자들이 전혀 고려한 적이 없는 가능성들에 의해 모는 방향에서 도전을 받고 있다. 따라서 철학자들은 기술적 용어를 정의하는 과제를 하지 않아도 될 만큼의 이해를 공유하고 있다는 안일한 가정을 버려야 할 필요가 있다.

로보메리가
아는 것

색 과학자 메리에 대한 프랭크 잭슨의 사고 실험은 직관펌프에 대한 최고의 사례다. 그것은 형식적인 논증이라기보다는 작은 시나리오나 소품에 가까운 것으로 1982년 처음 등장한 이래 놀라운 활력으로 철학적 직관을 펌프질하고 있다. 실제로 그 마리아론Mariology*이 수년간 너무나 많은 주목을 끈 나머지 그것이 철학자들의 관심을 사로잡았던 20년을 기념하며 돌아보는 논문 선집이 두 권이나 준비 중에 있다.♦

메리는 모종의 이유로 흑백의 방에서 흑백 텔레비전 모니터를 통해 세계를 조사할 수밖에 없게 된 명석한 과학자이다. 그녀는 신경생리학을 전공하고 있으며 잘 익은 토마토를 볼 때, 하늘, **빨강, 파랑** 등과 같은 용어들을 사용할 때 획득되어야 할

---

*   마리아론은 가톨릭 신학의 분과로서 성모 마리아에 대한 신학적 연구를 말한다. 데닛은 메리에 대한 사고 실험과 철학자들의 논의를 마리아론에 빗대고 있다. (옮긴이)

♦   이 장은 알터(Torin Alter)에 의해 출간될 그 선집들 중 하나에 실릴 예정이다. 이 논증의 세부 사항에 대해 이메일을 통해 또는 직접 토론을 해 준 라프만(Diana Raffman), 빌 라이칸, 빅토리아 맥기어(Victoria McGeer) 그리고 나의 학생들에게 감사한다.

모든 물리적 정보들을 알고 있다고 가정하자. 예컨대 하늘로 부터의 어떤 파장의 조합이 망막을 자극하는지, 정확히 어떻게 이것이 중추신경계를 통하여 '하늘이 파랗다'라는 문장의 발화를 야기하는 성대 수축과 폐의 공기 분사를 산출하는지를 알아낸다. … 메리가 흑백방에서 풀려났을 때 또는 컬러 텔레비전 모니터를 얻게 되었을 때 무슨 일이 벌어질까? 그녀는 뭔가를 **배울까** 배우지 않을까? 그녀가 세계와 세계에 대한 우리의 시각 경험에 관해 뭔가를 배우리라는 것은 그저 당연해 보인다. 그러나 그렇다면, 이전까지의 그녀의 지식이 불완전했다는 결론을 피할 수 없다. 하지만 그녀는 **모든** 물리적 정보를 알고 있었다. **따라서 물리적 정보들 이상으로 알아야 할 것이 있으며, 물리주의는 거짓이다**… (Jackson 1982, p. 128)

그 짧은 분량과 신빙성(20년이 지나도 여전하다)을 보자면 이는 분석철학자가 고안한 가장 성공적인 직관펌프이다. 그러나 그것은 좋은 직관펌프인가? 어떻게 알 수 있을까? 사고 실험을 마주한 철학자를 위한 더글러스 호프스태터의 오래된 충고 (Hofstater and Dennett 1981, p. 375)는 과학자가 현상을 다루는 방식으로 다루라는 것이다. 즉, 그것을 변형시키고, 뒤집고, 모든 각도에서 검토하며, 다른 모든 설정과 조건에서 당신이 인과의 환상illusions of causation에 사로잡히지 않았음을 반드시 확인하라.* 호프스태터는 모든 손잡이들을 다 돌려 보고 그것이 여전히 동일한 직관을 펌프질 하는지를 보라고 말한다. 따라서 이번 장은 그러한 손잡이 돌리기를 실제로 해보는 장이 될 것이다.

메리와 파란 바나나

십 년도 더 전에, 나는 손잡이들에 대한 예비적인 탐색을 수행했었고 거의 보편적으로 무시되어 온 결론을 제시한 바 있다. "좋은 사고 실험과 마찬가지로 메리 사고 실험의 요점은 심지어 초심자들에게조차 즉각적으로 명백하다. 그러나 사실은 그것은 나쁜 사고 실험이며 그것의 전제들을 오해하도록 부추기는 직관펌프다!"(1991, p. 398). 실제로 그 시나리오를 올바로 상상하는 것은 사람들이 짐작하는 것보다 훨씬 어렵고, 따라서 그들은 더 상상하기 쉬운 뭔가를 상상하고, 그렇게 오인된 근거로부터 결론을 끌어낸다. 그 사고 실험의 오류를 드러내려고 시도하면서 나는 사람들이 변형된 결말을 생각해 보기를 촉구한 바 있다.

---

*   인과의 환상이란 실제로는 무관한 사건이나 사태들 사이에 인과관계가 성립한다고 착각하는 것을 말한다. 데닛은 직관펌프들을 검토하면서 무관한 것들이 당연히 필연적으로 관련되어 있다고 착각하지 말아야 한다고 경고하고 있다. (옮긴이)

그러던 어느 날 메리를 감금하고 있던 사람은 이제 그녀에게 색을 보여 줄 때가 되었다고 결정했다. 메리를 속이기 위해 그는 그녀가 평생 처음으로 경험할 색채로 밝은 푸른색의 바나나를 준비했다. 메리는 그것을 보자마자 말했다. "이봐요! 나를 속이려고요? 바나나는 노란색인데 이건 파란색이잖아요!" 메리를 감금한 이는 할 말을 잃었다. 그녀는 어떻게 알아낸 것일까? "간단하죠." 그녀는 대답했다. "당신은 내가 색 지각의 물리적 원인과 효과에 대해 알 수 있는 **모든 것**을 (절대적으로 모든 것을) 안다는 걸 기억해야 해요. 그러니 당연하게도 당신이 바나나를 갖고 들어오기 전에 나는 노란 사물 또는 파란 사물(또는 녹색 사물 등등)이 나의 신경계에 어떤 물리적 인상을 생성할지를 정확하게 그 절묘한 세부까지 전부 적어 두었어요. 따라서 나는 내가 어떤 **생각**을 할지를 (왜냐하면 어쨌든 이러저러한 것들을 생각하는 '순전한 성향들'은 당신의 그 유명한 감각질이 아니니까요. 그렇지 않나요?) 이미 정확하게 알고 있었던 거예요. 나는 파랑의 경험에 의해서는 전혀 놀라지 않았어요. (나를 놀라게 한 건 당신이 나에게 그런 급이 낮은 속임수를 쓰려고 했었다는 거예요.) 내가 반응 성향에 대해 너무나 많은 것을 안 나머지 파랑이 나에게 영향을 미치는 방식이 놀라운 것으로 와 닿지 **않는다는 걸 상상하는 것이 당신에게는 어렵다**는 건 알겠어요. 당연히 당신에게는 그런 걸 상상하는 일이 어렵겠죠. 어떤 것에 대해 절대적으로 모든 것을 아는 누군가를 상상하는 건 누구에게나 힘든 일이에요!"

　　보통은 일이 이렇게 되지는 않는다고 별다른 논증 없이 가정되고는 한다. 원래의 논문에서 잭슨이 천연덕스럽게 말하듯이 "그녀가 세계와 세계에 대한 우리의 시각 경험에 관해 뭔가를 배우리라는 것은 그저 당연해 보인다."(1982, p.128) 나는 그것이 착각이며 사고 실험으로서의 메리에게서 잘못된 점이라고 주장했다. 그녀가 처음 색을 보았을 때 메리가 **어떤** 종류의 계시 revelation를 받는다고 결론 내리는 것은 그저 너무나도 기분 좋은 일이기에 아무도 이것이 어떻게 진행**되어야만** 하는지를 굳이 보여 주려고 하지 않는다. 실은 그런 식으로 진행되어야 할 필요가 전혀 없다. 나의 변형된 이야기는 메리가 그런 식으로 반응할 수 없다는 어떤 설득력 있는 **논증**이 없는 한, 내가 이야기하는 것과 잭슨이 이야기하는 것이 동등한 지위에 있다는 사실을 드러내기 위한 것이다. 두 개의 짧은 허구적 이야기가 서로 반대 방향으로 진행되고 있으며, 둘 모두 입증된 권위를 갖고 있지 않다. 나는 나의 요점을 분명히 하기 위해서 충분히 얘기를 했다고 생각했지만, 많은 철학자들과 그들의 세자들이 쓴 메리에 대한 추가적인 저술들은 내가 그것에 반대하는 데 더 인내심을 가지고 더 분명해야 했음을 깨닫게 해 주었다. 나는 이 직관펌프가 가진 이상한 매혹을 상당 부분 과소평가했던 것이다. 따라서 나는 그 난장판으로 되돌아가서, 이번에는 더 신중하게 속도 조절을 해 가며 모든 세부 사항에 심혈을 기울일 것이다.

먼저 나는 일부 독자들이 (어쩌면 대부분이) 파란 바나나라는 대안을 단순히 이해하지 못했다는 것을 발견했다.♦ 내가 뭐라고 했는가? 나는 메리가 색과학에 대한 그녀의 방대한 지식을 활용하여 빨간, 노란, 또는 파란 무엇을 본다는 것이 **그녀에게 있어 정확히 어떤 것인지**를 그러한 경험을 하기에 앞서 알아냈다고 말했다.♦♦ 나는 이를 대놓고 (말하자면, 당신의 면전에서) 주장했는데, 이는 사람들이 통상적으로 어떤 증거나 이론, 논증에 의거하지 않고, 그저 존 로크에게까지 거슬러 올라가는 철학적 전통에만 의거하여 이것이 불가능하다고 가정한다는 사실을 드러내기 위해서였다. 아마도 다음과 같은 짧은 대화가 내가 의도한 요점을 드러내는 데 도움이 될 것이다.

♦ 예를 들어 하워드 로빈슨(Howard Ronbinson)(1993)은 내가 부당하게 메리가 "일어나는 모든 특정한 물리적인 것"을 알고 있다는 전제를 멋대로 갖다 쓰고 있다고 주장하지만 (p. 175) 그러나 나의 주장은 그런 강한 주장에 의존하지 않는다. 이는 내가 여기서 전개할 변형된 이야기들에 의해 명확해질 것이다.

♦♦ 로빈슨(1993)은 또한 내가 그가 **"뭐라고 말할 것인지 그리고 어떻게 반응할 것인지"**를 아는 것과 **"그것이 어떤 것인지"**를 아는 것 사이에 존재한다고 공언하는 구별을 존중하지 않음으로써 선결 문제를 요구한다고 주장한다. 만약 그러한 구별이 있다면, 그것은 내가 아는 한 로빈슨이나 다른 어떤 이들에 의해서도 아직까지 명료하게 표현되고 옹호된 바 없다. 만약 메리가 그녀가 뭐라고 말할지 그리고 어떻게 반응할지에 대해 모든 것을 안다면, 그녀가 그것이 어떤 것인지를 알지 못하리라는 것은 전혀 분명하지 않다.

186

전통TRAD: 도대체 무슨 말이야? 메리가 **어떻게** 그럴 수 있단 말이지?

데닛DCD: 그건 쉽지 않았어. 그녀는 그것을 4765단계의 증명을 거쳐 연역했지. (빨강에 대해서 말이야. 일단 메리가 빨강이 그녀에게 어떻게 보이는지를 연역했다면, 초록이 300단계의 정리를 통해 차례로 딱 떨어졌을 것이고, 다른 색과 그 색의 모든 명도hues는 그러한 증명들을 비교적 사소하게 확장한 것이었겠지)

전통: 넌 그걸 전부 지어내고 있을 뿐이야! 그런 증명 같은 건 없다구!

데닛: 이건 사고 실험이야. 나는 모든 걸 다 지어낼 수 있어. 그럼 넌 그런 증명이 없다는 걸 증명할 수 있나? 그녀가 자신이 색에 대해 아는 모든 것들로부터 색들이 자신에게 어떻게 보일지를 연역해 낸다는 시나리오를 지어내면서 내가 어떤 입증된 사실이나 원리와 모순을 일으키고 있다는 말이야?

전통: 이봐, 그건 그냥 당연한 거야. **네가 색을 보지 못했다면, 넌 그게 어떻게 보이는지를 연역할 수 없어!**

데닛: 거참 재미있는 통속적 정리라고 말할 수밖에 없군. 여기 다른 게 또 있어. 만약 네가 재채기, 트림, 방귀 뀌기를 전부 다 동시에 한다면, 넌 죽을 거야. 나에게는 그럴듯하게 들리는데. 하지만 이것 중 하나라도 어떤 과학적 근거가 있을까?

'확실히' 그녀는 놀랄 거야

메리 사고 실험은 그저 많은, 어쩌면 대부분의 사람들이 가진 매우 통상적인 사고방식의 함축을 끌어내어 생생하게 묘사하기 위한 것일 수도 있다. 그것은 그 자체로는 내가 2장에서 지적한 것과 같은 유용한 인류학적 실천, 있는 그대로의 통속 심리학에 대한 조사일 수 있을 것이다. 그러나 메리를 옹호했던 이들은 실제로는 더 대단한 뭔가를 증명한다고 생각했다. 즉 그 사고 실험이 대부분의 사람이 가진, 검토되지 않은 가정이 이원론을 함축한다는 결론뿐만 아니라 (나는 우리가 그것을 이미 알고 있었다고 생각했는데, 어쩌면 그렇지 않은지도 모르겠다) 이원론이 참이라는 결론을 증명한다고 생각했던 것이다! 그토록 대충 이루어진 상상에 대한 해석을 철학자들이 무려 **받아들이기조차** 한다는 사실이 나를 경악하게 한다. 나는 철학자들이 그들의 분야에서 만들어진 직관의 권위를 아직도 그토록 강하게 믿고 있는 줄 몰랐다. 그것은 마치 지구는 움직이지 않고 태양이 움직인다는 것이 '그저 당연해 보인다'는 점을 지적함으로써 코페르니쿠스의 이론이 거짓임을 증명할 수 있다고 생각하는 것과 거의 같은데 말이다.

최근의 논문 "메리 메리 완전히 그 반대지Mary Mary Quite Contrary"에서, 조지 그래이엄과 테리 호건(이하 G&H)은 내가 지난 15년 혹은 그 이상의 시간 동안 따로 분리하여 그에 대한 신뢰를 깎아내리려고 시도해 온 그 논증되지 않은 직관의 정수를 효과적으로 뽑아냈다. 우리가 아마도 "그녀는 놀랄 거라고, 젠장할!"이라고 표현할 것 말이다. G&H는 메리에 대한 유물론의 두 가지 주요 대응을 구별하면서 논의를 시작한다. 그것은 얇은 유물론thin materialism 그리고 두꺼운 유물론thick materialism이다. 나는 얇은 유물론의 몇 안 되는 대표자 중 하나인데, 얇은 유물론은 메리가 풀려나고 난 뒤 뭔가를 배운다는 것을 부정한다. 두꺼운 유물론자들은 메리가 아무 색도 없는 억류 상태에서 풀려났을 때, 펄쩍 뛰거나, 들뜨거나, 놀라거나, 그와 비슷한 일들을 할 것이라는 이야기를 받아들이면서 유물론을 구제하려 한다. G&H의 전략은 일단 얇은 유물론은 "다른 이들에 의해 충분히 비판되었기에" 반박될 필요조차 없는 가망 없는 대안이라고 공언하는 것이다. 그들이 제시하는 비판자는 맥코넬Jeff McConnell(1994)과 라이칸(1996)이다. 나는 맥코넬에 대해서는 같은 학술지에서 어느 정도 응답했고(Dennett, 1994a) 라이칸은 내가 만든 버전의 얇은 유물론을 비판하진 않았으므로, 나는 그러한 비판이 충분하다고 생각하지 않는다. 그러나 G&H가 내가 만든 유형의 얇은 유물론을 무시하면서 그저 주류를 따라가고 있다는 사실만큼은 인정하지 않을 수 없다. 그것이 바로 이 글이 필요한 이유다.

G&H는 두꺼운 유물론의 전술들 중 최선의 것(마이클 타이의 PANIC)을 상세히 해설하고, 원작을 변형한다. 메리 메리Mary

Mary는 메리의 딸로서 타이가 만든 유형의 두꺼운 유물론의 신봉자이다. 타이의 PANIC 이론에 따르면 "현상적 성격은 준비된 추상적이고 비개념적인 지향적 내용(Poised Abstract Non-conceptual Intentional Content, PANIC)과 하나이며 동일"하다. (Tye 1995, p. 137) 이는 대충 "믿음·욕망 체계에 직접적인 영향을 줄 수 있는 위치에 있는" 내용이며 또한 그것이 비구체적인, 비개념화된 식별 가능한 속성들에 대한 내용이라는 것을 의미한다. 그들은 이러한 타이의 견해로부터 메리 메리가 **놀라지 않으리라**는 것이 따라 나온다고 주장한다. 그들은 말하기를 "결국에는 타이 버전의 두꺼운 유물론은 그저 **너무 얇다.** 그리고 이러한 문제는 유물론이 현상적 내용을 취급하는 어떤 방식에서도 일어날 수 있다." (p. 77)

나는 이전까지는 내가 만든 유형의 얇은 유물론에 대한 타이의 대안이 감각질 애호가들, 즉 현상적 내용을 애호하는 이들에게 너무 많은 여지를 준다고 생각했다. 그러나 G&H 덕분에 나는 이제 타이를 본의 아니게malgre lui 얇은 유물론자가 되어 버린 이로서 구성원이 몇 되지 않는 나의 분파에 받아들일 수 있게 되었다. 기능주의적으로 해명 가능한 모종의 복잡성이 의식적 경험의 어떤 것임what-it-is-likeness을, 소위 **현상성**을 **구성**할 수 있을지를 나보다도 더욱 공들여서 세련화해 온 이로서 말이다. 나는 메리 메리의 상태에 대한 G&H의 분석에 박수를 보낸다. 그들의

190

분석은 그녀가 이미 모든 사실들을 다 알고 있고, 색이 있는 세계에 관한 그녀의 첫 경험이 가지는 눈에 띄는 그 **모든** 속성들을 예측하는 데 필요한 모든 정보를 다 갖고 있기 때문에, 타이가 주장한 바에도 불구하고 그녀가 놀라지 않을 것이라는 (또는 놀라지 않으리라 기대된다는) 결론으로 곧바로 이어진다. 간단히 말해, 이것이 바로 그들이 말하는 바이다.

첫째, PANIC 속성들에서 심리적으로 중요한 것은 그저 그것들이 인간의 인지적 경제에서 수행하는 기능적·표상적 역할뿐이다. 이는 메리가 이미 철저하게 이해하고 있던 것들인데 왜냐하면 그녀는 과학적으로 모든 것을 다 알고 있었기 때문이다. … 둘째, 현상적 개념에서 심리적으로 중요한 것은 (타이의 이론에 따르면), 그것들이 **능력 기반**capacity-based 개념이라는 것이다. 비록 그녀 자신이 그러한 능력들을 소유하지는 않았지만, 그녀는 PANIC 상태들이 능력들을 어떻게 촉진하는지를 포함하여 이러한 능력들을 철저하게 이해하고 있었다. 역시나 여기에는 어떤 놀라움도 없다. 셋째, 현상적 개념을 활용하는 믿음들과 지식 상태들의 심리적 특수성은 (타이의 이론에 따르면) 현상적 개념의 능력 기반적 본성에 완전히 기생하고 있다. 따라서 그녀는 이미 이러한 믿음들과 지식 상태들의 **본성**에 대해 이미 잘 이해하고 있으며, 따라서 타이의 현상적 의식을 진심으로 믿는 메리 메리는 무채색의 상황에서 풀려난다는 것에 대하여 놀라움이나 예기치 않은 들뜸을 기대할 이유가 없다. (G&H, pp. 71-72)

간단히 말해, 타이는 나와 같이 메리 메리가 그의 엄마인 메리처럼 전혀 놀라거나 들뜨지 **않으리라**고 예측해야 하는 것이다. 그녀의 광대한 상상 속에서 그녀는 이미 알아야 할 것을 다 알았고 그래서 더 이상 배울 것이 없다. 그렇다면 뭐가 문제인가? G&H는 왜 타이 그리고 나와 같이 하지 않는가? (나는 그저 재미로 지금 타이가 내 편이 되었다고 가정하고 있다) 왜냐하면 (그리고 여기서 바로 내가 맞서 싸워 온, 너무나 순수한 두 번 걸러진 직관이 등장한다) "우리가 생각하기에, 확실히 그녀는 놀라워하며 들뜰 것이다." (p. 72) "확실히." 내가 네드 블록에 대한 나의 많은 논평들 중 하나인 "꿈 깨라Get Real"(Dennett 1994a)에서 지적했듯이, "블록이 '확실히'라고 말할 때마다 우리가 정신 폐색mental block이라고 부를 수도 있을 것을 한번 찾아보라." (p. 549) 블록은 아마도 철학자들 중에서 '확실히' 연산자를 방만하게 남용하는 이들 중 한 명일 것이다. 그러나 다른 이들은 일상적으로 그것에 의존하고 있으므로 그들이 그럴 때마다 경종을 울리자. 바로 여기서 윙크하고 옆구리를 찌르며 검열관 옆에서 거짓 전제를 휘젓는, 의도치 않은 속임수가 일어나고 있는 것이다. G&H는 잠시 멈춰서 그들이 왜 그리도 확신하는지 자문하는데, 이것이 그들의 대답이다.

> 메리 메리를 놀라게 하고 들뜨게 만드는 것은 … (우리에게는 그렇게 보이는데) 그녀의 개념을 활용하는, 재인·식별 능력들의 예상치 못한 **경험적 기반**experiential basis과 널리 받아들여지고 있는 경험의 풍부함이다. 그녀는 다채로운 경험이 **이와** 같을 것이라고 결코 예상하지 못했다.

나는 많은 이들에게 PANIC의 세부 사항을 넘어서 그 이상으로 이러한 여분의 '풍부함', 이런 **'경험적 기반'**이 있는 것처럼 보이리라는 것을 안다. 그러나 나는 그들이 이에 대하여 단순히 틀렸다고 주장했으며 이 깊게 뿌리박은 이론가들의 환영의 원천을 진단한 바 있다. "감각질을 콰인하기Quining Qualia"(Dennett 1988)에서 나는 찢어진 젤로 상자의 사례에 대해 논의한 바 있다. 그것의 절반은 형태적 속성인 M을 갖고 있으며, 나머지 절반은 그저 **실제로 작동하는** M 탐지기practical M detector다. 그 형태는 묘사가 **불가능**할 수도 있지만, 문자 그대로 형언 불가능하거나 분석 불가능하지는 않다. 그것은 그저 극도로 정보가 풍부할 뿐이다. 실제적인 묘사 불가능성을 뭔가 형이상학적으로 더 놀라운 것으로 부풀리는 것은 실수다. 비록 그런 날것의 직감이 솔깃할 수 있더라도, 나는 사람들에게 그것을 버리기를 강하게 촉구해 왔다. G&H는 그 직관을 버리지 못했다. 하지만 더 중요한 점은, G&H가 그들이 제시하는 모든 것이 결국 참이건 거짓이건 이미 거짓이라고 공언되었으며 따라서 근거가 보충되어야 할 주장을 계속해서 충실히 따르겠다고 표명하는 것에 불과하다는 것을 시인하지조차 못한다는 것이다. 그들은 어떤 근거도 대지 않지만, 또다시 되돌아온다.

> 비록 현상적 상태들이 정말로 인간의 심리적 경제에서 PANIC 역할을 수행할 수도 있겠지만, 상태들의 현상적 성격은 그 역할로 환원될 수 없다. 그것은 뭔가 그보다 더한 것, 뭔가 놀랍고 기쁜 것이다. (G&H, p. 73)

> 누가 그러는가? 이것은 내가 오랫동안 부정해 왔던 것이다. 현상적 상태의 크나큰 풍부함이야말로 놀랍고도 들뜰 만한 것인데, 타이의 이론은 이것을 빠뜨린다. (Ibid.)

이 '크나큰 풍부함'이란 단지 증명되어야 할 것이지 가정될 것이 아니다. 하여튼 메리 사례의 요점은 그녀가 자신의 완벽한 지식 덕분에 색을 보는 것이 어떤 것일지에 대한 **많은 부분**을 예상할 수 있음에도 불구하고 그 **전부**를 예상하지는 못한다는 것이다. 일부가 그 '크나큰 풍부함'이 메리에게 미리 접근 가능**하다**

는 것을 부정할 이유가 없다고 주장했으므로, 이러한 G&H의 과감한 주장은 선결 문제를 요구하는 것이다. 통상적인 상황, 즉 실로 이러한 사고 실험과 같이 가히 있을 법하지 않은 극단적인 상황을 제외한 어떤 상황에서든 메리가 뭔가를 배울 것이라는 뻔한 사실에 기대는 것은 전혀 통하지 않을 것이다.

> 그러나 무채색의 환경에서 벗어나자마자, 그녀는 놀라움과 기대치 않았던 들뜸을 경험할 것이다. 이는 그녀를 이전까지 받아들이고 있던 유물론적 이론을 거부하도록 이끌 것이다.
> (G&H, p. 74)

그들은 그렇다고 한다. 이제 얇은 유물론은 결국에는 거짓일지도 모르지만, 그저 "확실히 그건 아니지!"라고 말하는 것만으로 반론할 수는 없다. 나는 우리가 음미하는 그 풍부함이, 즉 우리가 내적인 직시inner ostension와 재인의 행위를 고정하기 위해 의지하는 그 풍부함이 타이가 PANIC 속성들이라고 부른 성향적 속성들의 복합적 집합에 의해 **구성되고 설명된다**고 주장했다. G&H는 이 모든 것들에 더하여 '현상적 속성들'과의 '직접 대면'이라는 층위가 존재한다고 가정하는 실수를 범했다. 그들은 과감하게 말한다.

또한 현상적 성격 자체와의 직접 대면, 즉 그러한 재인/식별 능력들의 경험적 기반을 제공하는 대면이 존재한다. (G&H, p. 73)

그리고 또한

그녀는 자신이 들뜬다고 주장한다. … 자기현상학은 그녀가 옳다는 것을 강하게, **매우** 강하게 시사한다. 색 경험의 내재적인 현상적 성격은 이러한 재인·식별 능력과 구별되며, 그것의 경험적 기반을 제공한다. (G&H, p. 77)

우리가 4장에서 보았듯이 이것은 완전히 거꾸로 뒤집힌 것이다. 이러한 능력들 자체가 경험이 '내재적인 현상적 성격'을 갖고 있다는 (환영적인) 믿음의 기반이며, 우리 일인칭들은 이런 능력들이 작동하는 데 접근할 특권이 없다. 바로 그것이 우리가 자기현상학을 해서는 안 되는 이유이다. 그것은 우리를 유혹에 빠지게 한다. 우리 자신의 일인칭적 확신을 데이터가 아니라 부정할 수 없는 진실로 간주하고자 하는 유혹 말이다.

따라서 그(타이)의 이야기에서, 메리 메리가 풀려난 뒤에 하는 타자현상학적 주장들은 이성적으로는 명백히 부적절한 것으로 간주되어야 하며, 그러므로 모종의 오류나 환영을 포함하는 것으로 간주되어야 한다. **그것**이 근본적인 문제다. 현시적인manifest 현상학적 사실들에 관한 적합한 이론적 이해를 제공하는 데 명백히 실패한다는 것 말이다. (G&H, p. 77)

그들은 근본적인 문제가 이러한 '명백한' 사실들을 다루는 것이라고 말하지만, 오직 그녀가 실제로 뭔가를 배울 경우에만 문제일 것이다. 그것은 나의 견해로는 (그리고 만약 타이가 얇은 유물론에 가담한다면, 그의 견해로도) 문제가 아니다. 그녀는 아무것도 배우지 않을 것이고, 놀라지도 않을 것이다. 그런 현시적인 현상학적 사실이란 존재하지 않는다. 만약 당신이 내가 가르친 대부분의 학생들과 같다면, 이쯤에서 당신은 믿기가 힘들다고 느낄 것이다. **당연히** 메리는 풀려나면 뭔가를 배울 거야! 그녀는 **그래야만 해**! 오? 그렇다면 이를 증명할 수 있는, 우리 모두가 받아들이는 전제들에 기반을 둔 논증을 나에게 제시해 달라. 그러나 나는 그런 논증이 시도되는 것조차 본 적이 없다. 사람들은 "그건 당연하잖아요!"라고 말하고, 어떤 이유도 제시하기를 거부하며, 그런 이유는 어쨌든 필요하지 않다고 생각한다. 나는 그것을 요구한다. 이 책 초고를 보고 빌 라이칸이 요구에 응했다.

왜 우리 중 일부가 메리가 실제로 뭔가를 배울 것이라고 생각하는지를 이해할 방법이 여기 있다. 누군가가 파랑을 경험하

는 것이 w.i.l.〔어떤 것인지what-it-is-likeness〕를 알게 될 때 그가 알
게 되는 것은 형언 불가능하다. 적어도 그것을 비교급이 아닌
말로 표현하기는 굉장히 어렵다. 우리는 하는 수 없이 갑갑한
지시사frustrated demonstratives를 사용한다. "그것은 … 이와 같아."
물리적으로는 모든 것을 다 아는 메리가 그것이 어떤 것인지
를 모르는 이유는 그 형언 불가능한 것 그리고/또는 그 제거
불가능하게 지시사적인 것이 비인칭적인 과학적 지식의 총체
로부터 연역되거나 귀납되거나 혹은 귀추될 수 없기 때문이
다. (개인적 대화에서)

아마도 라이칸은 메리가 뭔가를 배울 것이라고 확신하는
많은 이들의 입장에서 말하는 것일 것이다. 따라서 우리는 이제
형언 불가능성이라는 배경 가정에 대한 명시적 표현과 내가 요
구한 논증에서 그 가정이 무슨 역할을 하는지 알게 됐다. 이제
그 논증은 어떤가? 우선 라이칸에 의해 과감하게 개진된 이 명제
들이 대단히 이론적인 주장이며 최소한의 논리적 직관 또는 경
험에 대한 즉각적이고 소박한 판단이 아니라는 것을 누구도 부
인할 수 없을 것이다. **누군가가 파랑 감각을 경험하는 것이 어떤 것
인지를 알게 될 때 그가 알게 되는 것은 형언 불가능하다.** 나는 여
기서 호소하는 형언 불가능성의 개념이 이러한 방식으로 구체화
될 수 있다고 생각한다.

파랑 감각을 경험하는 것이 어떤 것인지에 대한 지식을 적합하게 표현하지만 지시사를 포함하지 않는 어떤 길이의 자연 언어의 문장열string of sentence이 존재한다는 것은 사실이 아니다.

사람들은 그것이 증명되는 것을 보고 싶어할 것이다. (나는 빈정거리고 있는 것이다. 사람들이 형식적 이론을 구성하고 싶어할 수 있는 모든 것들 중 **형언 불가능성**은 그 목록의 저 아래에 있겠지만, 그러한 작업이 가지는 어려움은 고려해 볼 만한 가치가 있을 수도 있다) 아마도 그는 파랑 감각을 경험하는 것이 어떤 것인지에 대한 형언 불가능성을 (이렇게 말할 수 있다면) 삼각형을 본다는 것이 무엇과 같은지에 대한 형언 가능성과 대조해보고 싶어 할 수 있을 것이다. 삼각형을 결코 보거나 만져 본 적이 없는 누군가는 아마도 일부 제대로 선택된 단어들을 통해 정확히 무엇을 기대해야 하는지를 전해들을 수 있을 것이고, 자신의 첫 번째 삼각형을 경험하게 되었을 때 제공받은 간략한 묘사에 의거하여 그것을 따로 골라내는 데 아무런 어려움도 겪지 않을 것이다. 그는 아무것도 배우지 않을 것이다. 파랑과 빨강은 다르다. 그것이 어쨌든 잭슨의 사례가 의존하는 통속적인 지혜이다. (그는 삼각형을 보거나 만지지 못하게 되어 있는 기하학자 메리에 대한 사고 실험을 생각할 정도까지 멀리 가지는 않았을 것이다) 그러나 삼각형을 보는 것이 어떤 것인지가 수십 단어로 적합하게 전달될 수 있다면, 그리고 5월의 달빛을 받은 프랑스 파리를 보는 것이 어떤 것인지가 수천 단어로 적합하게 전달될 수 있다면 (이는 소설가들이 이룬 성공에 근거를 둔 경험적 추정이다) 우리는 파랑 또는 빨강을 보는 것이 어떤 것인지가 그 색들을 본 적이 없는 이에게 수백만 또는 수십억 단어로도 적합하게 전달되지 않으리라고 정말 확신할 수 있을까? 빨강 또는 파랑에 대한 경험에서 이러한 일을 불가능하게 만드는 것은 무엇인가? (그냥 그것은 **형언 불가능하다**고 말하지는 말라)

우리는 사고 실험의 극단성으로 말미암아 이러한 질문들을 진지하게 여기게 된 것이다. 기억하라. 메리는 물리 과학에 의해 배울 수 있는 색에 대한 **모든 것**을 알고 있으며, 아마도 빨강을 본다는 것이 어떤 것인지에 대한 백억 단어의 논고를 삼각형에 대한 25단어 내외의 논고만큼 쉽게 이해하는 데 필요한 주의 지속 시간과 이해력을 소유하고 있을 것이다. 라이칸은 "적어도 그것을 (비교급이 아닌) 말로 표현하기는 매우 힘들 것"이라고 하지만, 그것은 어려움에 대한 사고 실험이 아니다. 불가능성에 대한 사고 실험이다. 사람들이 빨강을 보는 것이 어떤 것인지에 대한 어떤 묘사가 그런 일을 수행할 수 있으리라고 상상하는 데 어려움을 느낀다는 사실은 단순히 무시할 수 있는 것이다. 그러한 어마어마한 과제에 직면하여, 사람들은 분명히 라이칸이 '갑갑한 지시사들'이라고 적절하게 명명한 것으로 후퇴할 것이다. 그러나 그것이 어떤 것인지를 사적 지시사 없이 묘사하기가 **매우 어렵다**

는 부정하기 힘든 주장에서 그러한 사적 지시사가 엄밀히 말해 제거 불가능하다는 거대한 주장으로 넘어가기에는 가야 할 길이 멀다. 그리고 오직 절대적인 제거 불가능성만이 메리가 빨강을 보는 것이 그녀에게 어떤 것일지를 추론할 **가능성**에 반대하는 논증에 힘을 실어줄 것이다.

따라서 나는 내 견해를 고수하겠다. 메리가 뭔가를 배운다는 전제, 즉 메리가 색을 본다는 것이 자신에게 어떤 것일지 알아낼 **수 없으리라**는 통상적인 전제는, 그것을 (여태껏) 선호해 온 전통 외에는 아무것도 없는 몇 푼 어치의 통속 심리학일 뿐이다. (나는 철학자들을 도발한다. 문제가 없는 공유 전제로부터 특정 색이 어떻게 보일지 메리 자신이 알아낼 수 없음을 보여 주는 논증을 구성해 보라)

당신은 그래 봤어야 해!

메리의 직관펌프에서 암묵적으로 활용되는 또 다른 논증되지 않는 직관은 여러 모습으로 나타나는데, 그 전부는 불길하게도 로크와 흄David Hume에서 내려오는 것이다. (흄의 사라진 파란 색조 missing shade of blue*를 생각해 보라). 이는 '현상성' 또는 '내재적인 현상적 성격' 또는 '더 큰 풍부함'은 (그게 무엇이건 간에) 그보다 더 적은 요소들로부터 구성되거나 도출될 수는 없다는 생각이다. 오직 (예를 들어, 색에 대한) 실제 경험만이 그 경험이 어떤 것인지에 대한 지식으로 이어질 수 있는 것이다. 아주 과감하게 말하자면, 그런 생각이 선결 문제를 요구한다는 것이 뚜렷하게 눈에 띄고 한때 나는 그렇게 생각했지만 외관상으로는 그렇지 않은 것처럼 보인다. 왜냐하면 그런 생각의 버전들이 여전히 정교해지고 있기 때문이다. 여기 타이와 라이칸이 제시한 두 가지 버전이 있다.

> 이제 현상적 개념phenomenal concept을 통해 아는 것, 즉 현상적 상태 유형phenomenal state type P를 겪는 것이 어떤 것인지를 아는 것은 현상적 내용 P를 그 개념하에서 표상하는 능력을 요구한다. 그러나 그것이 적용되는 개별 상태token state를 실제로 겪어 보지 않고서는 서술적인 현상적 개념을 소유할 수 없다. (Tye 1995, p. 169)*

---

* 흄의 《인간본성에 대한 논고(A Treatise of Human Nature)》에 나오는 유명한 사례이다. 흄은 그의 경험주의에 입각하여 모든 단순 관념(simple ideas)은 인상(impression)으로부터 유래한다고 주장한다. 이에 따르면 그 기원이 되는 인상이 없이는 어떤 단순 관념도 불가능한데, 흄은 이에 대한 반론을 예상하면서 아주 특정한 파란 색조를 단 한 번도 본적이 없는 사람이 그 색조가 빠진 상황에서 어떻게 반응할지를 상상한다. 만약 인상 없이도 단순 관념이 형성될 수 있다면, 그 사람은 특정한 파란 색조를 본 적이 없고 그래서 그 색조의 인상을 갖지 못했음에도 불구하고 어떤 식으로 그 색조에 대한 단순 관념을 형성했을 수 있고, 따라서 그 색조가 빠진 상황에서 '어, 그 색이 빠졌네!'라고 반응할 수도 있다. 흄은 이런 상황이 매우 그럴듯하지 않음을 지적하고, 따라서 모든 단순 관념은 인상으로부터 유래한다는 그의 주장을 고수한다. (옮긴이)

네이글이 강조하듯이 w.i.l(그것이 어떤 것임) 을 알기 위해서는
그는 그러한 경험을 일인칭적으로, 안으로부터 스스로 경험
해 본 적이 있거나 그것을 경험했으며 자신과 심리적으로 매
우 유사한 누군가에게 들은 적이 있어야만 한다. (Lycan 2003)

이러한 전제가 어떤 역할을 하는지는 메리가 부정 행위를
하지 않는다는 것을, 어떤 식으로든 방 안으로 색 경험을 남몰
래 들여오지 않는다는 것을 보증하려고 노력한 수많은 논문에서
드러난다. 메리가 색을 몰래 즐기지 못하도록 하기 위해서는 어
떤 특별한 조치들이 취해져야 할까? 잭슨은 메리가 항상 흰 장갑
을 껴야만 한다는 것, 그녀의 방에 거울이 없어야 한다는 것 등
을 가정하지만, 그의 원래 이야기에서 잭슨이 행한 이러한 봉쇄
조치들은 오랫동안 그 자체로는 불충분한 것으로 받아들여져 왔
다. 예를 들어, 메리는 별생각 없이 감은 눈을 비비고는 색을 띤
'안내 섬광phosphenes'을 만들어 낼 수도 있다. (한번 해 보시라. 나는
방금 내 시야의 정중앙에서 멋진 남색 섬광을 봤다) 또는 그녀는 방대
한 지식을 사용해 색 민감 피질 영역에 경두개 자기 자극을 하
려고 방대한 지식을 활용할 수 있는데, 그 자극은 그녀가 처리해

♦   더 이전에도 타이는 "현상적 개념 **빨강**을 소유하는 것은 빨강 경험을 하기를 요구한다.
    … 개념의 소유는 (아주 거칠게 말해) 관련된 경험과 그것을 이어 주는 인과적 역사를 가지
    는 입수 가능한 상태를 가지는 데 있다"라고 간략하게 지적한 바 있다. (p. 167)

야 할 더 화려한 효과까지도 산출할지 모른다. '색이 나오는' 꿈
을 미연에 방지하기 위해 그녀의 뇌에 세련된 경보 체계를 설치
해야 할까? 깬 상태에서는 한 번도 색을 보지 못했던 사람이 색
이 나오는 꿈을 꾼다는 것은 실제로 가능한 일일까? (어떻게 생각
하는가? 어떤 이들은 다음과 같이 대답하고 싶어할지 모른다. "가능하지
않다. 나중에 꿈꾸는 데 쓰이기 위해서는 뜬 눈을 통해 색들이 **그 안에 들
어와야** 한다." 그것이 바로 있는 그대로 까발려진 로크적 전제인데, 아마
도 오늘날에는 누구도 그토록 원시적인 형태의 전제에 끌리진 않을 것이
다) 사고 실험은 메리의 빈곤한 시각적 환경에도 불구하고 그녀
의 시각 체계는 여전히 그대로라고 암묵적으로 전제한다. 사실
사용되지 않은 피질 자원이 다른 측면으로 신속하게 재할당되는
현상과 관련하여 알려진 바에 의하면 이러한 전제는 그리 사소
하지 않은 경험적 주장이다. 그뿐만 아니라 그러한 사고 실험은
모든 것을 그저 희게 (어떤 흰 색조로?) 그리고 검게 칠해 버림으
로써 빛 속의 모든 분광 정보를 제거할 수 있다고 가정한다는 점
에서 비현실적이기도 하다. (Akins 2001) 논의를 위해 이런 실제
로 중요하고 복잡한 사항들을 제쳐 놓고 우리는 그녀가 색을 경
험하는 데 필요한 모든 것을 '그 안에' 다 이미 갖고 있다고 동의
한다. 그것들은 그저 자극된 적이 없을 따름이다. 아마도 꿈은 뜬
눈에 가해지는 외부 자극 만큼이나 쉽게 필요한 활동을 촉발할
수 있다. 표준적인 인과 패턴을 건너 뛰면서 외부 세계의 색 없

이 색 경험을 산출하는 무수한 방식들이 틀림없이 존재한다.

사고 실험의 전망을 더욱 어둡게 만드는 것은, 표준적인 색 경험의 기반이 되는 상태와 **거의 동일하지만** 시나리오의 명료함과 그것이 증명하고자 하는 것에 결정적인 방식에서는 다른 그런 뇌 상태를 산출하도록 표준적인 인과 패턴을 조정하는 무수한 방식들이 틀림없이 존재한다는 사실이다. 명쾌하고, 깔끔하며, '직관적인' 상태로 시작한 것이 과학의 성가시게 복잡한 사항들에 의해 모양새가 나빠지고 있다. 원래의 사고 실험에 따르면 빨강을 보는 것이 어떤 것인지를 알기 위한 전제 조건은 그것이 어떻게 생성되건 간에, 주관적이고 내적인 **색 경험**이었다. 그러나 이제 우리는 눈을 뜨고 깨어 있는 것 외에도 그런 경험에 이르는 다른 경로들이 있다는 것, 그리고 색 경험이 명백히 색 경험은 아니지만 그것이 가진 효과들 중 많은 것을 공유하는 정신의 다른 상태들과 그리 쉽게 구별될 수 없다는 것을 알게 되었다. 예를 들어, 빨강을 경험하는 것을 상상하는 것과 빨강을 경험하는 것 사이의 차이는 무엇인가? 만약 당신이 실제로 빨강을 경험하고 있다고 상상하는 데 성공했다면, **그로 인해** 빨강을 경험하는 데도 성공한 것인가? 만약 그렇다면, 사고 실험의 순환성이 나타난다. 우리가 들은 바로는 메리는 무슨 수를 써도 그녀의 방 안에서 빨강을 경험하는 것이 어떤 것인지를 상상할 수 없다.

그러나 그녀가 이러한 제약을 받아들이지 않고 최선을 다

해 몇 시간 동안 끝까지 심사숙고해서 어느 날 운 좋게 자신이 성공했다고 말한다고 가정해 보자. "이봐요" 그녀는 말한다. "나는 그냥 몽상 중이었는데, 갑자기 빨강을 본다는 것이 어떤 것인지를 알게 되었어요. 그리고 당연하게도 내가 그러고 있다는 걸 알아차리고 난 뒤에 나는 내가 아는 모든 것을 가지고 나의 상상을 실험해 봤고, 그래서 나는 내가 빨강을 본다는 게 어떤 것인지를 정말로 상상했다는 걸 입증했어요!" 그녀를 의심하면서, 우리는 그녀에게 세 가지 다른 색의 원들을 보여 줄 것이고, 그녀는 곧바로 빨간 것을 빨간 것으로 알아보았다. 우리는 뭐라고 결론 내려야 할까?

A. 잭슨이 틀렸다. 메리는 빨강에 대한 경험 없이도 빨강을 본다는 것이 어떤 것인지를 알아낼 수 있다.

B. 메리는 빨강을 본다는 것이 어떤 것인지를 **알아낸**figure out 것이 아니다. 빨강을 본다는 것이 어떤 것인지를 알기 위해 그녀는 (고도로 지능적이며 이론에 의해 인도되는) **상상**의 수행에 의존해야 했다. 빨강을 **상상함**으로써, 그녀는 실제로 잭슨의 요점을 드러내고 있는 것이다. 그녀의 사례가 보여 주듯, 당신은 빨강이 어떤 것인지를 실제로 경험하기 전에는 그것이 어떤 것인지를 알 수 없다.

뭔가 이상해지는 순간이다. 일어난 일을 어떻게 해석하는 지에 따라 이야기에 대한 간단한 변형이 그 이야기를 명백히 논박하거나 또는 명백히 옹호하게 되는 것이다. 만약 B가 잭슨이 의도한 유일한 결론이라면, 우리 철학자들은 지난 일을 돌이켜 볼 때 상대적으로 사소한 정의의 문제로 보이는 것에 수많은 시간과 에너지를 소비해 온 것이 된다. 어떤 것도 빨강에 대한 경험으로 간주되지 않고서는 빨강을 보는 것이 어떤 것인지를 아는 것으로 **간주되지** 않을 것이다. 많은 철학자들이 생각하기에, 이러한 당혹스러운 결과는 그저 일어날 수가 없는데, 왜냐하면 그들은 메리가 이러한 성취를 이룰 수 없다는 것을 너무나 확신하기 때문이다. 나는 그렇지 않다고 주장한다.

이 논쟁을 더 자세히 살펴보기 전에 다른 변형을, 곧 내가 철학자들에게는 당연한 변형이라고 생각하는 늪지메리Swamp Mary♦를 생각해 보자. 여기 나로 하여금 반사적으로 낄낄거리고 껄껄거리지 않기 위해 애를 쓰게 만드는, 늪지 메리를 소개한다.

늪지메리: 표준적인 메리와 마찬가지로 곧 감옥에서 풀려날

♦   가브리엘 러브(Gabriel Love)가 나에게 이러한 혼종을 제안했는데, 나는 그가 다른 것을 고려함으로써 영감을 얻었다고 생각한다. "메리의 문제"에서, 빅토리아 맥기어(Victoria McGeer)(2003)는 당신이 메리와 좀비를 혼합할 경우 무슨 일이 일어날지에 대해 설득력 있고 우아한 방식으로 쓴 바 있다. 나는 Dennett 1996a에 (수정을 거쳐) 발췌된 Dennett 1994a에서 그러한 모든 사고 실험들에 대한 나의 불신을 표했다.

예정이며, 아직까지 색에 대한 경험을 하지 못한 채 "추가적이고 극단적인 놀라움, 예상치 못한 들뜸, 또는 순전한 경이로움"을 고대하고 있다. (G&H, p. 82) 그런데 번개가 떨어지고 우주적인 우발적 사고로 인해 그녀의 뇌를 정확히 붉은 장미를 보고 난 **이후에** 갖게 될 뇌의 상태로 재배열한다. (물론 다른 면에서는 그녀는 아무런 해를 입지 않았다. 이건 사고 실험이다) 몇 초가 지나 그녀는 감옥에서 풀려난다. 처음으로 색이 있는 사물들을(그 붉은 장미를) 보면서, 그녀는 **두 번째**로 또는 **n 번째**로 붉은 장미를 봤을 때 할 법한 말을 한다. "어 그렇지, 맞아, 붉은 장미네. 이미 봤던 거야."

이러한 변형이 요점을 상실하지 않는다는 것을 명확히 하도록 하자. 나는 번개가 늪지메리에게 붉은 장미에 대한 환각 경험을 제공하는 경우를 논하고 있는 것이 아니다. 그것은 물론 또 다른 하나의 '가능성'이긴 하지만, 내가 도입하고 있는 가능성은 아니다. 대신에 나는 번개가 늪지메리의 뇌를 (환각이건 아니건) 붉은 장미에 대한 경험이 있었더라면 **그녀의 뇌를 그렇게 만들었을** 성향적 상태dispositional state 또는 능력 상태competence state에 있게 만든다고 가정한다. 따라서 그녀가 겪은 우주적인 우발적 사고 이후 늪지메리는 붉은 장미를 본 적 있으며 빨강을 경험한 바 있다고 생각할 수도 있겠지만, 그녀는 그런 적이 없는 것이다. 마치 그녀가 그랬던 것처럼 보일 뿐이다. 어쩌면 그녀는 붉은 장미를 본 적이 있다고 **잘못 기억하거나** 또는 **기억하는 것처럼 보일** 수 있고 (마치 늪지인간처럼 말이다. Davidson 1987를 보라) 어쩌면, 그러한 어떤 일화기억들episodic memory도 갖지 않음에도 불구하고, 그녀의 능력들은 그녀가 과거에 그러한 일화를 겪기라도 한 것과 **같을** 수 있다. (어쨌든 당신은 최초의 색 경험을 잊어버리고도 여전히 현상적 개념을 가지고 있으니까 말이다. 그렇지 않은가?) 그녀가 지금 뭐라고 생각하건, 가정상 그녀는 어떤 경험도 하지 않았다. 번개에 의해 색에 대한 어떤 거짓 기억이 그녀의 기억 상자에 부적절하게 삽입된 것이다. 보라, (확실히) 그것은 **논리적으로** 가능하다. 메리가 정상적인 인과적 경로로 장미를 보는 것과 정확히 동일한 것을 우발적인 묘기 (하지만 초자연적이지는 않은)로 순식간에 해내는 번개를 제외하면 늪지메리는 메리와 정확히 같으며 삶의 모든 순간에 있어서 메리와 원자 대 원자로 동일한 복제 인간이다. "오직 관련된 의식적 경험을 스스로 겪어 보았다는 기반 위에서만 … 소유될 수 있고 활용될 수 있는 어떤 개념들이 있다" (G&H, 타이에 대해 말하면서, p. 65)고 생각하는 사람들은 우연적인 사실에 대해서는 옳을지 모른다. 하지만 그러한 부러운 능력을 우연한 수단에 의해 갖게 되는 것은 논리적으로 가능하다. (이런 말들은 차마 하기가 힘들지만, 나는 내가 할 수 있는 최선을 다하고 있는 중이다)

　이제 우리는 풀려난 이후의 메리의 앎에 대한 두 가지 길을 갖게 되었다. '관련된 의식적 경험을 스스로 겪는 것'이라는 인증된 길과 늪지메리가 겪은 논리적으로 가능한 우주적인 우발적 사고라는 길이 있다. 두 번째 길은 한 번 얘기하고 말 것이지 논의할 만한 가치는 없다. 논의할 만한 가치가 있는 것은 정상으로의 세 번째 길로서, 유사 기적이 아니라 정직한 노력으로 올라가야 할 길이다. 메리는 그녀가 사용할 모든 과학적 지식을 쏟아부어 빨강을 (그리고 초록을, 그리고 파랑을) 보는 것이 정확히 어떤 것인지 알아낼 것이고, 그래서 첫 장미를 보았을 때 조금도 놀라지 않을 것이다. 일부 철학자들이 메리가 이런 일을 결코 할 수 없다고 생각하고 있으므로, 나는 약간의 단순화를 수행하면서 그녀가 어떻게 그럴 수 있는지를 보이려 시도하겠다. 마지막 손잡이를 돌리면서, 나는 색 과학자 메리를 로봇으로 바꿔 버릴 것이다.

로보메리

명료함을 위해 나는 의도적으로 단순화된 버전으로 시작해서 점차 불신자들이 내세우는 복잡한 세부 사항들을 추가해 나갈 것이다. 협력적 역설계cooperative reverse-engineering의 정신에 입각하여, 나는 내 직관펌프에 달린 손잡이들에 번호를 매길 것이고, 그 손잡이들의 설정이 여타의 기본적인 직관펌프의 모델들과 어떻게 일치하는지 또는 어떻게 다른지에 대한 논평을 덧붙일 것이다.

1. 로보메리RoboMary는 통상적인 마크 19호 로봇으로, 색 지각 없이 가동되었다는 점만 다르다. 그녀의 비디오 카메라는 흑백이다. 하지만 하드웨어의 다른 모든 부분은 색 지각을 위해 준비되어 있는데, 이러한 색 지각은 마크 19호에서는 표준이다.

따라서 메리와 마찬가지로 로보메리의 **내부** 장비는 색 '지각'에 대해서는 '정상'임에도 불구하고 그녀는 주변 장치에 의해 일시적으로 적절한 입력을 받지 못하게 되어 있다. '태어날' 때부터 말이다. 로보메리의 흑백 카메라는 인간 메리가 고립된 상황을 멋지게 대신하고 있으며, 그래서 우리는 그녀가 흑백 카메라 또는 눈으로 정신물리학과 신경과학 학술지를 마음껏 읽게 할 수 있다.

2. 흑백 카메라가 한 쌍의 컬러 카메라로 대체되기를 기다리는 동안, 로보메리는 마크 19호의 색 지각에 대해 배울 수 있는 모든 것을 다 배운다. 그녀는 심지어 감옥 안으로 색이 있는 사물들과 통상적인 마크 19호들을 들여와 그들의 (내부적인 또는 외부적인) 반응을 비교해 볼 수도 있다.

이건 메리가 좀 지루한 방식으로 했던 일이다. 경탄할 만큼 완전한 물리적 정보의 명세표를 얻는 데 필요했던 그 모든 실험들을 수행하면서도 그녀는 흑백 TV를 봐야만 했다. 이는 잭슨의 원래의 사고 실험에 적절한 개선이 이루어질 수 있음을 시사한다. 원래의 실험에서 메리의 눈은 (특히 그녀 망막의 원추세포들은) 정상인 것으로 공언되며, 전체적인 색 차단은 감옥의 벽, 거울의 압수, 흰 장갑 등을 통해 이루어져야 했다. 다양한 논자들이 관찰한 바와 같이 그러한 세계는 여전히 풍부한 색 입력의 원천일 것이다. 그림자와 그와 유사한 것들이 있을 것이고 '흰색'의 다양한 색조들은 말할 것도 없다. 만약 잭슨이 메리의 눈에 흑백 캠코더가 씌워져 있어서 그녀가 일생에 걸쳐 마치 누군가가 유럽에서의 휴가를 비디오로 촬영하듯이 세상을 보고 있었다고 그냥 약정해 버렸더라면 원래 이야기는 훨씬 더 깔끔했을 것이다.

3. 로보메리는 모든 마크 19호들이 공유하는 백만 가지 색조의 색 부호화 체계에 대한 모든 것을 배운다.

우리는 인간들이 동일한 색 부호화 체계를 공유하는지 알지 못한다. 사실 우리는 그렇지 않다고 꽤 확신할 수 있지만, 그래서 어쨌단 말인가? 이는 그저 성가시게 복잡한 사항일 뿐이다. 만약 메리가 **모든 것**을 안다면, 그녀는 자신의 것을 포함해서 인간의 색 부호화의 모든 변형들을 다 알 것이다.

4. 자신의 방대한 지식을 활용하여 로보메리는 세계의 사물들이 어떤 색인지에 대하여, 그리고 어떻게 마크 19호들이 정상적으로 이들을 부호화하는지에 대하여 그녀가 수집한 풍부한 데이터에 따라 스스로 (테드 터너Ted Turner*의 케이블망과 같은 형태의) 흑백 카메라로 들어오는 입력에 색을 입히는 코드를 쓴다. 이제 그녀가 흑백 카메라를 통해 익은 바나나를 볼 때, 그녀는 그것을 '노란 것으로 본다.' 왜냐하면 그녀의 색상화 보조 장치가 표준적인 익은 바나나의 색 번호 프로파일을 신속하게 검색하여 그것을 각 프레임의 모든 해당 픽셀들에 디지털 방식으로 삽입하기 때문이다.

그녀는 이제 익은 바나나를 노란 것으로 볼까? 이건 그저 안내 섬광과 경두개 자기자극의 로봇 버전, 로보메리에게 색 경험을 집어넣는 정직하지 못한 방식 아닌가? 또는 이것은 그저 로보메리가 메리와 마찬가지로 소유하고 있는 색채 '생리학'에 대한 방대한 지식을 단순히 각색하는 방식일 뿐이지 않은가? 둘은 자신의 지식을 가지고 무엇을 할 수 있을까? 손잡이를 양쪽으로 돌

---

*   CNN의 창립자이다. 터너의 케이블망이란 CNN의 네트워크를 말한다. (옮긴이)

려보고, 무슨 일이 일어날지를 보자. 처음의 가장 단순한 설정에
서 우리는 메리가 색을 경험하는 것이 어떤 것일지를 예상하는
데 **그녀의 상상**을 자신이 원하는 어떤 방식으로든 활용할 수 있
는 것처럼 로보메리도 상상을 활용할 수 있으며, 그것이 바로 그
녀가 하고 있는 것이라고 말했다. 어쨌든 어떤 하드웨어도 추가
되지 않았다. 약정된 바에 따르면, 그녀는 다양한 조건하에서 색
을 보는 것이 어떤 것일지를 그저 생각하고 있을 뿐이다. (우리는
그녀가 다양한 색상화 부호를 생각하고 있다고 가정할 수 있다)

　　5. 로보메리는 스스로에게 설치한 대용 색상화 도식이 고충
　　실도high fidelity인지 궁금해한다. 그래서 그녀의 연구 개발 기간
　　동안 그녀는 그녀의 (카메라 앞 사물의 색에 대한 정보를 저장하는)
　　등록기에 등록된 숫자와 동일한 사물을 컬러 카메라 눈으로
　　보고 있는 다른 마크 19호들의 등록기 숫자와 비교해 보고, 필
　　요할 경우 조정을 거치면서 점차 정상적인 마크 19호가 가진
　　좋은 버전의 색 지각을 구축해 나간다.

로보메리의 경우, 색과 마크 19호의 색 지각에 대한 지식을
어떤 식으로 활용할지는 명백하다. 메리가 어떻게 그녀의 지식
을 활용할지는 결코 분명치 않다. 그러나 그것은 그저 원래의 직
관펌프가 얼마나 미심쩍은지를 보여 줄 뿐이다. 원래의 직관펌

프는 우리로 하여금 메리가 마주한 과제를, 즉 빨강을 본다는 것이 어떤 것인지를 알아내는 과제를 상상해 보려는 노력조차 하지 않도록 만든다.

6. 그날이 왔다. 드디어 로보메리가 컬러 카메라를 설치하고, 그녀의 색상화 소프트웨어를 비활성화하고, 눈을 떴을 때, 그녀는 … 아무것도 알아차리지 못했다. 사실 그녀는 컬러 카메라가 제대로 설치되었는지를 확인해야 했다. 그녀는 아무것도 배우지 못했다. 그녀는 색을 보는 것이 그녀에게 어떤 것일지를 이미 정확하게 알고 있었던 것이다.

로보메리가 자신의 등록기를 조정하도록 (그리하여 내부에 미숙한 색 경험을 산출하도록) 하지 못하게 하는 변형된 이야기로 넘어가기 전에, 많은 이들이 더 강력한 반론으로 간주하는 것을 살펴보자.

로봇은 색 경험을 **가지지** 않는다! 로봇은 **감각질**을 가지지 않는다! 이 시나리오는 색 과학자 메리의 이야기가 다루는 것과 동일한 주제를 다루는 것이 결코 아니다.

나는 많은 이들이 이러한 반론을 받아들이리라고 짐작한

다. 그러나 그들은 정말로 자제해야 할 것인데, 왜냐하면 그렇지 않을 경우 최고로 뻔뻔스럽게 선결 문제를 요구하게 될 것이기 때문이다. 현대 유물론은 (적어도 나의 버전에서는) **우리**가 (로봇들로 만들어진 로봇들로 만들어진) 모종의 로봇이라는 주장을 흔쾌히 옹호한다. 나의 시나리오를 애당초 무관한 것으로 배제하는 이들은 유물론의 거짓을 논증하고 있는 것이 아니다. 그들은 그것을 가정하고 있으며, 그들 버전의 메리 이야기로 그러한 가정을 예시하고 있는 것이다. (이는 아마도 인류학으로서는 흥미로울 수 있겠으나, 의식과학에는 어떤 해명도 제공할 것 같지 않다)

잠긴 로보메리

이제 손잡이를 돌려 보면서 로보메리가 색 경험 등록기들을 보정하지 못할 경우 해야 할 일을 생각해 보자. 나는 메리가 자신의 뇌를 그와 관련된 상상적이고 경험적인 상태에 있게 만드는 데 그녀가 가진 지식을 활용하지 못하게 되는 깔끔한 방식을 알지 못한다. 하지만 로보메리가 그러지 못하도록 만드는 소프트웨어는 쉽게 묘사할 수 있다. 이런 종류의 자기 자극적 속임수를 방지하기 위해, 우리는 로보메리의 색 지각 체계를 (보는 것이건 상상한 것이건, 메리의 시각장의 각 픽셀이 그에 대한 부호들을 일시적으로 담고 있는 등록기들의 배열을) 회색값에 국한되도록 조정할 수 있다. 이것은 간단하다. 우리는 회색값들을 흰색에서 다양한 회색을 거쳐 검은색까지, 말하자면 1000 이하의 숫자로 부호화하고, (추출을 통해) 마크 19호의 주관적인 수백만 색조의 스펙트럼에 속한 모든 색조의 값들을 그냥 걸러낼 것이다. 그리고 이 하위 루틴에 뚫을 수 없는 보안을 걸어 놓는다. 아무리 애를 써봤자 로보메리는 그녀의 '뇌'를 어떤 정상적인 마크 19호의 색 지각 상태로도 변화시킬 수 없다. 그녀는 어렵게 얻어 낸 그 모든 지식을 가지고 있지만, 그것을 자신의 등록기를 조정하는 데 활용하지는 못하며, 따라서 그 등록기들은 그녀와 같은 부류의 로봇들의 색 지각 상태들과 부합할 것이다.

그러나 이는 그녀를 조금도 방해하지 못한다. 몇 테라바이트에 이르는 여분의 (특정 목적에 할당되지 않은) 램RAM을 이용하여, 그녀는 자기 자신에 대한 모델을 구축하며 **바깥으로부터, 즉 그녀가 마치 다른 존재의 색 지각 모델을 구출할 때 하는 것과 꼭 마찬가지의 방식으로,** 자신이 모든 가능한 색 상황에서 어떻게 반응할지를 알아낸다.

나는 사람들이 이러한 '삼인칭' 지식이 얼마나 친숙하고도 방대할지를 상상하는 데 어려움을 겪을 것이라 생각한다. 따라서 상황을 묘사하기 위해 약간의 세부 사항을 파고들자. 로보메리는 잘 익은 토마토를 흑백카메라 앞에 떨어뜨리고, 중간 스

케일의 회색값들을 얻는다. 그 값들은 그녀를 다양한 후속 상태로 이끈다. 그녀는 자동적으로 평상시에 해 왔던 '음영에서 형태로' 알고리듬을 수행하고, 불룩한 모양 등에 대한 통상적인 확신을 얻는다. 그녀는 토마토의 통상적인 색 범위에 대하여 백과사전을 참조하고, 이러한 색 조건하에서 회색값들이 빨강과 일관적이라는 것을 알게 된다. 그러나 당연하게도 색에 대한 그 어떤 것도 그녀에게 직접적으로 떠오르지는 않는데, 왜냐하면 그녀는 흑백카메라를 가진 데다가 색 체계는 잠겨 있기에 자신이 책에서 배운 바를 이러한 값들을 조정하는 데 활용할 수 없기 때문이다. 그리하여 그녀는 알려진 바와 같이 자신을 직접 **빨간 토마토를 경험하는** 상태에, 또는 **빨간 토마토를 상상하는** 상태에조차 있게 만들 수 없는 것이다. 그녀는 (회색으로 보이는) 토마토를 보고 인지 기제에 있는 수백, 수천 가지 임시 설정에 따라 반응한다. [연구자들은 그들이 피험자에게 유도한 지각 상태의 후속 상태 중 한 두 가지 이상에 주의를 기울이는 경우가 거의 없다. 그들은 내가 어려운 질문이라고 부른 것을 무시하는 경향이 있다. 그런 다음 무슨 일이 일어나는가? (Dennett 1991, p. 255) 많은 일이 일어난다] 잠긴 색 상태에 대해 그녀가 보이는 **반응들의 총체**인 방대한 상태를 **상태 A**라고 부르자. 그녀는 상태 A를 그녀 자신의 모델이 있게 되는 상태와 비교할 것이다. 그녀의 모델은 잠겨 있지 않다. 그것은 어떤 정상적인 마크 19호라도 빨간 토마토를 보았을 때 있게 될 그런 상태에

별 어려움 없이 있게 될 것이다. 그리고 그것은 그녀 자신의 모형이므로, 상태 B로 즉 그녀의 색 체계가 잠기지 않았을 경우 그녀가 있게 되었을 상태에 있게 될 것이다. 로보메리는 상태 A, 즉 그녀가 잠긴 색 체계에 의해 있게 된 상태와 상태 B, 즉 색 체계가 잠기지 않았더라면 그녀가 있게 되었을 상태 사이의 모든 차이를 기록하고 (아주 영리하고, 지치지 않으며, 거의 전지한 존재로서) **필요한 모든 조정을 행하여 자신을 상태 B에 있게 만든다.** 상태 B는 정의상 색을 경험하는 (또는 심지어 색을 상상하는) 부적절한 상**태가 아니다.** 그것은 그러한 색 경험의 부적절한 상태가 (그녀와 정확히 같은 존재들의 내부에) 통상적으로 야기하는 상태다. 그러나 이제 그녀는 빨간 토마토를 보는 것이 어떤 것인지를 알 수 있는데, 왜냐하면 그녀는 자신을 그러한 성향적 상태에 있게 만들 수 있기 때문이다. 이는 늪지메리의 사례에서 번개라는 우주적인 우발적 사고에 의해 만들어진 기적적 성취를 다른 방식으로 공들여 재연한 것이다.

이러한 방대한 노동을 완수했을 때의 그녀의 인식적 상황은 우리가 그녀의 실제적 입력들에 색을 입히도록 했을 때의 인식적 상황과 구별 불가능하다. 그녀의 색 체계가 잠금 해제되었을 때 그리고 그녀에게 컬러 카메라가 주어졌을 때 그녀에게는 어떠한 놀라움도 없을 것이다. 사실 그녀가 자신에 대한 모델을 마지막 세부까지 모조리 다 완성한다면 그녀는 그 모델을 현재

탑재되어 있는 잠긴 색 체계를 대신하도록 할 수 있다. 그리고 그것을 마치 "나는 어디에 있는가"에서 소설 속 데닛이 그의 여분의 컴퓨터 뇌를 사용하듯이 사용할 수 있는 여분의 색 체계로 설정할 수 있을 것이다. (Dennett 1978, ch. 17) 기억하라. 로보메리는 모든 물리적 사실을 알고 있고, 그것은 대단한 일이다.

마지막으로, 나는 일부 철학자들이 감각질에 대한 나의 접근 전체가 공정하지 않다고 생각할 것이라 여긴다. 나는 철학적 사고 실험들의 표준적 규칙들을 따르지 않는다. "하지만 댄, 당신의 견해는 너무 **반직관적이야!**" 정말 그렇다. 그것이 바로 요점이다. 물론 반직관적이다. 그 누구도 의식에 대한 참된 유물론적 이론이 무난하게 직관적이어야 한다고 한 적 없다. 나는 여태껏 그것이 매우 반직관적일 수도 있을 것이라 주장해 왔다. 바로 그것이 여기 '순수한' 철학적 방법이 가진 문제다. 순수한 철학적 방법은 반직관적인 이론들을 개발하거나, 심지어 그런 이론을 진지하게 여길 수 있는 자원조차 갖고 있질 못한 것이다. 그러나 의식에 대한 참된 유물론적 이론이 매우 반직관적이리라는 것은 아주 그럴 법한 일이므로 (마치 코페르니쿠스의 이론이 그랬듯이, 적어도 처음에는 말이다.) 이는 발전된 과학이 그 딱한 처지에서 벗어나게 해 주기 전까지 '순수' 철학은 그저 진리로부터 스스로 눈을 가리고 보수적인 개념적 인류학으로 후퇴해야만 한다는 것을 의미한다. 철학자들에게는 선택지가 있다. 그들은 통속적 개념들을 갖고 놀거나 (일종의 선험적 인류학으로서, 일상 언어 철학은 계속될 것이다) 아니면 이러한 통속적 개념들 중 일부가 환영을 만들어 낸다는 주장을 진지하게 여길 수 있다. 그러한 가능성을 진지하게 여기는 방법은 통속적 개념들의 수정을 제안하는 이론들을 **고려해 보는** 것이다.

우리는 지금
의식을
설명하고 있는가?

합의를 향한 힘겨운 길

(1990년 부시 대통령이 선언한) '뇌의 10년'을 보내면서, 우리는 인간의 뇌가 어떻게 의식을 만들어 내는지를 이해하기 시작했다.♦ 드엔Stanislas Dehaene과 나카슈Lionel Naccache(2001)(아래 2001년의 인용은 전부 이 책의 것이다)는 매우 다른 각각의 영역들로부터 광역 뉴런 작업 공간 모델global neuronal workplace model으로의 수렴이 일어나고 있다고 본다. 여전히 논의를 통해 결정되어야 할 강조점에서의 차이가 많고, 교정해야 할 세부 사항에서의 일부 오류들이 의심의 여지 없이 존재하지만, 뭔가를 구축하기에 충분한 공통의 지반은 있다는 것이다. 나는 이들의 의견에 동의한다. 그 지반이 더 공고해지도록 촉진하기 위해, 약간은 다른 방식으로 이 새롭

♦   이 장은 원래 스타니슬라스 드엔이 편집한 의식의 인지신경과학에 대한 《인지》(2001)의 특집호 주제에 수록된 논문들을 마무리하는 개괄로 저술된 것이다. (2002년에 MIT 출판사에 의해 재수록) 이 장의 몇몇 짧은 구절들은 이전 장들과 거의 동일하지만, 나는 원래 출판된 문맥을 보존하기 위해 그대로 남겨 두었다.

게 부상하는 견해를 다시 명료하게 드러내고, 반대에 부딪치곤 하는 몇몇 요점들을 강조할 것이다. 뇌의 10년 직전에, 바스Bernard Baars(1988)는 이미 거의 동일한 방식으로 '수렴되고 있는 합의'를 묘사한 바 있다. 그는 의식은 "**광역 작업 공간**global workspace이라고 불리는, 그 내용이 체계 전체로 전파broadcast될 수 있는 작업 기억을 갖춘 특화된 기능들의 분산된 사회"에 의해 이루어진다고 말했다. 만약 잭Anthony Jack과 쉘리스Timothy Shallice(2001)가 지적하는 것처럼 바스의 낡은 기능신경해부학이 다른 것으로 대체되었다면, 이는 그 사이 여러 해 동안 우리가 어떤 진전을 이루어 냈음을 의미할 것이다.

새로운 합의가 부상하고 있을 수도 있지만, 아직 가보지 않은 길의 유혹은 여전히 강하다. 따라서 여기서 나의 과제는 부분적으로 몇몇 퇴행의 사례들을 진단하고 이를 치료할 대응책을 제안하는 것이 될 것이다. 물론 이러한 합의에 강력하게 반대하는 이들은 치료가 필요한 쪽은 바로 나라고 생각할 것이다. 이것은 어려운 문제다. 다음 인용문은 드엔과 나카슈(2001)의 광역 뉴런 작업 공간 모델에 대한 간략한 요약이다. 나는 그 핵심 용어들을 부연하는 몇몇 언급을 덧붙였고 이는 그 이론에 대한 호의적인 수정안으로서 이 글의 나머지 부분에서 더욱 상세히 설명하겠다.

주어진 임의의 시점에서, 다수의 모듈적인 (1) 피질 네트워크들은 병렬적으로 활성화되며 무의식적 방식으로 정보를 처리한다. 그러나 정보는 (2) 의식이 되는데 이는 정보를 표상하는 뉴런 집단이 (3) 하향식 주의 증폭에 따라 뇌 전체에 분포된 수많은 뉴런이 관여하는 일관된 활동의 뇌 규모 상태로 동원될 때이다. 이러한 '작업 공간 뉴런들'의 장거리 연결long distance connectivity은 최소한의 지속 기간 동안 활성화될 경우 (4) 그 정보를 지각적 범주화, 장기기억, 평가, 그리고 의도적 행위와 같은 다양한 과정에 사용 가능하게 만들 수 있다. 우리는 작업 공간을 통한 정보의 이러한 광역적 가용성global availability이 (5) 우리가 의식적 상태로서 주관적으로 경험하는 것이라고 가정한다.

(1) 모듈성은 여러 가지 정도와 종류로 나타난다. 여기서 강조되고 있는 것은 모듈들이 단지 제한된 정보 처리 능력을 가진 특화된 네트워크라는 점이다.

(2) 어떤 주제에 대한 내용이나 정보(망막에 위치한 색에 대한 정보, 청취된 음소에 대한 정보, 현재 운반되고 있는 다른 정보의 친숙함이나 새로움에 대한 정보 등)를 운반하는 뇌 안의 사건을 이르는 표준적인 용어는 없다. 특화된 네트워크들 또는 그보다 더 작은 구조들이 차이를 식별하고 내용의 요소들을 고정할 때마다, 저자

들이 말하는 의미에서의 '정보'가 탄생하는 것이다. '신호' '내용 고정content-fixation'(Dennett 1991) '미시 해석micro-taking'(Dennett and Kinsbourne 1992) '말없는 서사wordless narrative'(Damasio 1999) 그리고 '표상'(Jack and Shallice 2001)은 거의 동의어로 사용된다.

(3) 우리는 '하향식'이라는 용어를 너무 문자 그대로 받아들이지 않도록 주의해야 한다. 뇌에는 단일한 조직의 수뇌부가 존재하지 않는다. 따라서 하향식은 단지 주의를 통한 증폭이 그것이 개입하는 처리 흐름 내부의 특성들에 의해 '상향식'으로 조절될 뿐만 아니라, **측면적인** 영향들sideways influences, 즉 우리가 최종적으로 나타나는 결과를 뭉뚱그려서 하향식 영향이라고 부를 수도 있을 경쟁적이고, 협력적이며, 부차적인 활동들에 의해서도 조절된다는 것을 의미할 따름이다. 서로 대립하는 과정들이 경쟁하는 곳에서 '상부'는 (민주주의에서와 같이) 분산되어 있으며 국지화되어 있지 않다. 그럼에도 불구하고 경쟁하는 다양한 과정들 중에는 놀랍도록 다른 후속 결과들로 이끌 수 있는 중요한 분기점과 문턱들이 있으며, 바로 이러한 차이들이 정신의 의식적 사건과 무의식적 사건의 차이에 관한 우리의 전이론적 직관pretheoretical intuition을 가장 잘 설명해 주는 것이다. 면밀하게 주의를 기울인다면, 우리는 '하향식'을 무해한 암시로 활용할 수 있을 것이고, 이미 폐기된 데카르트적 이론의 생생하고도 오래된 흔적을 그 이론이 제대로 묘사하지 못했던 실제적인 차이들을 드

러내는 데 활용할 수 있을 것이다. (이는 아래의 Jack and Shallice 2001에 대한 나의 논의에서 상세하게 설명될 것이다)

(4) 이 최소한의 지속 기간은 얼마나 길어야 할까? 다양한 과정들에게 정보를 사용 가능하게 만들 만큼 길어야 한다. 그게 전부다. 시간이 흐름에 따라 만들어질 어떤 다른 효과를 상상하려는 유혹에 저항해야 하는데, 왜냐하면…

(5) 합의안으로 제안된 논제는 광역적 가용성이 어떤 추가적인 효과 또는 다른 종류의 효과 전부를 (의식적 감각질의 광휘를 발하거나, 데카르트적 극장으로 입장하거나, 그와 유사한 효과를) **야기한다**는 것이 아니라 순전히 그 자체로 의식적 상태라는 것이기 때문이다. 이것이 그 논제에 있어 가장 이해하기 어렵고 받아들이기 힘든 부분이다. 실제로 합의의 나머지에 호의적인 이들 중 일부는 이 점에 대해 망설이면서 광역적 가용성이 담보하는 순전히 계산적인 또는 기능적인 능력들을 넘어선 그 이상의 어떤 특수한 효과들을 야기한다고 가정하고 싶어 한다. 나는 이러한 직감을 품고 있는 이들은 승리를 바로 눈앞에 두고 항복해 버리는 것이라고 주장할 것이다. 왜냐하면 이러한 '순전히 기능적인' 능력들이 의식이 가능하게 해야 할 바로 그 능력들이기 때문이다.

과학자들은 여기서 문제의 양측과 관련하여 의식에 대한 명백히 **철학적인** 논제들을 옹호하도록 유혹을 (또는 협박을) 받게 된다. 일부는 이 철학적 문제들을 흔쾌히 떠맡았지만, 다른 이들은 주저하고 미심쩍어 하면서 양측 모두에게 불공평한 결과를 얻고 말았다. 이 글에서 나는 이제껏 제시된 바 있는 몇몇 요점들을 부각할 것이고, 일부는 지지하고 일부는 비판할 것이다. 그러나 대부분의 경우 나는 단어 선택과 강조점에 관한 상대적으로 사소한 결정들이 어떻게 이론가들의 상상을 오도하는 데 공모하는지를 보여 주려 할 것이다. '어려운 문제'(Chalmers 1995, 1996)는 존재하는가? 만약 있다면 그것은 무엇인가? 무엇이 그 해결을 향한 진전으로 간주될 수 있는가? 비록 나는 차머스의 '어려운 문제'가 (치료를 요하는 것이지, 혁명적인 새로운 과학에 의해 해결되어야 할 진짜 문제는 아닌) 이론가의 환상이라는 결론(Dennett 1996c, 1988a)을 헌신적으로 옹호했지만 (그리고 여기서도 옹호할 것이지만) 나는 이 장에서 나의 과제를 우선 혼동을 해소한 다음, 편을 정하는 것으로 보고 있다. 어느 입장을 충실히 따른다고 공언하기 전에 우선 질문이 무엇인지, 무엇이 아닌지를 우리가 할 수 있는 한 명료하게 알아보도록 하자.

드엔과 나카슈(2001)는 이러한 합의를 뒷받침하는 최근의 증거들에 대한 유익한 개요를 제공하고 있다. 그 대부분은 책의 다른 논문들에서 더 상세하게 분석되었으므로, 나는 먼저 그와는 좀 덜 관련된 분야에서 끌어낸 약간의 예측들을 가지고 그들이 검토한 바를 보충하도록 하겠다. 비록 자주 간과되거나 과소평가되었음에도 불구하고, 핵심적인 생각은 새로운 것이 아니다.

1959년, 수학자 (또한 인공지능이라는 용어의 창시자인) 존 매카시 John McCarthy는 올리버 셀프리지Oliver Selfridge가 선구적으로 제시한 아수라장pandemonium,* 즉 경쟁적이며 비위계적인 계산적 구조에 대해 언급하면서 광역 작업 공간 가설의 근본 발상을 명료하게 묘사한 바 있다.

나는 의식적 행동의 실제 모델로서 아수라장 모델이 가진 몇 가지 장점에 대해 간단히 말하고자 한다. 뇌를 관찰해 보면 의식적으로 수행 가능한 행동의 측면과 의심할 바 없이 그와 똑같이 중요하지만 무의식적으로 진행되는 측면을 구별할 수 있다. 뇌를 아수라장(악마들의 모임)으로 생각한다면, 아마도 악마들 속에서 일어나는 일은 사고의 무의식적 부분이 될 것이고 악마들이 서로에게 들리도록 대놓고 외치는 것들은 사고의 의

---

* 통상 'pandemonium'은 '복마전(伏魔殿)'으로 번역된다. 그러나 여기서는 '아수라장(阿修羅場)'으로 번역하는데, 이 용어가 요지를 더 잘 드러낸다고 생각되기 때문이다. 복마전은 출전은 물론 그 표현상 '숨어 있다' '도사리고 있다' '갇혀 있다'라는 함의를 가진다. 그런데 'pandemonium'이라는 말에는 그런 함의가 약하다. 'Pandemonium'의 출전은 존 밀턴(John Milton)의 《실낙원(Paradise Lost)》으로, 이 작품에서 'pandemonium'은 사탄들이 우글거리는 "지옥의 수도"(Capital of Hell)로 묘사된다. 이는 불교의 세계관인 육도(六道) 중 아수라가 사는 수라도와 유사하다. 아수라는 동물보다는 높지만 인간보다는 낮은 존재로서 다툼과 살생을 멈추지 않는 괴물로 묘사된다. 이 수라도를 이르는 다른 말이 바로 아수라장이며, 이 용어는 분란이 끊이지 않는 난장판을 이르는 일상적 표현으로 정착되었다. 데닛이 말하는 'pandemonium'은 뇌 안에서 무수한 신호, 표상, 정보 등이 서로 소통하고 경쟁하며 난전(亂戰)을 벌이는 양상에 대한 은유다. 이런 의미에서 복마전보다 아수라장이 본래의 출전과 잘 어울릴 뿐만 아니라 데닛의 의도에 더 잘 부합한다. (옮긴이)

식적 부분이 될 것이다. (MaCarthy, 1959, p. 147)

그리고 한 고전적인 논문에서, 심리학자 폴 로진Paul Rozin은 다음과 같이 주장했다.

기능의 특화specializations는 … 더 높은 수준의 지능을 위한 기본 요소를 구성한다. 이 기능들은 처음 생겨날 시점부터 그것들이 복무하도록 설계된 기능적 체계 내부에 긴밀하게 배선되어 있으며 따라서 뇌의 다른 프로그램이나 체계에 의해서는 접근이 불가능하다. 나는 진화의 과정에서 이 프로그램들이 다른 체계들에 의해 **접근 가능하게** 되었고 그 극단에서는 의식의 수준으로 상승하여 행동이나 심적 기능의 전체 영역에 걸쳐 적용되었을 것이라고 제안한다. (1976, p. 246)

매카시와 로진 모두에게 중요한 점은 우리가 의식과 결부시키는 인지 능력의 극적인 증가를 원칙적으로 설명할 수 있는 것이 특화된 악마들의 **서로에 대한** 접근 가능성이라는 (그리고 어떤 상상적인 상위의 집행부Executive나 중심의 자아Central Ego에 대한 접근 가능성이 아니라는) 것이다. 그 인지 능력은 숙고된 반성, 비자동성, 간단히 말해 의식적 행위자가 자신의 고려 범위 내에서 선택한 것이라면 무엇이든지 어떤 식으로든 고려하도록 해 주는 개방성을 말한다. 이러한 생각은 다중 원고 모델(Dennett 1991)에서도 핵심적인데, 그것은 전통적이며 아직도 인기 있는 데카르트적 극장 모델Cartesian Theater model의 대안으로 제시된 것이었다. 데카르트적 극장 모델은 관객에게 궁극적인 의식적 평가를 받도록 무의식적 모듈이 결과를 보내는 장소가 뇌 안에 있다고 가정한다. 하지만 다중 원고 모델은 우리가 자라면서 함께 해 온 데카르트적 이미지에 대해 충분히 생생하면서도 쉽게 상상할 수 있는 해독제를 제공해 주지는 못했다. 그래서 더 최근에 나는 내가 더 유용한 지침이 되는 은유라고 생각하는 것을 제안한 바 있다. 그것은 '뇌 안의 명성fame in the brain' 또는 '두뇌의 유명인cerebral celerity'이다. (Dennett 1994a, 1996a, 1998a)

대박을 위한 경쟁

기본적인 생각은 의식이 텔레비전보다는 명성fame에 더 가깝다는 것이다. 의식은 내용을 담지하는 사건들이 의식적이게 되기 위해 변환되어야 할 뇌 안의 특수한 '표상의 매체'가 **아니다.** 캔위셔Nancy Kanwisher(2001)가 적절하게 강조하듯이 "주어진 지각적 특성에 대한 자각awareness의 신경 상관물은 그 특성을 지각적으로 분석하는 바로 그 신경 구조 속에서 발견된다." 무의식적 내용들은 의식적이게 되기 위해 매체를 바꾸거나 또는 어떤 장소로 가는 것이 **아니라** 그것이 있는 바로 그곳에 머무르면서 뇌 속의 명성을 추구하는 (또는 단지 잠재적으로만 명성을 **얻는**) 다른 내용들과의 경쟁 속에서 명성과 매우 유사한 뭔가를 성취할 수 있는 것이다. 그리고 이러한 견해에 따르면, 그것이 의식이다.

물론 의식은 정확히는 뇌 안의 **명성**일 수는 없는데, 왜냐하면 유명해진다는 것은 많은 이들의 **의식적 마음속에** 공유된 지향적 대상이 된다는 것이기 때문이다. 또한 뇌가 실용적 차원에서 악마들의 (또는 **소형 인간들**homunculi의) 무리로 구성되어 있는 것으로 생각될 수 있다 하더라도, 만약 우리가 그들이 무리의 일부를 두뇌의 유명인으로 만들기 위해 무엇을 해야 하는지를 **잘 알고 있는 것으로**au courant 상상한다면, 우리는 이 인간 하위의 요소들에 너무 과도한 인간적 심리학을 부여하게 될 것이다. 또한 당연하게도 의식 이론으로서의 모델에 명백한 무한 소급을 끌어들이게 될 것이다. 이러한 불온한 무한 소급은 대개 그렇듯이 기본적인 생각을 폐기하지 않고 순화함으로써 멈춰질 수 있다. 당신의 소형 인간들이 그들이 구성하는 지능적 행위자들보다 더 무지하고 어리석은 한, 소형 인간들 속에 또 소형 인간들이 있는 사태는 유한할 것이고 결국에는 너무나 별 볼 일 없는 나머지 기계로 대체될 수도 있을 그런 행위자들로 끝날 것이다. (Dennett 1978)

그러므로 의식은 명성보다는 정치적 영향력과 유사할 것이다. 이에 잘 어울리는 속어는 **대박**clout이다. 여러 과정들이 신체의 지속적 통제를 두고 경쟁할 때, 최고로 대박을 치는 것이 그보다 더한 대박을 치는 어떤 과정으로 대체될 때까지 그 판을 지배하는 것이다. 어떤 과두정 체제에서는 대박을 치는 유일한 방법이 모든 권력과 특권의 부여자인 **왕에게 알려지는** 것일 수 있을 것이다. 우리의 뇌는 그보다는 더 민주적이며, 실로 무정부적이다. 뇌 안에는 왕도, 국영 텔레비전 프로그램의 공식적인 관객도, 데카르트적 극장도 없다. 하지만 내용들이 발휘하는 정치적인 대박에서는 첨예한 차이들이 여전히 풍부하게 존재한다. 드엔과 나카슈(2001)의 용어로는, 이러한 정치적 차이들은 '지속적 증폭의 순환고리' 내부의 '반향reverberation'에 의해 성취되는 반면, 패배한 경쟁자들은 **자기 지속적**self-sustaining 반향을 성취하는 데 충분한 특화된 주의를 끌어 모으지 못한 채 망각 속으로 즉각 사라져 버린다.

의식 이론이 설명할 필요가 있는 것은 어떻게 상대적으로 적은 내용들이 뒤이어 일어나는 **후속 효과**aftermath를 통해 정치적 권력으로 격상되는 반면, 다른 대부분의 것들은 뇌가 진행하고 있는 과제에서 보잘것없는 일을 수행한 뒤 망각 속으로 증발하는지이다. 왜 이것이 의식 이론의 과제인가? 왜냐하면 그것이 의식적 사건들이 수행하는 바이기 때문이다. 의식적 사건들은 여기 저기를 배회하면서 '백색의 무대 조명 아래' 시간을 독차지한다. 그러나 우리는 그런 식으로 말하는 것에 만족해서는 안 된다. 문자 그대로의 주의의 탐조등이란 존재하지 않으며, 따라서 우리는 주의를 **기울이는**attention-giving 단일한 원천을 전제하지 않은 채 주의를 **사로잡는**attention-grabbing 기능적 능력을 설명함으로써 이런 매력적인 은유를 설명해 치워야explain away 하는 것이다. 이는 우리가 두 가지 문제를 해결해야 한다는 것을 의미한다. (1) 뇌 안의 명성은 어떻게 성취되는가? 그뿐만 아니라 (2) 그런 다음 무슨 일이 일어나는가? 이것이 내가 어려운 질문the Hard Question(Dennett 1991, p. 255)이라고 부른 것이다. 이러저러한 신경 구조에서의 활동을 의식의 필요 충분 조건으로 상정할 수도 있을 것이다. 그러나 그렇다면 왜 **바로 그** 활동이 관여하는 사건들의 정치적 권력을 보증하는지를 설명할 부담을 져야만 할 것이다. 이는 능력의 차이가 어떻게 뇌 안에서의 지위 변화에 의해 가능해지는지를 매우 면밀하게 관찰해야 한다는 것을 의미한다.

헐리Susan Hurley(1998)는 다른 방식으로 어려운 질문을 진지하게 다루는 설득력 있는 사례를 제시한다. 자아 (그리고 그것의 대리자인 데카르트적인 **사유실체 res cogitans**, 칸트적인 초월론적 자아 transcendental ego 등등)는 따로 추출함으로써가 아니라, 자아와 세계 사이의 지각적이고 운동적인 '계면들interfaces'의 다양한 층들을 벗겨 넘으로써 찾아지는 것이다. 우리는 자아가 '입력'과 '출력'의 층들에 의해 외부 세계로부터 고립되어 있는, 전통적인 '샌드위치'를 거부해야 한다. 오히려 그와 반대로 세계 속의 자아는 크고 구체적이며 세계 속에서 볼 수 있고, 뇌 속에 '분산되어' 있을 뿐만 아니라 세계로 퍼져 나가 있다. **'관점'**과 같은 관념이 가진 효용에도 불구하고, 우리가 행위하고 지각하는 곳은 어떤 물리적이거나 형이상학적인 병목을 거쳐 유입되지 않는다. 헐리가 지적하듯이 입력을 일정하게 유지하고도 출력 변화에 의해 지각의 바로 그 내용이 변할 수 있다. (p. 289)

효과와 내용의 이러한 상호 침투는 풍요롭게 연구될 수 있을 것이다. (의식의 인지신경과학에 할애된《인지》의 특집호에 실린) 여러 논문들에 의해 미래의 연구를 위한 몇 가지 길이 열렸다. 그 글들이 나에게 깊은 인상을 준 것은, 저자들 모두가 이전의 많은 이론가들에 비해 어려운 질문에 답하는 데 각자의 방식으로 더 기민하게 반응하고 있으며, 그 결과로 어떤 숨은 유령도 남아있지 않은, 더 선명하고 초점이 잘 맞추어진 뇌 안의 의식에 대한 그림을 그릴 수 있었다는 것이다. 우리가 만약 광역적 명성 또는 대박으로서의 의식에 대한 **철학적인** 의심을 (그것이 해결되었건 되지 않았건) 제쳐 놓는다면, 이러한 흥미로운 기능적 지위를 성취하는 데 필수적이거나 그저 통상적인 기제나 경로들에 대한 상대적으로 덜 왜곡된 경험적 질문들을 탐색할 수 있을 것이다. (만약 우리가 결정하지 않은 채 제쳐 놓고 있는 것이 무엇인지를 상기한다면,

기능적 지위를 Jack and Shallice(2001)을 따라 **C-형**Type-C 지위라고 부를 수 있을 것이다)*

예를 들어 파르비치와 다마지오(2001)는 특화된 원형적 자아 평가자라는 중뇌 협의체가 통상적이지만 필수적이지는 않은 일종의 분류에 상응하는 평가 과정을 수행하며 그 과정이 내용을 반향적인 명성으로 증강시키거나 망각 속으로 소멸시킬 수 있다고 주장한다. 그러므로 원형적 자아 평가자들은 현재 신체가 필요로 하는 바와 가장 유관한 내용들의 명성을 확보하려는 경향이 있다. 드라이버Jon Driver와 뷜뢰미에르Patrik Vuilleumier(2001)는 '소멸한 자극들의 운명'에 집중하면서, 다중 경쟁이 (예를 들어 데시몬Robert Desimone과 던컨John Duncan(1995)의 다중 경쟁에 대한 승자 독식Winner-Take-It-all 모델에서처럼) 우승자 한 명뿐만 아니라 꽤 강력한 준결승 진출자들 또는 패배자들을 남기는 방식들을 탐색한다. 이들의 영향력은 심지어 표준적인 (실제로 조작적으로 정의된) 명성의 징표, 즉 후속하는 보고 가능성을 획득하지 못한 경우에도 추적될 수 있다. (이는 아래에서 더 다루겠다) 캔위셔(2001)는 순수한 '활

---

*   C-형 지위란 본문에 인용된 잭과 쉘리스의 논문에서 제시된 C-형 과정(Type-C process)을 말한다. 잭과 쉘리스에 따르면, C-형 과정은 정상적인 주체가 어떤 정보에 대한 자각을 보고할 경우에만 그 정보에 효과적으로 작동하는 과정으로 정의된다. 거칠게 말해 주체가 어떤 정보를 자각할 때 그 정보와 관련된 정보 처리 과정 일반이라고 할 수 있다. 광역 작업 공간 이론에서 어떤 정보가 작업 기억의 정보 내용에 주의가 주어지면 그 내용은 지각, 행위, 추론 등의 기능에 광역적으로 사용될 수 있게 되는데, 이런 기능들이 C-형 과정으로 볼 수 있다. (옮긴이)

성화 강도'는 그 강도가 무엇을 위해 쓰이는가("그런 다음 무슨 일이 일어나는가?")를 알기 전까지는 의식에 대한 표지가 될 수 없다는 점을 지적하면서, "시각적 자각 **내용**의 신경 상관물은 복측 경로에 표상되는 반면, 자각과 결부된 더 범용적인 **내용 독립적** 과정들(주의, 결합 등)은 일차적으로 배측 경로에 존재"한다고 제안한다. 이는 (내가 만약 캔위셔의 주장을 명확하게 이해했다면) 저 바깥의 세상에서 그런 것처럼, 당신이 유명해지는지 그러지 못하는지는 같은 시간에 **다른 곳에서** 무엇이 일어나고 있는지에 따라 달라질 수 있다는 것을 시사한다.

　잭과 쉘리스(2001)는 전전두피질과 전대상회 사이의 상보적 균형, 즉 일종의 상위 경로high-road 대 하위 경로low-road의 이중 경로를 제안하면서 어려운 질문에 특별한 주의를 기울인다. C–형 과정이 일어날 경우 무엇이 일어나며, 무엇이 반드시 일어나야만 하며, 무엇이 일어날 수도 있는 것일까? 다시 말해 그 C–형 과정은 무엇에 필수적이며, 무엇에 통상적이며, 무엇에 필수적이지 않은 것일까? 특히 중요한 것은 연이어 출현하는 승자들이 일시적으로 경쟁을 지배하는 임시 구조들nonce-structures을 만들어 내면서 후임들이 가질 (명성에 대한, 영향력에 대한) 전망을 극적으로 바꾸어 놓는 방식이다. '정보들' 사이의 경쟁으로 묘사된 그러한 효과들은, 한 인간(한 명의 행위자, 한 명의 주체)이 어떻게 '반응 공간을 조각'할 수 있는지를 설명할 수 있다. (Frith 2000; Jack and Shallice 2001에서 논의됨) 하나의 정보가 뒤따르는 정보들 사이의 경쟁의 맥락을 변화시키는 이러한 후속 능력은 실로 명성과 유사한 능력이며, 크게 증폭된 영향력으로서 그 정보를 소급하여 그 당시의 경쟁자들과 구별해 줄 뿐만 아니라, 상대적으로 오랫동안 지속하는 집행부를 만들어 내는 데 기여한다. 그 집행부는 뇌 안의 어떤 장소가 아니라, 후속하는 경쟁들을 어느 정도의 기간 동안 **제어하는** 일종의 정치적 연합으로 볼 수 있다. 후속 효과에서의 그러한 차이들은 놀라울 수 있지만, 드엔과 나카슈(2001)가 언급하듯이, "주체들(즉 집행부들)에게는 무의식적 정보를 전략적으로 사용하는 것이 불가능함"을 보여 주는 최근에 입증된 효과들보다 더 놀라울 수는 없을 것이다. 이런 사례는 메리클 외(2001)에서 논의한, 데브너와 저코비(1994) 및 스미스와 메리클(1999)의 논문에서 볼 수 있다.

명성과 마찬가지로 의식은 **내재적** 속성이 아니며, 그저 **성향적** 속성일 뿐인 것도 아니다. 의식은 잠재적인 것의 현실화를 요구하는 현상이다. 그리고 이것이 바로 당신이 어려운 질문들을 해결하고 후속 효과를 살펴보기 전까지는 어떤 진전도 이루어 내지 못하는 이유이다. 다음과 같은 이야기를 생각해 보라. 짐Jim은 첫 소설을 썼는데, 일부 식자층cognoscenti이 열렬히 읽었다. 그의 사진은 〈타임〉의 표지에 실렸고, 오프라 윈프리Oprah Winfrey 쇼에 출연했다. 전국 순회 북콘서트가 잡혔으며, 헐리우드가 벌

써부터 책에 관심을 표했다. 화요일에는 그 모든 것이 사실이었다. 그런데 수요일 아침에 샌프란시스코가 지진으로 파괴되었다. 한 달 간 다른 어떤 것도 세계의 주목을 끌지 못했다. 짐은 유명해졌는가? 만약 그 터무니없는 지진이 아니었더라면 그는 유명해졌을 것이다. 어쩌면 다음 달에 모든 것이 정상으로 돌아간다면, 그는 유명해지게 **될** 것이다. 그러나 〈타임〉 표지 기사가 조판되어 인쇄기로 보내졌다는 사실에도 불구하고, 오프라의 게스트로 그의 이름이 〈TV 가이드〉에 등장했다는 사실에도 불구하고, 그의 소설책을 서점 진열장에서 볼 수 있다는 사실에도 불구하고, 그는 이번 주에는 명성을 얻지 못했다. 통상적으로는 명성을 위해 충분했을 그 모든 **성향적 속성들**이 그대로였음에도 불구하고, 그것들의 통상적인 효과는 촉발되지 않았고 그래서 그는 어떤 명성도 얻지 못한 것이다. 이는 (나는 이렇게 주장했는데) 의식에도 마찬가지다. 한 정보가 몇 밀리초 동안 의식적이지만 어떤 통상적인 후속 효과도 없다는 생각은, 마치 누군가가 몇 분간 유명하지만 어떤 통상적인 후속 효과도 없다는 생각만큼이나 알게 모르게 비일관적이다. 짐은 잠재적으로는 유명했지만 대단한 명성을 얻지는 못했다. 그리고 그는 분명히 주변의 그와 마찬가지로 유명하지 않은 사람들과 그를 구별해 주는 어떤 **다른** 속성도 (기묘한 광휘, 카리스마적인 아우라, 세 배로 증가한 '동물 자기animal magnetism' 또는 그 무엇이건) 가지지 않았다. 진짜 명성은 그 모든 통상적인 후속 효과의 **원인**이 아니다. 그것은 후속 효과**이다.**

    이와 같은 점이 의식에 관해서도 제대로 인식되어야 할 필요가 있는데, 왜냐하면 여기서 바로 이론가들의 상상이 엇나가기 때문이다. 뇌 안의 명성이라는 과실을 누리지 못함에도 뇌에서 일어나는 사건들이 누릴 수 있는, 의식의 도깨비불 같은 **별도의** 속성을 찾는 것은 잘못이다. 그런 탐구를 블록(2001)이 시도했는데 그는 '현상성'을 명성('광역적 접근 가능성')과는 구분되지만 여전히 의식의 한 종류라고 불릴 만한 무엇으로 분리해 내려 시도했다. 그는 "현상성은 경험이다"라고 공언하지만, 이는 무엇을 의미하는가? 그는 현상성을 광역적 접근 가능성과 구별하려면 '반성성 없는 현상성phenomenality without reflexivity'이라고 부르는 것(당신이 했는 줄 모르는 경험들)을 가정하고, 그에 대한 증거를 찾아야 할 필요가 있다는 것을 알았다.

> 만약 우리가 현상성의 신경 상관물들을 찾기 위해 뇌영상을 활용하고자 한다면, 우리는 등식에서 현상성에 해당하는 측면을 고정해야 한다. 그러기 위해서는 우리는 아무것도 보이지 않는다고 말하는 피험자들이 현상적 경험들을 가졌는지 아닌지를 결정해야만 할 것이다.

> 하지만 그렇다면 현상성이 경험이라는 주장에서 남는 것은

무엇인가? 광역적으로 접근 가능하지 않은 변별에서 (무엇과 대비하여?) **경험적인** 것은 무엇인가? 현상성을 찾는 블록의 여정이 복잡하게 꼬여있는 것에서 알 수 있듯 언제나 막아내야 할 더 단순한 가설이 존재한다. (불쌍한 소설가, 짐의 성향적 지위와도 유사한) 뇌 안에는 **잠재적인** 명성과 명성이 있으며 이 두 범주들만으로 우리가 직면한 종류의 현상을 다루기에 충분하다는 가설 말이다. 뇌 안의 명성으로 충분한 것이다.

어려운 문제가 또 있는가?

이러한 제안에 대한 세상에서 가장 자연스러운 반응은 솔직히 믿을 수 없어 하는 것이다. 그것은 가장 중요한 요소를 빠뜨리는 것처럼 **보인다.** 바로 주체 말이다! 사람들은 반박하고 싶어 한다. "뇌 안에서 정치적 대박을 치려고 '정보들' 사이의 치열한 경쟁이 있겠지. 그러나 당신은 일인칭을, 승자를 받아들이는 누군가를 빠뜨렸다구." 이러한 잘못된 반박의 배후에서 저질러진 실수는 그 일인칭이 실제로는 경쟁에서 획득 가능한 모든 정치적 영향력의 다양한 후속 효과들 속에 이미 통합되어 있다는 점을 알아차리지 못한 것이다. 과거의 몇몇 이론가들은 어려운 질문의 해결을 눈앞에 두고도 그냥 멈춰 버림으로써 이러한 실수를 부추겼다. 다마지오(1999)는 두 가지 서로 긴밀하게 관련된 문제들을 통해 우리가 제기한 두 질문을 다룬다. 뇌는 어떻게 "뇌 안의 영화를 만들어 내는가?" 그리고 뇌는 어떻게 "영화 안에서 영화의 소유자 그리고 관찰자라는 **현상**appearance을 만들어 내는가?" 그리고 그는 일부 이론가들이, 특히 펜로즈(1989)와 크릭Francis Crick(1994)이 전자의 문제에만 배타적으로 집중하면서, 후자의 문제는 무기한 연기해 버리는 전술상의 오류를 범했다고 지적했다. 기이하게도 이러한 전술은 일부 관찰자들을 안심시켰다. 그들은 이러한 모델들이 일견 주체를 부정하지 않은 채 그저 **아직은** 그 신비를 해결하려 하지 않는 것을 보면서 안도하고 있다. 부정하는 것보다는 뒤로 미루는 것이 나아 보였다.

반대로 처음부터 어려운 질문을 해결하려 하는 모델은 드엔과 나카슈(2001)가 말하는 것처럼 "어떠한 지도 감독도 요구하지 않는 집단 동역학적 현상"을 통해 주체를 설명할 의무를 떠맡는다. 이는 주체를 빠뜨리는 것처럼 보일 위험이 있는데, 왜냐하면 쇼를 즐길 때 주체가 수행했을 모든 일들이 이미 뇌 안의 다양한 행위자들에게 할당되었기에 주체가 수행해야 할 것이 아무것도 남아 있지 않기 때문이다. 집행부 자체를 **명백히** 지도 감독 없이 일하는 (경쟁하는, 끼어드는, 꾸물거리는…) 무의식적인 하위 노동자에 불과한 하위 요소로 분해하기 전까지는 진정으로 의식의 문제를 해결한 것이 아닌 것이다. 그렇다면 겉보기와는 반대로 어려운 질문의 답을 찾기 위해 작업하고 있는 이들은 의식을 **빠뜨리는**leave consciousness **out** 것이 아니라 그것을 **남겨** 놓음leave it behind으로써 의식을 설명하고 있는 것이다. 말하자면, 의식을 설명하는 유일한 길은 의식을 넘어가서 의식이 생성되었을 때 그것이 가지는 효과들을 설명하는 것이다. 그럼에도 이런 접근이 빠뜨리는 무엇이, 즉 의식의 원인과 그 효과 **사이에** 놓여 있는 무엇이 있다는 성가신 느낌을 피하기는 어렵다.

당신의 신체는 수조 개의 세포들로 만들어져 있고, 각각의 세포는 **당신**이 아는 모든 것에 대해 완전히 무지하다. 의식적 주체를 설명하려 한다면, 어떻게든 그 어떤 마법적 성분도 없이 아무것도 모르는 세포들에서 뭔가를 아는 세포 조직들로의 이행이 이루어져야만 한다. 이러한 요구는 이론가들에게 몇몇 사람들이 까다로운 딜레마로 여기는 문제를 제기한다. (예를 들어 Brook 2000) 만약 당신이 무엇을 묘사하건 (눈에 뻔히 보이는 주체가 아니라) 자동화된 텅 빈 공장의 작동처럼 묘사하는 아는 주체Knowing Subject에 대한 이론을 제안한다면, 당신은 많은 이들에게 주제를 바꾸거나 또는 요점을 놓친 것으로 보일 것이다. 다른 한편, 만약 당신의 이론에 여전히 주체가 수행해야 할 과제가 있다면, 즉 여전히 목격자로서의 주체Subject as Witness를 필요로 한다면 당신은 뇌 안의 누군가가 있어야 할 자리에 아직 있다는 느낌으로 인해 거짓된 위안을 받을 수는 있겠지만, 실제로는 설명해야 할 것을 설명하는 과제를 뒤로 미루는 것이다. 내가 보기에, 주체를 빠뜨리는 이론은 의식의 이론으로서는 자격 미달이라고 당연하게 **(당연하게)** 여기는 이들과(차머스의 용어로 말하자면 어려운 문제를 회피하는 것이다), 그와 꼭 마찬가지로 주체를 빠뜨리지 **않는** 어떤 이론도 자격 미달이라고 당연하게 여기는 이들이 나뉜다는 것이야말로 오늘날 지성계의 가장 매혹적인 분열이다. 나는 전자가 틀린 것이 분명하다고 생각하지만 그들은 확실히 확신에 차 있다. 다음과 같은 발언을 보면 안다.

> 만약에 한 마디로 말해서, 내 머릿속에 컴퓨터 공동체가 살고 있다면 그것을 책임지고 관리하는 누군가가 있는 게 좋을 것이다. 그리고 하늘에 대고 맹세컨대, 그 누군가는 나여야 할 것이다. (Fodor 1998, p. 207)

> 물론 여기서 문제는 의식이 물리적인 뇌 상태들과 '동일하다'는 주장에 있다. 데닛과 그 외의 사람들이 이 말이 무엇을 의미하는지를 나에게 설명하려고 노력하면 할수록, 나는 그들이 진정으로 의미하는 바가 의식이 존재하지 않는다는 것이라고 더욱더 확신하게 된다. (Wright 2000, ch. 21, n. 14)

대니얼 데닛은 악마다 … 그 자체로는 편리한 허구에 지나지 않는, 추상적인 서사의 무게 중심 외에는 그 어떤 내부의 목격자도, 중앙의 의미 인식자도 존재하지 않는다. … 데닛에게 황제는 벌거벗지 않았다. 옷을 입은 황제가 아예 없는 것이다. (Voorhees 2000, pp. 55-56)

이것은 단지 나만의 문제가 아니다. 의식에 대한 제대로 된 자연주의적이고 유물론적인 이론을 구축하고 옹호하려고 하는 사람이라면 누구나 맞닥뜨리는 문제이다. 다마지오는 절충안을 찾고, 자아에 대해 설득력 있게 글을 쓰고, 자신이 자아를 매우 진지하게 여기고 있으며, 심지어 자아를 의식 이론 내의 정당한 위치로 **복구한다**고 공언함으로써 [하지만 소리 없이 자아를 원형적 자아로 분해하고 이를 기능적, 신경해부학적 용어를 통해 뇌간 신경핵들의 네크워크와 동일시함으로써(Parvizi and Damasio 2001)] 이러한 교육적인 (또는 어쩌면 외교적인) 문제를 해결하려고 시도한 바 있다. 나는 사태를 매력적으로 재기술하려는 노력에 박수를 보내지만 솜씨 좋게 표현되었음에도 불구하고 주체가 간과되고 있다고 두려워하는 이들에게 너무 많은 것을 양보한다고 쉽게 오독될 수 있는 구절들을 포함하고 있다. 특히 한 구절은 현재 진행 중인 논쟁의 핵심에 다가서고 있다. 파르비치와 다마지오는 "의식이라는 현상이 행동적, 삼인칭 용어를 통해 배타적으로 개념화된 시절부터 이어져 내려온" 이전의 설명들을 비난한다. "그 현상에 대한 인지적인, 일인칭 기술, 즉 의식적인 주체의 경험은 거의 고려되지 않고 있다."(p. 136) 그들이 지금 일인칭 관점을 받아들인다고 말하지 **않는다**는 점에 유의하라. 그들은 주체가 제공하는 '일인칭 **기술**'을 좀 더 고려한다고 말하고 있을 따름이다. 사실 그들은 내가 **타자현상학**이라고 부른 것의 표준과 가정들을 엄격하게 고수하고 있는데, 이는 의식에 대한 **삼인칭** 접근이 되도록 특별히 설계된 것이다. (Dennett 1991, ch. 4, "현상학을 위한 방법," p. 98) 삼인칭 관점에서 어떻게 주관성을 진지하게 여길 수 있는가? 주체의 **보고**를 진지하게 주관적 경험에 대한 보고로 여김으로써 그럴 수 있다. 이러한 실천은 우리를 인간의 주관성에만 국한하지 않는다. 수많은 저자들이 지적한 대로 비언어적 동물들은 바이스크란츠Lawrence Weikrantz(1998)가 말한 바와 같이 행동 중 일부가 '해설commentaries'로 해석될 수 있는 상황에 놓일 수 있다. 또한 캔위셔(2001)는 예컨대 뉴섬의 실험에서 원숭이들의 행동이 "그러한 보고의 합리적인 대리물"이라는 점을 지적한 바 있다.

과학자들은 언제나 비공식적인 피험자로서 실험 장치에 들어감으로써 실험 장치가 어떤 느낌인지 그들의 직감을 확인했으며, 실험에 대한 해석을 방해할 수도 있는, 간과되거나 과소평가된 환경적 특징들을 효과적으로 검토해 왔다. (캔위셔는 좋은 예를 보여준다. 독자를 신속 시각 순차 제시rapid serial visual display, RSVP의 피험자 역할을 하게 해 강요된 선택 과제의 기이함을 내부에서 알아차리게 하는 것이다.* 당신은 스스로 '호랑이'가 그 어떤 단어보다 좋은 단어라고 생각한다) 하지만 과학자들은 아직 경험이 없는 피험자들을 상대로 통제된 실험을 수행함으로써 자체적으로 수행한 선행 연구에서 얻어 낸 통찰들을 입증할 필요가 있다는 것을 언제나 인정해 왔다. 이러한 요구가 충족되는 한, '일인칭' 탐구에서 얻을 수 있는 그 어떤 통찰들도 '삼인칭' 타자현상학과 일관될 것이다. 이러한 요구를 충족하지 못하는 발견들도 과학 이론을 고취하고, 인도하며, 동기부여하고, 계발할 수 있겠지만, 그렇다고 그것들이 데이터인 것은 아니다. 그것들에 대한 피험자들의 믿음이 데이터인 것이다. 따라서 만약 어느 현상학자가 설명해야 할 뿐만 아니라 자신의 이론에 수용할 필요가 있는 의식의 어떤 특성이 존재한다는 것을 (그것이 어떻게 맞닥뜨려지고, 변형되고, 반성되었건 간에) 자신의 (일인칭적인) 개인적 경험에 의해 확신하게 되었다면, 그 확신은 자신과 타인에 의해 설명될 필요가 있는 훌륭한 데이터일 것이다. 하지만 그렇다고 해서 자기 확신의 진실성

---

*   여기서 데닛이 인용하는 것은 본문에 인용되는 캔위셔의 논문에 제시된 사례다. 캔위셔는 피험자가 빠르게 지나가는 글자들을 보지만 어떤 단어도 지각하지 못한 경우를 예로 든다. 실험자는 무슨 단어를 본 것 같은지 말이라도 해보라고 압박하고, 피험자는 그저 최선의 추측으로 '호랑이'를 본 것 같다고 대답한다. 피험자의 관점에서 '호랑이'는 무작위로 떠올린 어떤 단어와도 마찬가지로 추측일 뿐이지만, 놀랍게도 실제로 제시된 단어가 바로 '호랑이'임이 밝혀진다. 이는 피험자의 일인칭 관점에서는 매우 기이하게 느껴질 것이다. 이처럼 과학자들은 피험자의 입장을 취함으로써 자신이 설계한 실험에 참여한다는 것이 어떤 것인지를 추론할 수 있다. (옮긴이)

을 과학적으로 전제해서는 안 된다. 일인칭 과학 같은 것은 존재하지 않고, 따라서 만약 당신이 의식에 대한 **과학**을 갖고 싶다면, 그것은 의식에 대한 삼인칭 과학이어야 하며 그보다 못한 것이어서는 안 될 것이다. 이는 《인지》 특집호에서 논의된 많은 결과들이 보여 주는 바이다.

이러한 교훈이 '일인칭 관점'과 관련하여 일어나는 치열한 논쟁들 속에서 크게 오해되어 왔으며 따라서 이 기회를 빌어 나는 (《인지》 특집호의) 모든 논문에서 보고된 모든 연구가 타자현상학의 신조들에 따라 수행되었다는 점을 지적하고자 한다. 여기서 제시된 연구자들이 쓸데없이 스스로를 구속하고 있는 것인가? 의식을 과학적으로 연구할 다른 더 심층적인 방식이 있는가? 그런 것이 최근 프티토 등Petitot et al(1999)에 의해 주장된 바 있다. 그들은 타자현상학을 어떤 방식으로든 넘어서면서 또한 여기서 추구된 방식으로는 통합될 수 없는 뭔가를 일인칭 관점에서 끌어내는 '자연화된 현상학naturalized phenomenolgy'을 구상하고 있다. 그러나 그들의 논문집이 매우 흥미로운 몇몇 작업을 포함하고 있음에도 불구하고, 삼인칭적 요구를 벗어나는 과학적 탐구 양식을 성취했는지는 분명하지 않다. 지각 완성 또는 '채워넣기filling in'에 대한 톰슨, 노에Alba Noë, 페소아Luiz Pessoa의 논문(또한 Pessoa, Thompson, and Noë 1998을 보라)이 구체적으로 그러한 주장을 하고 있는데, 그 글에서는 같은 현상에 대한 나의 타자현상학적 처리 방식의 몇 가지 오류를 교정하고 있고 그 자체로 훌륭한 타자현상학적 작업이다. 저자들은 그렇지 않다고 말하지만. (Dennett 1998b, 그리고 같은 특집에서의 그들의 응답을 보라) 차머스 또한 다음과 같이 동일한 입증되지 않은 주장을 한 바 있다.

> 나는 또한 일인칭 데이터가 뇌 과정과 **그와 유사한 것들**(나의 강조)에 대한 삼인칭 데이터들을 통해 표현될 수 없다고 생각한다. … 말하자면, 뇌 과정 **그리고 행동**(나의 강조)에 대한 그 어떤 순수한 삼인칭 기술도 우리가 설명하기를 원하는 데이터를 정확하게 표현하지 못할 것인데, 비록 그 기술이 설명에 있어 핵심적인 역할을 할 수 있을지라도 그러하다. 따라서 "데이터로서" 일인칭 데이터는 삼인칭 데이터로 환원 불가능하다. (1999, p. 8)

이 스쳐 지나가는 문단은 타자현상학의 가능성을 통째로 간과하고 있다. (그 명칭에서 분명히 드러나듯이) 타자현상학은 분명히 일인칭 방법론이 아니지만 직접적으로 "뇌 과정과 그와 유사한 것들"에 대한 것도 아니다. 그것은 특히 텍스트를 산출하거나 의사소통 하는 행동들을 포함하는, 피험자들의 행동에서 식별할 수 있는 패턴에서 합리적이고 객관적으로 외삽하는 것이다. 피험자의 행동은 그 자체로 정확히 인지적인 그리고 정서적인 상위 수준의 성향들에 **대한** 것이다. 우리의 동료 인간들이 의식적이라고 우리를 확신케 하는 것은 바로 그런 성향들인 것이다. (위의 인용에서) 첫 번째 강조된 구절로부터 두 번째 강조된 구절로 슬쩍 넘어감으로써, 차머스는 말을 제대로 들어 보지도 않은 채 타자현상학을 무대에서 끌어내리는 (아마도 의도치 않은) 속임수를 쓰고 있는 것이다. 차머스의 결론은 따라나오지 않는다. 그는 일인칭 데이터가 왜 삼인칭 데이터로 환원 불가능한지를 보여 주지 않았는데, 왜냐하면 그는 일인칭 데이터가 **어떻게** 삼인칭 데이터로 '환원'될 수 있는지를 보여 주려는 유일하게 진지한 시도를 고려하지조차 않았기 때문이다. (비록 내가 그 용어들을 사용하지는 않았지만 말이다)

삼인칭 접근은 경험의 주관적 뉘앙스에 반대하거나 애써 무시하려 하지 않는다. 그저 그러한 뉘앙스들을 재현 가능한 실험에 의해 탐지되고 입증될 수 있는 **어떤 것**에 (실로, 아무것에라도) 고정해야 한다고 끈질기게 주장할 따름이다. 예를 들어, 메리클 등Merikle et al.(2001)은 "자각은 주관적인 잣대들에 따라 관찰자의 자기 보고라는 토대에 의거하여 측정된다"는 입장을 받아들이면서, 이러한 접근의 가정들 중 하나가 "자각을 통해 지각된 정보는 지각 주체가 세계에 대해 행위하고 세계에 대해 효과를 산출할 수 있게 해 준다"는 것임을 지적한다. 이는 무엇과 대조적인가? 그것은 어떤 견해, 이를테면 설(1992)이나 차머스(1996)의 견해와 대조적인데, 그들의 견해는 의식이 그와 같은 기능을 가능하게 하는 역할을 하지 않을 **수도** 있다고 결론 내린다. 왜냐하면 '좀비'는 의식적이지 않고서도 의식적 인간이 하는 모든 것을 할 수 있고 인간이 통과하는 모든 검사를 통과하며 인간이 보고하는 모든 효과를 보고할 수 있을 것이기 때문이다. 타자현상학 또는 주관성에 대한 모든 삼인칭 접근의 피할 수 없는 함축들 중 하나는 철학자들의 좀비, 즉 의식적인 인간과 행동적으로 객관적으로 식별 불가능하지만 무의식적인 존재의 가능성을 하나의 헛된 망상으로 기각해야 한다는 것이다. (이 불행한 주제에 대한 검토를 위해서는, 다양한 저자들의 짧은 글들을 포함하고 있는 《의식연구저널》 2, 1995 "좀비 지구: 심포지움"를 보라)

나는 (《인지》 특집호의) 논문들에서 묘사된 기능적 특징들이 철학자들의 좀비에게서도 나타날 것이라는 사실을 관찰함으로써 일부 사람들이 그 헛된 망상에 대해 느끼던 끌림이 교정되었을 것이라 생각한다. 좀비와 보통 사람 사이의 구별을 진지하게 여기는 이들에 따르면, 그들 사이의 유일한 차이는 좀비들은 **무의식**의 흐름을 가진 반면 정상인들은 의식의 흐름을 가진다는 것이다! 이런 측면에서 메리클 등(2001)에 의해 논의된 데브너 James A. Debner와 저코비 Larry L. Jacoby(1994)의 단어 완성 과제를 생각해 보라. 만약 피험자들이 점화용으로 짧게 제시된 (그리고 이후에 차폐된) 단어와 다른 단어로 단어 어간을 완성하도록 지시를 받았다면 점화된 단어를 자각한 경우에만 이러한 지시를 따를 수 있을 것이다. 그 단어가 너무 짧게 제시되어 그것을 자각하지 못했을 경우 그들은 실제로 완성된 단어로서 점화된 단어를 선호한다. 좀비들 또한 동일한 결과를 보일 것이다. 점화된 단어가 무의식의 흐름으로의 경쟁에서 살아남은 경우에만 점화된 단어를 배제해야 한다는 지시 사항을 따를 수 있을 것이다.

하지만 '감각질'은 어쩔 것인가?

드엔과 나카슈(2001)가 지적하듯이,

지각적 경험과 결부된 뉴런 작업 공간 상태들의 흐름은 정확한 구두 묘사나 장기기억의 용량을 매우 크게 넘어선다. 게다가 이 레퍼토리의 주요 조직은 종의 모든 구성원이 공유하지만 그 세부는 후성적 발달 과정의 결과이며 따라서 각 개체에 국한된다. 그러므로 지각적 자각의 내용은 그 전부가 기억되거나 또는 타인들에게 전달될 수 없는 복잡하고, 역동적이며, 다면적인 신경 상태인 것이다. 비록 철저하게 이해되기 전까지 막대한 신경과학적 연구가 필요하겠지만, 이러한 생물학적 속성들은 의식적 경험의 '감각질'에 대한 철학자들의 직관들을 잠재적으로나마 실증할 수 있을 것이다.

다마지오(1999, esp. p. 93을 보라)도 지적한 바 있는 정보의 이러한 엄청난 풍부함이 철학자들을 정의상의 덫definitional trap으로 유인하는 것이다. 누군가가 어려운 질문("그런 다음 무슨 일이 일어나는가?")에 답을 하기 시작한다면, 그는 어떤 실제적이고 유한한 답으로도 효과들과 잠재적 효과들의 풍부함을 소진시킬 수 없으리라고 확신할 수 있을 것이다. 후성적 발달 과정과 수천 번의 우연한 만남들에 의해 만들어진 미묘한 개별적 차이들은 그 어떤 간단한 효과 목록으로도 다 담을 수 없는 (역기능적인 것들을 포함한) 기능적 성향들의 다양체를 창조해 낸다. 극적일 수도 있고 [노란 자동차가 그를 들이받은 이후로 어떤 노랑 색조가 그에게 위협을 알리는 신경 조절 물질의 홍수를 일으킨다. (Dennett 1991)] 향수를 불러일으키는 어린 시절 추억의 음식 냄새를 맡아서 유발된 약간의 이완감처럼 미미할 수도 있다.

따라서 누구나 항상 '뭔가를 빠뜨릴' 것이다. 만약 누군가가 이러한 불가피한 잔여물을 **감각질**이라고 이름 붙인다면 감각질은 분명히 존재하겠지만, 그것은 그저 (아마도 가장 미묘하며, 근사적으로 정의되기가 가장 어렵기 때문에) 아직 목록에 들어가지 않은 성향적 속성과 다르지 않을 것이다. 대신에 만약 감각질을 경험에 뒤따르는 효과(특정한 색에 대한 반응, 구두 보고, 기억에 미치는 효과 등)도 아니고 경험에 앞서는 인과적 선행자(한 피질 영역 또는 다른 영역의 활성)도 아닌 것으로 정의한다면, 감각질은 정의상 모든 성향적 속성들과 논리적으로 독립적이며 그것의 원인과 효과로부터 고립된 채 고려되는 경험의 **내재적 속성**이 될 것이다. 그렇게 정의됨으로써, 감각질은 광의의 기능적 분석에 의해 포착되지 않으리라는 것을 논리적으로 보증받게 된다. 그러나 이것은 상처뿐인 영광인데, 왜냐하면 그런 속성들이 존재한다고 믿을 이유가 없기 때문이다!

이 점을 보다 명확하게 알아보려면 경험의 감각질을 화폐의 가치와 비교해 보라. 일부 순진한 미국인들은 달러가 프랑과 마르크와 엔과는 달리 **내재적 가치**를 가진다는 생각을 떨쳐 버리질 못한다. ("그것은 **실제로는**in real money 얼마인가?") 그들은 성향적 방식으로 다른 화폐들의 가치를 달러로의 (또는 재화나 서비스로의) 환율로 '환원'하는 데 만족하면서도 달러는 뭔가 다르다는 직감을 가진다. 그들은 모든 달러에는 기능주의적인 교환 능력과 논리적으로 독립된 뭔가가 있으며, 그것을 **빔**vim이라고 부를 수 있다고 말한다. 그렇게 정의됨으로써, 각 달러의 빔은 영원히 경제학자들의 이론들에 의해 포착되지 않으리라는 것을 논리적으로 보증받겠지만, 우리는 그런 것을 믿을 이유가 없다. 순진한 미국인의 마음에서 우러나오는 직감을 제외한다면 말이다. 그러나 그 직감은 대단한 것으로 여기지 않고 설명할 수 있다. 드엔과 나카슈가 제안하는 것이 철학자들의 직관에 대한 바로 그러한 설명이다.

그 용어, 즉 **감각질**이 인지신경과학자들에 의해 받아들여졌다는 것은 불행한 일이다. 그들은 철학자들이 그 용어로 하여금 인지신경과학으로는 해결할 **수 없는** 기능주의에 관한 논증들에서 독특한 논리적 역할을 하도록 의도했다는 사실을 믿으려 하지 않거나 믿을 수 없었다. 최근의 역사에 대한 개관은 아마도 이러한 혼동의 원천을 규명하고 우리를 진짜 문제들로 돌아가게 만들어 줄 것이다. (이 다음의 문단은 1장의 일부 내용들을 반복하고 있다)

옛 속담에는 기능주의라는 생각이 잘 간직되어 있다. 하는 짓이 예뻐야 예쁜 것이다. 중요한 것은 오직 그것이 할 수 있는 것 때문에 중요한 것이다. 이러한 가장 넓은 의미에서의 기능주의는 과학에서 너무나 보편적이기에 과학 전체의 지배적 가정이나 마찬가지다. 그리고 과학은 언제나 단순화를 추구하고 그것이 끌어낼 수 있는 최대의 일반성을 추구하기 때문에 실제로 행해지는 기능주의는 최소주의를, 즉 사람들이 생각했던 것보다 더 적은 것이 중요하다고 말하기를 선호하는 경향이 있다. 만유인력의 법칙은 사물이 어떤 소재로 만들어졌는지는 중요하지 않다고 말한다. 오직 질량만이 중요할 뿐이다. (진공 속을 제외한다면, 밀도도 중요할 것이다) 동등한 질량과 밀도를 가진 포탄들의 궤적은 그것이 철, 구리, 또는 금으로 만들어졌는지에 영향을 받지 않는다. 사람들은 소재가 중요할지도 모른다고 상상하지만, 사실은 그렇지 않다. 그리고 날개는 동력 비행을 위해 깃털을 가져야 할 필요가 없으며, 눈은 보기 위해서 파랗거나 갈색일 필요가 없다. 모든 눈은 시각을 위해 필요한 것보다 더 많은 속성들을 갖고 있다. 그리고 과학이 해야 할 일은 고려되고 있는 힘 또는 능력에 대한 최대로 일반적이고, 최대로 비개입적인 (따라서 최소적인) 묘사를 찾는 것이다. 그렇다면 정상과학에서의 많은 논쟁들이 어떤 사상이 일반성을 추구하는 데 있어 과도한지 아닌지의 문제에 관여한다는 것은 그리 놀랄 일이 아니다.

인지과학의 초창기 이래 유난히 과감하며 또한 논쟁적인 기능주의적 최소주의가 존재해 왔다. 심장이 기본적으로 펌프이며 혈액을 손상하지 않고 펌프질을 하는 한 원칙적으로 어떤 것으로도 만들어질 수 있는 것과 꼭 마찬가지로, 마음이란 근본적으로 **제어 체계**이며 실제로는 유기적 뇌로 구현되어 있지만, 그 외에도 **동일한 제어 함수를 계산**할 수 있는 다른 것도 그 기능을 수행할 수 있다는 생각이다. 뇌의 실제 소재는 (시냅스의 화학, 신경 섬유의 탈분극에서 칼슘의 역할 등등) 거칠게 말해 포탄의 화학적 구성만큼이나 무관하다. 이러한 솔깃한 제안에 따르면 심지어 뇌 연결 기저의 미시 구조마저도 다양한 목적을 위해 무시할 수 있다. 적어도 일정 시간 동안은 하나의 특정한 계산 구조로 계산할 수 있는 어떤 함수라도 (아마도 훨씬 덜 효율적일) 또 다른 구조로 계산할 수 있다는 것을 컴퓨터 과학자들이 증명했기 때문이다. 중요한 것은 오직 계산일 뿐이라면, 뇌의 배선 도식도, 그것의 화학도 무시할 수 있을 것이고, 그저 뇌에서 돌아가는 '소프트웨어'만을 걱정하면 될 것이다. 간단히 말해 (그리고 지금 우리는 너무나 많은 오해를 야기한 도발적인 견해에 이르렀는데) 원칙적으로 당신은 당신의 축축하고 유기적인 뇌를 한 묶음의 실리콘 칩과 전선으로 대체하고도 별문제 없이 생각을 (또한 의식을 가지는 일, 그 외 기타 등등을) 할 수 있을 것이다.

이러한 과감한 전망, 즉 계산주의 또는 '강한 인공지능'(Searle 1980)은 두 부분으로 구성되어 있다. 그것은 기능주의에 대한 폭넓은 신념 (하는 짓이 예뻐야 예쁜 것이다) 그리고 최소주의적인 경험적 추정들이다. 신경해부학은 중요치 않다. 화학은 중요치 않다. 이 두 번째 논제는 경제학자들이 주화의 금속 공학을 또는 매도 증서에 사용된 잉크나 종이의 화학을 알지 않아도 되는 것과 동일한 이유로 인지과학자 지망생들이 그러한 분야들을 스스로 공부하지 않아도 되게 해 주었다. 이는 여러 면에서 좋은 생각이었지만, 아주 당연한 이유로 인해 정치적으로 강력한 이데올로기가 되지는 못했다. 왜냐하면 삶을 기능신경해부학과 신경화학에 바친 과학자들의 지위를 의식의 설명이라는 장대한 기획에서 상대적으로 부수적인 역할로, 예컨대 전기 기사와 배관공과 같은 역할로 평가절하했기 때문이다. 그들은 평가절하에 분개하면서 격렬하게 반격했다. 근래 신경과학의 역사는 세부 사항 애호가들의 연이은 승리로 간주될 수 있다. 그렇다, 특정한 신경 전달 물질과 그 효과가 중요하다. 그렇다, 구조가 중요한 것이다. 그렇다, 발화 패턴의 정밀한 시간적 리듬이 중요한 것이다. 기타 등등. 많은 기회주의적 최소주의자들의 희망들이 박살났다. 그들은 빠뜨려도 되기를 바랐지만 그렇지 않다는 것을, 즉 만약 x 또는 y 또는 z를 빠뜨린다면 마음이 어떻게 작동하는지를 알 수 없다는 것을 알게 되었던 것이다.

이러한 결과는 몇몇 집단들 사이에 기능주의의 근본 발상이 받아야 할 비판을 제대로 받았다는 잘못된 인상을 남겼다. 전혀 그렇지 않다. 정반대로 이 새로운 주장을 받아들여야 할 이유가 정확히 기능주의를 받아들여야 할 이유가 된다. 신경화학은 우리가 뇌 전반에 걸쳐 분사되는 다양한 신경 조절 물질들과 여타 화학적 신호 전달자들이 중요한 차이들을 만드는 **기능적 역할들**을 한다는 것을 발견했기 때문에 (그리고 **오직** 그 때문에) 중요한 것이다. 그 분자들이 수행하는 바는 뉴런들이 실행하는 **계산적** 역할들에 중요하다고 밝혀졌으며 따라서 우리는 어쨌든 그것에 대해 주목해야 한다.

지나치게 낙관적인 최소주의에 대한 이러한 교정은 철학자들이 상상하는 **감각질**과는 아무 상관이 없다. 어떤 신경과학자들은 감각질을 우호적으로 받아들였으며, 이 용어가 지나치게 단순화된 계산주의를 괴롭히기는 하지만 기능적으로 묘사 가능한 복잡하고 성가신 문제를 나타내는 용어라고 확신했다. (다른 이들은 철학자들이 좀비와 의식적인 인간들을 비교하면서 정서 상태의 중요성이나 신경 조절 물질의 불균형을 강조하고 있다고 생각했다) 나는 과학자들에게 그들의 논쟁과 철학자들의 논쟁이 그들이 생각하는 것처럼 서로 번역되는 것이 아니라 거짓짝이며 서로 무관하다는 것을 설명하는 데 내가 바랐던 것보다 더 많은 시간을 썼다. 그러나 자비의 원리는 이 문제를 계속 혼란스럽게 만들고 있으며, 많은 과학자들은 너그럽게도 철학자들이 그토록 편협하고 공상적인 의견의 분열을 두고 소란을 떨 수 있다고 믿기를 한사코 거부하고 있다.

그럼에도 불구하고, 일부 철학자들은 기능주의에 반하여 감각질에 우호적으로, '일인칭 관점'의 환원 불가능성과 그 외의 것들에 우호적으로 판이 뒤집혔다는 주장을 뒷받침하기 위해 그와 같은 인지과학 내부의 논쟁들을 멋대로 갖다 썼다. 널리 퍼져 있는 이러한 확신은 잘못된 학제 간 소통이 빚어낸 인위적 결과 외에 아무것도 아니다. 이러한 잘못된 소통이 유난히 생생하게 노출된 사례는 험프리Humphrey(2000)에 대한 비판자들의 논의에서 찾아질 수 있다. 비판에 응답하면서 험프리는 다음과 같이 말한다.

나는 감각에 대한 나의 설명이 실로 철저히 기능적인 것으로 의도되었다는 것을 모든 이들이 알아보리라는 것을 아무런 의심없이 받아들였다. 너무나 의심하지 않았던 나머지 나는 실제로 이 논문의 이전 원고에서 다음과 같은 문장들을 삭제했다. "따라서 우리는 우리가 할 수 없을 것처럼 **보였던** 바로 그것을 거의 해내게 되는데, 즉 마음에 대해 동일성 용어the term of the identity, 환영phantasm, **기능적 기술**functional description을 부여하는 것이다.* 설사 그것이 예상하지 못한 독특한 것이라 하더라도 말이다. 그리고 이미 보았듯이, 일단 우리가 기능적 기술을 갖고 나면, 성공적으로 해야 할 일을 마치는 것이다. 왜냐하면 그 동일한 기술은 뇌 상태에도 잘 부합할 수 있기 때문이다.

그러나 어쩌면 나는 기뻐해서는 안 되는 것인지도 모른다. 기능주의는 아주 (심지어 이상하리만치) 과감한 가설이며, 우리들 중 그것에 완전히 만족할 만한 사람이 거의 없을 것이다."

---

* 험프리가 그의 논문 "심신문제를 어떻게 해결할 것인가(How to Solve the Mind-Body Problem)"(2000)에서 제시한 설명 전략을 말하는 것이다. 그 논문에서 그는 의식적 경험의 감각질 또는 현상적 속성을 환영이라고 부르면서, 그것을 기능적으로 기술된 특정한 속성과 동일시함으로써 의식에 대한 설명을 획득할 수 있다고 주장한다. 이런 설명은 가령 '이러저러한 기능적 속성=빨강' 형식을 갖게 된다. 여기서 '='이 동일성 용어이고, 그 우변은 환영, 좌변은 기능적 기술에 해당한다. '마음에 동일성 용어, 환영, 기능적 기술을 부여한다'는 것은 이런 설명의 방식을 말하는 것이다. 험프리의 제안은 큰 틀에서 볼 때 사실상 감각질을 기능적으로 환원하는 것과 다를 바 없으며, 따라서 데닛은 물론 데이비드 루이스(David Lewis) 등에 의해 제시된 바 있는 입장, 즉 'A형 유물론(type A materialism)' 또는 5장에서 언급된 얇은 유물론과 그리 다르지 않다. (옮긴이)

결론

의식에 대한 신경과학 이론은 반드시 의식의 주체에 대한 이론이어야만 하며, 이 상상의 중앙 집행부를 고유한 주체가 아닌 요소적 부분들로 분석하는 이론이어야만 한다. **오직 주체가 소유하는 특성**일 경우에만 말이 될 것처럼 보이는 의식의 외관상의 속성들 또한 반드시 분해되고 분산되어야만 한다. 이는 불가피하게 이론가들의 상상에 압력을 가한다. 그러나 그 속성들이 뇌 안의 시공간에 할당되어 있는 복잡한 성향적 형질들로 기능주의적으로 분석되자마자, 그것들의 망령이 **감각질**로, **현상성**으로, **우리와 좀비 사이의 상상 가능한 차이**로 위장한 채 문을 두드리며 들여보내 달라고 요구한다. 의식을 설명하려는 이들이 마주한 가장 어려운 과제는 언제 어떤 특성이 **이미** 설명되었으며 따라서 다시 설명될 필요가 없는지를 인식하는 일이다.

환상의 메아리 이론

몇 년 전, 한 친구가 내게 **환상의 메아리시**fantasy echo poetry 가 나오는 한 학생의 장황한 에세이 때문에 당황했던 문학 교수의 이야기를 들려준 적이 있다.♦ 교수는 학생을 불러서 흥미를 불러일으키지만 설명되지는 않은 그 명칭에 대해 물었다. 도대체 학생이 말한 것은 무엇이었을까? 그리고 이렇게 물어도 된다면, 그는 어디서 이런 생각을 하게 된 것일까? "물론 교수님 강의에서죠!" 학생이 대답했다. 교수는 황당했지만 곧 수수께끼의 답을 찾았다. 그는 종종 자신의 강의에서 19세기 후반의 작품들을 **세기말적인**fin de siecle 문체로 언급하곤 했던 것이다.

보석처럼 번뜩이는 이러한 기발한 오해는 수십 년 동안 나의 뇌 안에서 달그락거리고 있었다. 몇 달 전 그것이 정말로 새로운 이력을 쌓을 만하며, 부활의 때가 무르익었다는 생각이 불현듯 들었다. 유레카! 그 수십 년 동안, 나는 요트를 사려고 안달

♦ 이 장은 1999년 4월 24일 런던의 킹스 칼리지에서 열린 런던 학회의 의식 분과에서 진행한 강연에서 많은 부분을 삭제하고 수정하여 작성된 것이다. 그 강연은 이전 장에 포함된 많은 문단들을 포함하고 있었는데, 이들은 나의 견해를 명확히 하는 데 도움이 될 만한 몇몇 표현과 논증만을 남긴 채 대부분 삭제되었다.

이 나 있었다. 드디어 올해는 배를 사는 해였고, 그 배의 이름은 **환상의 메아리**가 될 예정이었다. 1999년의 꿈의 배를 위한 이름으로는 정말 완벽한 이름이지 않은가! 하지만 몇 가지 그럴 만한 이유로 인해 1999년은 내가 요트를 사기에 적합한 해가 **아니라는** 걸 알게 되었다. (한 번 더 렌트를 하는 것으로 충분했다) 콰인W. V. O. Quine이 말한 바 있는 돛단배의 부재로부터의 해방relief from slooplessness*은 다음 천년을 기다려야 했다. 내가 일하는 대학의 기금 담당자들이 명명을 **위한 절호의 기회**great naming opportunity라고 부른 것이 제대로 활용되지 못한 채 사라져버린 것이다. 얼마나 안타까운 일인가!

나는 또 다른 친구에게 이 모든 것을 설명하고 있었는데, 그는 내가 **환상의 메아리**라는 이름을 붙이기에 더 적합한 것을 이미 갖고 있었을 뿐만 아니라 그에 대해 수년간 작업을 해 왔다는 사실을 지적하여 나를 놀라게 했다. 그것은 나의 인간 의식에 대한 이론이었다. 이에 나는 친구들에게 약간의 도움을 받아, 의식 이론에

---

* 콰인의 논문 "양화사와 명제 태도(Quantifiers and Propositional Attitudes)"(1956)에 나오는 표현으로, 논리철학이나 논리학 논문들에서 관용구처럼 종종 등장한다. 콰인은 그의 논문에서 '나는 한 척의 돛단배를 원한다'(I want a sloop)라는 진술을 양화사를 사용하여 형식화할 경우 애매성이 개입한다는 점을 지적한다. 즉 이 진술은 '내가 원하는 특정한 돛단배가 있다'로 읽힐 수 있는데, 이 경우 그것은 (∃x)(x는 돛단배이다 & 나는 x를 원한다)로 형식화되어야 하며, 어떤 특정한 돛단배의 존재를 함축하게 된다. 그런데 이 진술은 또한 '나는 그저 돛단배가 없는 상태에서 벗어나고 싶다'로 읽힐 수도 있다. 이 경우에는 내가 원하는 특정한 돛단배가 있을 필요가 없고, 따라서 진술을 다른 방식으로 형식화해야 한다. 이를 통해 데닛은 요트를 사지 못한 자신의 상태를 표현하고 있는 것이다. (옮긴이)

대한 이 1999년 학회에서 의식에 대한 나의 갱신된 그리고 새로이 개명된 **환상의 메아리** 이론을 기쁜 마음으로 공개하는 바이다.

덧없는 명성

이것은 1991년 다중 원고 모델이라는 이름으로 전개되었으며, 더 최근에는 내가 '뇌 안의 명성'(또는 '두뇌의 유명인') 모델이라고 명명해 널리 알려진 이론이다. (1996b, 1998a, 2001a) 기본적인 생각은 의식이 텔레비전보다는 명성에 더 가깝다는 것이다. 의식은 내용을 담지하는 사건들이 의식적이게 되기 위해 '변환'되어야 할 뇌 안의 특수한 '표상의 매체'가 **아니다.** 오히려 명성을 추구하는 (또는 잠재적으로 명성을 찾는) 다른 내용들과 경쟁하면서 명성과 좀 비슷한 뭔가를 획득하는, 내용을 담지하는 뇌 안의 사건들과 관련된 것이다.

물론 의식은 정확히는 뇌 안의 **명성**일 수는 없는데, 왜냐하면 유명해진다는 것은 많은 이들의 **의식적 마음 속에** 공유된 지향적 대상이 되는 것이기 때문이다. 또한 뇌가 비록 실용적 차원에서는 소형 인간의 무리로 구성되어 있는 것으로 생각할 수 있을지라도, 자기 무리의 일부를 두뇌의 유명인으로 만들기 위해 무엇을 해야 하는지를 잘 **알고 있다고**au courant 상상하는 것은 좀

과도하다. 그런 생각은 내 의식 이론에 무한 소급이라는 문제를 일으킨다. 이런 무한 소급은 대개 그렇듯이 기본적인 생각을 폐기하지 않고 순화함으로써 멈출 수 있다. **소형 인간들**이 그들이 구성하는 지능적 행위자들보다 더 무지하고 어리석은 한, 소형 인간들 속에 또 소형 인간들이 있는 사태는 유한할 것이고 결국에는 너무나 별 볼 일 없는 나머지 기계로 대체될 수도 있을 그런 행위자들로 끝날 것이다.

그러므로 의식은 **명성**보다는 **영향력**과 유사한 것이다. 서로 대립하는 과정들 속에서 신체의 지속적 통제를 초래하는 상대적으로 '정치적인' 종류의 권력 말이다. 어떤 과두정 체제에서는, 정치적 영향력을 획득하는 유일한 방법이 어쩌면 모든 권력과 특권의 부여자인 왕에게 **알려지는** 것일 수도 있을 것이다. 우리의 뇌는 그보다는 더 민주적이며, 실로 무정부적이다. 뇌 안에는 왕도, 국영 텔레비전 프로그램의 공식적인 관객도, 데카르트적 극장도 없다. 하지만 시간이 지남에 따라 내용이 발휘하는 정치적 영향력에서는 여전히 **매우** 첨예한 많은 차이들이 존재한다. 의식 이론이 설명할 필요가 있는 것은 어떻게 상대적으로 적은 일부 내용들은 정치적 권력으로 격상되는 반면, 다른 대부분의 것들은 뇌가 진행하고 있는 과제에서 보잘것없는 일을 수행한 뒤 망각 속으로 증발하는지이다.

왜 **이것**이 의식 이론의 과제인가? 왜냐하면 그것이 의식적 사건들이 **수행하는** 바이기 때문이다. 의식적 사건들은 여기 저기를 배회하면서 '백색의 무대 조명 아래' 시간을 독차지한다. 그러나 우리는 주의를 **기울이는** 단일한 원천을 전제하지 않은 채 주의를 **사로잡는 기능적** 능력을 설명함으로써 이런 매력적인 은유를, 그리고 그와 동일한 종류의 은유인 주의의 탐조등을 설명해 치워야 하는 것이다. 그것이 내가 어려운 질문이라고 부른 것의 요점이다. 그런 다음 무슨 일이 일어나는가? 당신이 좋을 대로 어떤 신경 구조에서의 활동이건 의식의 필요 충분 조건으로 상정하라. 그러나 그렇다면 왜 바로 그 활동이 그것이 관여하는 사건들의 정치적 권력을 보증하는지를 설명해야 할 부담도 져야만 할 것이다.

특수한 매체로서의 의식이라는 생각이 가진 매력이 단지 끈질기게 계속되는 환각인 것만은 아니다. 그것은 **전적으로** 밑도 끝도 없는 것은 아닌데, 우리는 명성과의 유비를 조금 더 밀어붙임으로써 그것을 알 수 있다. 명성은 (뇌 안의 명성이 아니라, 세속의 명성은) 예전과 달라졌다. 새로운 소통 매체의 출현은 사회적 세계에서의 명성, 정치적 권력의 본성을 급진적으로 바꿔놓았는데, 이와 유사한 뭔가가 뇌 안에서 벌어졌을 수 있는 것이다. 어쨌든 이게 나의 사변적인 제안이다. 내가 몇 번이고 되풀이하여 주장한 바와 같이, **의식 속에 출현하는 것은 텔레비전에 출연하는 것**과 같지 않다. 누군가는 텔레비전에 출연하여 수백만의 시청자들에게 보일 수 있지만 여전히 유명하지는 않을 수 있는

데, 왜냐하면 그의 텔레비전 데뷔가 적절한 **후속 사건**sequelae을 갖지 않았기 때문이다. 이와 유사하게, 뇌 안에는 표상이 그 자체로 의식을 위해 충분해지는 그런 특별한 영역은 존재하지 않는다. 차이를 만드는 것은 언제나 **후속 사건**이다. (그런 다음 무슨 일이 일어나는가?) 뇌 안의 명성이라는 나의 유비에 영감을 준 것은 당연하게도 앤디 워홀Andy Warhol이었다.

미래에는, 누구나 15분 동안은 유명해질 것이다.

워홀이 이 말로 멋지게 포착한 것은 어떤 (상상적인) 명성의 개념에 대한 **귀류 논증**reductio ad absurdum이다. 그것이 **명성**일까? 워홀이 논리적으로 가능한 세계를 묘사한 것인가? 평소보다 좀 더 면밀하게 생각해 보기 위해 잠시 멈춰 보면, 우리는 뭔가가 한계점 이상으로 너무 나가 버렸다는 것을 알 수 있다. 대중 매체 덕분에 익명의 시민들에게 거의 즉각적으로 명성이 부여될 수 있고 (로드니 킹Rodney King 사건이 생각난다) 또한 대중적 관심의 변덕스러움 덕분에 그러한 명성이 그만큼 빨리 휘발될 수 있다는 것은 의심의 여지없이 참이다. 하지만 이러한 사실에 대한 워홀의 수사적인 과장은 우리로 하여금 이상한 나라에서나 느낄 법한 부조리를 느끼게 만든다. 우리는 아직까지 누군가가 15분 동안 유명해지는 것을 본 적이 없으며, 사실상 그럴 일은 결코 없을 것이다. 어떤 시민을 15분 또는 그 이하의 시간 동안 수억 명의 사람이 보았지만 (로드니 킹과는 달리) 완전히 잊었다고 하자. 그것을 명성이라고 부르는 것은 용어를 잘못 사용하는 일일 것이다. (오, 맞다. 이건 '일상 언어적' 수법이고 또한 괜찮은 수법이기도 하다. 신중하게 사용했다면 말이다) 만약 그것이 분명하지 않다면, 판돈을 올려 보도록 하겠다. 한 사람이 **5초 동안** 유명해질 수 있을까? (단지 수백만의 시선에 의해 관심을 받는 게 아니라 유명해지는 것 말이다) 실제로 수천 명까지는 아니더라도 수백 명의 사람들을 매일 수 초 동안 수백만의 사람들이 본다. 신약의 승인에 대한 이야기를 전하는 저녁 뉴스를 생각해 보라. 완전히 익명인 의사를 (수백만 명이) 본다. 그것은 텔레비전 출연이지만, 명성은 아니다!

    몇몇 철학자들은 나의 수사적 질문에 내가 예상한 대로 반응했고, 명성의 지속에 관한 암묵적 주장에 대한 반례를 제시했다. 여기 누군가가 15초 동안 유명해지는 방법이 있다. 그는 국제 TV에 가서, 자신을 곧 이 지구를 파괴할 사람이라고 소개한 뒤 지구를 파괴한다. 어이쿠, 한 방 먹었다! 그러나 이 사례가 실제로는 나를 지지하는 식으로 작동한다는 점에 유의하라. 사례는 정상적인 **후속 사건**의 중요성에 주목하게 한다. 그리 길지 않은 시간 동안 유명해지는 유일한 길은 파괴되지 않았더라면 당신의 명성이 울려 퍼졌을 바로 그 세계 전체를 파괴하는 것이다. 만약 누군가가 그것이 **정말로** 명성인지를 물고 늘어지며 트집을 잡으려 한다면, 우리는 보다 확장된 사고 실험으로 그러한 문제가 어떻게 해결될 수 있는지를 지적할 수 있을 것이다. 우리의 반영웅이 버튼을 눌렀지만 젠장할, 핵폭발이 일어나지 않았다고 해보자! **그런 다음 무슨 일이 일어나는가?** 세계는 존속할 것이고, 그 속에서 우리는 명성의 통상적인 후속 사건을 관찰하거나 관찰하지 못할 것이다. 후자의 경우 우리는 널리 방송된 그의 이미지에도 불구하고, 명성을 얻기 위한 노력은 그냥 실패했다고 사후적으로 결론 내릴 것이다. (아마도 아무도 보고 있지 않았거나, 관심을 갖지 않았을 것이다) 이 유비의 중요한 요점은 의식이 명성과 같이 **기능주의적인** 현상이라는 것이다. **하는 짓이 예뻐야 예쁜 것이다.**

그러한 메아리 **반향**, **왕복여행**return-trips **상기**, **회상 가능성** recollectability의 중요성은 의식에 대한 글을 쓰는 작가들이 지적하곤 한다. 예를 들어 리처드 파워스Richard Powers는 다음과 같이 쓴다.

느낌을 되살릴 수 없는 상태에서 그것을 기억해 내는 것. 나에게는 이것이 내가 그녀에게 줄 수 있는 고차 의식higher-order consciousness에 대한 기능적 정의에 가까운 것으로 보였다. (1995, p. 228)

하지만 이것은 '고차' 의식이다. 그렇지 않은가? '저차' 의식은 어떨까? 그것에는 메아리 능력이 완전히 부재하는 것일까? 메아리를 만들어 내는 능력과는 논리적으로 독립적인 의식을 확인할 수 있다는 생각은 최근 문헌에서 다양한 방식으로 표현되었다. 이러한 저차의 혹은 단순한 종류의 의식이 어떤 식으로든 메아리를 만들어 내는 통상적인 선제 조건이라고 가정하는 것은 심지어 솔깃하기까지 하다. 그 조건은 메아리가 **있을** 때 메아리치는 바로 그 특성일 것이다. 특히 인기 있는 버전은 네드 블록이 제안한 **현상적 의식**phenomenal consciousness과 **접근 의식**access consciousness 사이의 구별이다. 뇌 안의 명성은 신체를 통제하려는 지속되는 싸움에서 일부 내용이 권력을 쥘 수 있는 '정치적' 접근을 사고하는 유용한 방식을 제시할 수 있을 것이다. 그러나 그것은 현상적 의식이 가진 날것의, 저차의, **어떤 것임**(what-it-is-like-ness)에 대해서는 아무것도 말해 주지 않는다.

누구에게 어떤 것이라는 말인가? 내가 블록이 시도한 구별을 비판하면서 자주 말했듯이, 일단 현상적 의식에서 '접근'에 대한 모든 함축을 뜯어내고 나면 현상적 **무**의식과 외관상 식별 불가능한 무엇만이 남게 될 것이다. 하나의 사례를 생각해 보자. 왼손잡이로서 나는 내가 좌반구 지배적 화자인지, 우반구 지배적 화자인지, 아니면 혼합된 무엇인지 궁금해할 수 있는데, 진실을 알 수 있는 유일한 방법은 나 자신이 객관적인 '삼인칭' 검사를 받게 하는 것이다. 나는 나 자신의 마음이 어떻게 그 일을 수행하는지에 대한 이러한 내밀한 사실에 '접근'할 수 없다. 그런 사실을 내성적으로 탐지하려는 나의 모든 시도는 빗나가며, 어쩌면 잘은 몰라도, 내가 모르는 사이에 몇 초마다 왔다갔다할 것이다. (4장을 보라) 이것은 뇌 안에서 발생하는 사건들이 가진 수많은 (실로 셀 수 없는) '내재적' 속성들 중 하나일 따름이다. 그런데 내재적 속성들이 나에게 전적으로 접근 불가능하게 됨으로써 무의식적 속성의 전형적 사례가 되어 버리는 것이다. '내재적' 속성들이 그 현상적 **의식**의 속성들이라고 주장하는 이들이 마주한 어려움은 ('접근' 또는 메아리를 만들어 내는 능력에 전혀 호소하지 않고) 그 속성들을 차별화하는 것이 무엇인지를 보이는 것이다.

타인만이 아니라 우리 자신의 의식에 대해 제기하는 주장에 그럴듯한 동기를 부여하려 할 때 언제나 호소하게 되는 것은 결국 메아리를 만들어 내는 능력이다. 프루스트는 **마들렌**, 즉 아몬드 쿠키의 향을 탁월하게 찬미한 바 있는데, 이는 그의 내면에 어린 시절의 생생한 기억과 정서를 불러일으키는 힘 때문이었다. 나에게는 학급 도서관에 사용된 (안전하고, 먹을 수 있는!) 녹말풀의 맛있는 향이 그와 비슷한 효과를 낸다. 그것을 이를테면 내가 2학년 때 썼던 포르미카 책상의 향과 대조해 보라. 하지만 당신은 그것은 향이 나지 않는다고 따질 것이다! 글쎄, 그것은 향이 나긴 난다. 다만 그 향이 나에게 뭔가를 연상시키지 않으며, 보통의 상황에서는 내가 그 향이 나고 사라짐을 감지할 수조차 없을 따름이다. 그것은 기껏해야 **식역하**subliminal일 뿐이다. 나의 의식의 문턱 아래에 있는 것이다. 그렇다 하더라도, 나의 후각적 환경에 그 책상의 있고 없음이 인지 과제의 수행에 미묘한 편향을 주는 효과를 낸다면 어쩔 것인가? 예컨대 내가 애매한 단어들에 대해 교실과 관련된 의미를 먼저 생각하도록 편향을 줄 수도 있을 것이다. 만약 그렇다면, 우리는 이도 저도 못하는 상황에 처할 것이다. 이것은 '정상인들 사이에서의 맹시blindsight'*와 같은 무의식적인 메아리의 사례인가 아니면 포르미카 책상의 향이 실제로 나의 소년기 의식의 배경의 (누군가에게는, 배경the Background**의) 일부였음을 증명하는 사례인가? 어느 쪽이 되었건 간에, 후자의 견해가 가진 동기가 무엇이건 그러한 동기를 제공하는 것은 아무리 희미하더라도 메아리가 존재한다는 사실이다. 이러한 메아리를 만들어 내는 능력마저 벗겨 낸 현상적 의식을 믿는 이들은 납득하기 곤란한 주장을 하게 된다. 그에 대한 주체의 완전한 무지(접

---

* 원래의 맹시는 시각 피질에 병변이나 이상이 있는 환자들이 시각적 경험이 불가능함에도 불구하고 마치 시각적 경험을 한 것에 준하는 시각적 식별능력과 수행능력을 보여주는 사례를 말한다. 그런데 시각 피질에 이상이 없는 정상인들에게도 특수한 실험적 조작을 통해 맹시를 유도할 수 있다. 보다 자세한 내용은 다음을 참조할 것. F. Christopher Kolb and Jochen Braun. 1995, "Blindsight in normal observers", *Nature*, 377, pp. 336-338. (옮긴이)

** 여기서 데닛은 background가 아니라 대문자를 쓴 the Background라고 쓰고 있는데, 역자가 추측하기로 이는 철학자 존 설(John Searle)이 제시한 배경을 의미한다. 설은 그의 지향성(intentionality)에 대한 분석에서 모든 지향적 상태들을 가능하게 해 주는 조건으로 배경이 존재한다고 주장하는데, 중요한 것은 이 배경들 자체는 비지향적인 능력이나 성향들의 네트워크라는 것이다. 설은 배경이라는 말이 자신의 특수한 철학적 논제라는 점을 강조하기 위해 일반적인 background 대신 Background를 쓴다. 데닛은 여기서 설의 지향성 이론을 염두에 두고 Background라는 표현을 것으로 추측된다. (옮긴이)

근의 결여)에도 불구하고 그 향이 나고 사라지는 것이 현상적 의식의 변화라는 주장 말이다.

　나는 앞서 뇌 내 표상의 특별한 매체라는 생각에 의존하고 있는 의식에 대한 관념이 전적으로 밑도 끝도 없는 것은 아니라고 했다. 이제 나는 우리 배후의 직관들에 대한 이러한 해명을 통해 그 문제에 덤벼들 준비가 되었다. 텔레비전과 명성은 서로 완전히 다른 종류의 것이지만 (하나는 표상의 매체이고 하나는 아니다) 텔레비전에 의해 가능해진 명성은 흥미롭게도 이전까지 있었던 명성과는 다르다. 우리는 최근에 그에 대해 질리도록 들었다. 다이애나 비Princess Diana, O. J. 심슨O. J. Simpson, 그리고 모니카 르윈스키Monica Lewinski를 생각해 보라. 각 사례에서 재귀적인 양성 되먹임이 확립되었고, 그것을 촉발한 초기 사건들을 무색하게 하면서 세계를 매체의 표지에 대한 매체의 표지에 대한 매체의 표지에 대한, 반응에 대한 반응에 대한 반응 속으로, 빠져드는 데 빠져드는 데 빠져들게 만들었다. 이와 유사한 명성 현상이 전자 시대 이전pre-electronic age에도 있었을까? 뭔가를 널리 알리는 일은 수천 년간 중요한 일이었다. 예컨대 비밀 대관식은 언제나 뻔한 이유로 금지되어 왔다. 〈타임스〉(런던에서 발행하는 〈타임스〉, 그보다 규모가 작은 〈뉴욕 타임스〉도)의 편집자에게 보내는 편지 같은 재귀적 반응의 장소는 오랫동안 존재해 왔다. 하지만 이들은 여전히 상대적으로 느린, (오늘날 우리가 말하듯) '좁은 대역'의 소통 채널들이었기에 작고 영향력 있는 인구 집단에 도달할 따름이었다. 전자 시대 이전에, 유명한 것으로 유명한 사람들이 있었을까? 순전한 메아리의 증폭을 통해 **무엇이든** 포착하여 보편적으로 '접근 가능한' 또는 '영향력 있는' 주제로 바꿔 버리는 복합적인 현대 매체의 능력은 일부 관찰자들에게 새로운 (그리고 어쩌면 우려스러운) 사회 현상으로 받아들여지고 있다. 나는 뇌 안에서 일어난 그와 유사한 부류의 혁신이 내가 의식의 표지로 여기는 **반성 능력**reflective power의 폭발적 성장의 배후에 있을 수 있다고 제안하고자 한다.

즉석 재생

이 주제에 대한 이전의 논의에서는 이쯤 되면 충성스런 반대자들이 내가 **자기** 의식self-consciousness의, **반성적** 또는 **내성적** 의식의 능력에 깊은 인상을 (아마도 지나치게 깊은 인상을) 받아 단순한 동물적 **감수 능력**sentience을, 또는 블록의 말을 받자면, **현상적** 의식을 망각하고 있다고 지적하곤 했다. 그러나 내가 여기서 반성 능력에 대해 말할 때, 나는 말하자면 우리의 **심사숙고**musing에 대해 **심사숙고**하기 위한 고도로 지적인 (또는 거의 틀림없이 언어에 의존적인) 능력을 말하는 것이 **아니다**. 나는 예컨대 재인을 야기하는 메아리를 불러일으키는 향을 통해 그의 주인이나 학대자를 상기하는 개의 능력에 대해 말하고 있는 것이다. 그러나 **그것이** 내가 말하는 전부라면, 반론은 여전히 성립할 것이다. 인간 의식이 상당 부분 문화적으로 탄생한 '밈 기계meme machine'라는 나의 악명 높은 주장이 개의 사례에 의해 논박된다는 것이다.

　　너무 서두르지 말라. 만약 그러한 것들을 상기시키는 향이 개의 내면에 우리가 서로에게 보고하는 모종의 메아리 같은 프루스트적인 사건들을 촉발시킴으로써 작동한다고 확신할 수 있다면, 나의 주장은 개의 사례에 의해 논박될 (또는 적어도 어떤 식으로 대체될) 것이다. 그러나 향이 코를 스쳤을 때 개의 기뻐하는 (또는 적대적인) 흥분 상태를 설명하는 더 단순한 가설이 있을 수 있다. 개가 향에 의해 누군가를 '재인'했을 때 또 어떤 일이 일어날 수 있을까? 개는 이전의 만남을 **회상**하는가? 회상할 수는 있는가? 개들은 **일화기억**을 가질 수 있는가, 아니면 개의 내면에 소환된 기쁨 또는 공포에 대한 '본능적visceral' 메아리가 있을 뿐인 것인가? 우리 자신의 경우 이런 종류의 최소적인 재인에 회상이 관여할 필요가 없다. 따라서 다른 종들의 경우에도 그런 재인에 회상이 관여할 필요가 없을 것이다. 재인은 통상적으로 회상의 총체를, 즉 우리의 일화기억 속 일화를 장식하는 (하지만 항상 그러지는 않는) 이전에 마주쳤던 프루스트적인 부속물trappings이나 주변 환경을 들여올 필요가 없는 것이다.

당연하게도 이러한 추가적인 세부 사항들은 장식이 아니다. 우리 인간들은 우리가 실제로 기억을 하고 있는 것이지 상상이나 추측을 하고 있는 게 아니라는 것을 스스로에게 입증하기 위해 그런 세부 사항들에 의존한다. 내가 C. I. 루이스C. I. Lewis를 만난 적이 있었던가? 한 번 있었다. 1959~1960년에, 그는 나이가 매우 많은 노인이었고 나는 웨슬리언 대학의 신입생이었는데, 그가 강연을 위해 한 번 또는 두 번 방문한 적이 있다. 나는 그 당시 그에 대해 아무것도 몰랐지만, 우리 철학 교수는 그저 위대한 인물을 만나 보게 하기 위해 나를 강연에 참석하도록 부추겼다. 내가 회상하기로는 아너 칼리지 프로그램의 일환이었고 그는 앉아서 자신의 논문을 읽었다. (그리고 나는 강의실의 북쪽에 앉아 그를 마주하고 있었다. 내가 회상하기엔 그렇다) 그러나 나는 그의 논문이 무엇에 대한 것이었는지는 전혀 회상할 수가 없다. 나는 그가 실제로 말한 것보다는 모든 참석자들이 그에게 보여 준 존경심에 더 깊은 인상을 받았다. 이듬해 나는 하버드의 로데릭 퍼스Roderick Firth의 인식론 수업에서 루이스가 쓴 책 두 권을 읽었는데, 그 책들은 지금 내가 회고하고 있는 회상들을 공고하게 만들었으며, 당연하게도 읽지 않았더라면 전년도에 그가 말한 바에 대해 내가 가지고 있다고 생각했을지도 모를 모든 기억을 오염시켰다. 이제 어쩌면 개들의 내적인 삶 속에도 이와 유사한 반성적 일화가 있을지 모른다. 만약 개들이 그러한 일화를 가진다면, 분명히, 모든 의미에서, 우리가 그러한 만큼 의식적일 것이다. 그러나 나는 (이것이 나의 견해에서 경험적으로 위험을 무릅쓰는 부분인데) 그렇지는 않을 것이라고 가정한다. 나는 그들의 반향실 내부의 사건들이 몇 번의 반향 이후에는 잦아들어 없어질 것이라고 추측한다. 왜 그런가? 왜냐하면 어떤 이유로도 그런 반향실이 필요하지 않고, 필요한 다른 어떤 것의 부산물도 아닐 뿐더러 비용도 많이 들 것이기 때문이다. 추측하건대, 비인간 동물들에게는 내용들의 짧고, 신속하며, 폭발적인 궤적들을 지정해 주는 효율성과 시의적절함이 요구된다. 기업의 자문들이 말하는 것처럼, 목표는 다음과 같다. **작업 효율을 높여라!**

그러나 우리 인간들은 옆길로 샜다. 우리는 자꾸 자꾸 '마음속에서 사건을 재생하는' 습관을 개발했다. 처음에는 시간과 에너지를 '낭비하는' 것이었던 이 습관은 우리가 가진 최고의 재능을 만든 원천일 것이다. 일화기억과 특별한 경우에 국한되지 않는 단일 시행 학습one-shot learning 말이다. (가르시아 효과Garcia effect가 그러한 특별한 경우 중 하나이다. 새로운 냄새가 나는 음식을 먹으면서 구토를 하도록 만들어진 쥐들은 실로 놀라운 프루스트 효과를 보여 준다. 그들은 그 냄새가 나는 모든 것에 대해 즉각적인 혐오감을 발달시킨다)

동물로 실험을 하는 과학자들은 한 동물에게 새로운 습관, 새로운 식별 능력을 가르치기 위해서는 그 동물이 필요한 내용을 안정적으로 추출할 때까지 훈련용, 조건화용 일화를 서너 번,

수백 번, 심지어 수천 번 같은 방식으로 반복해야 한다는 것을 안다. 유난히 자극적인 가르침에 대해서는 '단일 시행' 학습이 존재할 것이다. 하지만 학습자는 이후에 그 일화를 회상하는 것일까 아니면 그저 훈련만을 회상할 수 있는 것일까? 이전 경험의 희미한 판본을 되살려 내는, 우리에겐 친숙한 그런 인간적 재능의 상당 부분이 학습된 트릭일 수도 있지 않을까? 삶에서 우리가 쉽게 회상해 낼 수 있는 사건들은 실제로는 깨어 있는 삶 동안 일어난 일들의 상당히 제한된 일부일 따름이다. (당신은 지난 주 수요일에 당신이 이를 닦고 있을 때 무엇을 생각하고 있었는지를 새삼스레 들춰낼 수 있는가?) 실제 삶에서의 일화들은, (외부적) 반복 없이 그저 한 번만 일어난다. 하지만 주의를 강하게 사로잡는 것이라면 무엇이건 즉각적으로 회고하거나 예행 연습하는 우리의 습관은 어쩌면 이러한 사건들을 '일화기억의 저장고'로 (그것은 분명히 어떤 기관이나 뇌의 하위 체계는 아니다) 몰아넣는 의도치 않은 자기 조건화self-conditioning 일지도 모른다. 나의 가설은, 일상의 편린이 뇌에서 잠시 동안 울려퍼지도록 하는 '즉석 재생instant replay'의 습관을 획득하기 전까지는 어떤 일화기억도 갖지 못할 것이라는 것이다. 이는 물론 '유아기 기억 상실infant amnesia'을 설명할 수 있을 것이다. 또한 이와는 독립된 추가적인 가설은 그러한 즉석 재생이 오직 인간만의 현상이며, 여타의 종들이 통상적인 경우라면 획득할 수 없는 자기 자극self-stimulation 습관의 인위적 산물이라는 것이다.

일화기억은 공짜가 아니다. 한 가지 제안은 일화기억을 가능하게 하는 것이 바로 메아리의 힘이라는 것이다. 동물들은 세계에서 여러 번 반복된 자극 덕분에 기억한다. 우리는 한 번에 기억하는 것 같지만 실제로는 그저 한 번이 아니다. 우리가 기억하는 것은 우리의 뇌 안에서 강박적으로 재생되고 다시 재생되며 또다시 재생된 것이다. (일부 반복은 **의식적** 반복으로서 우리에게 실로 너무나 친숙하다. 하지만 의식적 회상 가능성이라는 대박을 치도록 어떤 내용을 **끌어올리는** 반복이 대부분 의식적이지 않다는 것이 이러한 설명의 결점이 아니라 장점이라는 점에 유의하라. 실로 의식적인 반복과 무의식적인 반복 사이의 날카로운 분리선은 필요 없다. 무대 뒤의 영향력과 진정한 명성을 구분해 주는 그 어떤 선명한 선도 필요치 않은 것이다) 장기 일화기억을 위한 능력을 만들어 내는 것은 메아리다. 우리는 이러한 부속물을 우리가 회상을 **하고 있다**는 우리 자신의 확신에 대한 입증으로 활용하곤 한다. 당신은 카르납Rudolf Carnap을 만나 본 적이 있는가? 나는 그렇다고 대답한다. "그것은 짐작건대 1965년 또는 1966년 UCLA의 철학과 바깥의 복도였는데, 내가 기억하는 한 알프레드 타르스키Alfred Tarski와 리처드 몬터규Richard Montague가 카르납과 이야기를 하고 있었다. 나는 누군가에게 타르스키와 이야기하고 있는 사람들이 누구인지를 물었고, 그들이 나에게 이야기해 주었을 때, 나는 그저 흥분해서 불쑥 끼어들어 악수를 청하지 않을 수 없었다."

전자 매체의 세계에는 바로 이렇게 즉석에서 응답하는 습관에 대한 놀라운 유비적 대응물이 있다. **비디오테이프**가 있기 전 텔레비전 출연은 특별히 메아리를 일으키는 현상이 아니었다. 프로그램은 '실시간으로' 방송되었고, 끝나면 끝나는 것이었다. 그것은 관객의 기억과 논의 속에서 잠시 메아리를 일으키지만, 빠르게 망각 속으로 잦아들었다. 그러나 극장의 뉴스릴, 즉 기록 영화는 달랐다. 신문은 달랐다. 그것들은 회고를 위해 그날의 사건을 보존했다. 기억이 더해지기 전까지는, 라디오와 텔레비전은 의식의 구조(그리고 매체)에 대한 암시적인 단서를 제공할 수 있는 그런 종류의 매체가 **아니었다.** 왜냐하면 그 내용은 (시청한 사람들의 기억 속 이미지들을 제외한다면) 그야말로 덧없으며, 실로 텅 빈 벽 위를 스쳐 지나가는 **카메라 옵스큐라**camera obscura의 이미지들보다 더 나을 게 없었기 때문이다.

요약해 보자. 나는 (1) 내용을 가진 사건들을 재생하고 재점화하는 우리의 능력이 의식의 가장 중요한 특성이며 실로 우리가 생각할 수 있는 의식을 정의하는 특성과 가장 가까운 것이라는 경험적 가설을, 그리고 (2) 메아리의 능력이 상당 부분 우리가 인간의 문화로부터 건져 올린 자기 자극 습관에 기인하며, 우리 뇌 안의 조이스 기계Joycean machine는 밈으로 만들어진 가상의 기계라는 경험적 가설을 제출했다. 이들은 서로 독립적인 주장들이다. 만약 밈 가설이 비인간 동물의 뇌 안에서 작동 중인 메아리 체계에 의해 논박된다면, 바로 그 이유에서 나는 그러한 반향실을 가진 종들이 우리와 마찬가지로 의식적이라는 데 동의할 것이다. 그게 내가 의식이라고 말하는 것이기 때문이다. 그런 결론 때문에 나는 소프트웨어와 **가상** 기계에 대한 나의 과감한 주장이 무너지는 대가를 치른다. 그래도 나는 여전히 소득이 없진 않을 것인데, 왜냐하면 그러한 결론은 (의식의 수수께끼와의) 유관성을 입증하기 위해 **의식 이론으로서의** 명성 이론에 의지할 것이기 때문이다

의식:
그것은 실제로는
얼마인가?

의식은 종종 전적으로 신비로운 것처럼 보인다. 나는 이러한 당혹감의 주된 원인이 그에 대해 익숙하게 묻고 답하는 와중에 발생하는 일종의 계산 착오가 아닌지 의심하고 있다. 신비의 나라에 이르는 한 가지 경로의 단순화된 버전은 다음과 같다.

필Phil: 의식이란 뭘까?

사이Sy: 글쎄, 어떤 것들은(돌이나 캔 따개 같은 것들은) 어떤 **관점**도, 어떤 **주관성**도 완전히 결여하지만 다른 것들은(너와 나 같은 것들은) 실로 관점을 갖고 있어. 저 바깥 세계의 제한된 일부 측면 그리고 우리의 신체가 그 측면들과 맺는 관계가 알려지는 사적이고, 관점적이며, 내면적인 방식 말이야. 우리는 우리의 삶을 이끌어 가면서, 괴로워하고 즐거워하면서, 우리의 행위를 결정하고 선택하면서 이러한 '일인칭' 접근을 따르고 있어. 의식적이라는 것은 관점을 가진 행위자가 된다는 거야.

필: 하지만 분명히 뭔가가 더 있어! 체리나무도 자신의 표면 주변의 온도에 대해 제한적으로나마 '접근'할 수 있고, 계절에 맞지 않는 따뜻한 날씨 때문에 부적절하게 꽃을 피우도록 (잘못) 유도될 수 있어. 비디오 카메라 '눈'과 마이크 '귀'를 가진 로봇은 바깥 세계가 가진 수백 가지의 다른 측면들을 적절하게 식별하고 반응할 수 있을 거야. 나의 면역 체계는 예상치 못한 다양한 사건들을 (거의 대부분) 적절하게 감각하고, 식별하고, 반응할 수 있어. 이 각각은 (모종의) 관점을 가진 (모종의) 행위자지만 그것 중 어느 것도 의식적이진 않아.

사이: 맞아, 정말 그래. 뭔가 더 있지. 우리 의식적 존재들은 이러한 단순한 행위자들은 가지지 못한 능력들을 갖고 있어. 우리는 그저 사물을 알아차리고 반응하는 게 아니야. 우리가 사물들을 알아차린다는 것을 **알아차리지**. 더 정확하게는, 우리 신체가 있을 수 있는 (우리의 면역 체계, 우리의 자율신경계, 기타 등등의 상태들을 포함한) 많은 식별된 상태 중 일부는 고차적 식별에 의해 차례로 식별될 수 있는데, 이는 더 높은 수준의 제어 활동을 위한 지침의 원천이 돼. 우리 신체의 이러한 재귀적 자기 모니터링reflexive self-monitoring 능력은 가용한 시간과 에너지의 한계를 넘어서는 어떤 명확한 한계도 보여주지 않아. 만약 누군가 너에게 벽돌을 던지면, 너는 움츠리겠지. 하지만 너는 또한 네가 그 벽돌의 궤적을

시각적으로 식별한다는 사실을 식별할 것이고, 네가 촉각적 식별로부터 시각적 식별을 (대개는) 식별할 수 있다는 추가적 사실을 식별할 거야. 너는 잠자리에 들기 전까지 최근의 감각적 식별들을 자세하게 회상할 수 있다는 사실을, 그리고 뭔가를 경험하는 것과 경험한 것을 회상하는 것, 회상과 경험의 차이에 대해 생각하는 것, 보는 것과 듣는 것 사이의 차이에 대해 생각하는 것 등을 계속해서 생각할 수 있을 거야.

필: 하지만 분명히 뭔가가 더 있어! 비록 기존의 로봇은 그러한 재귀적인 자기 모니터링을 할 자원이 미미하겠지만, 난 미래의 어떤 로봇에게 이 특수한 능력이 추가되는 것을 쉽게 상상할 수 있거든. 그 로봇이 기저의 식별된 상태들에 대한 '반성적' 분석을 생성하고 그에 적절하게 반응하는 능력을 얼마나 능숙하게 발휘하건, 그것은 의식적이지 않을 거야. 우리가 의식적인 방식으로는 말이야.

사이: 너는 정말 그런 것을 상상할 수 있다고 확신해?

필: 오 그래, 물론 확신하지. 아마도 반응 능력들에 기반을 둔 채 자신을 통제하는 로봇이 가질 능력에 대한 분석을 통해 정의 가능한 모종의 **집행적** 관점이 있겠지. 하지만 이 로봇의 주관성은

우리가 가진 주관성의 창백한 그림자 같을 거야. 로봇이 "그건 나에게 그렇게 보이는데…"라고 발화할 때 그러한 발화는 실제로는 아무것도 의미하지 않을 거야. 혹은 적어도, 내가 된다는 것이 어떤 것인지를 이야기할 때 내가 의미하는 바를, 사물이 나에게 어떻게 보이는지를 의미하진 않을 거라구.

사이: 네가 어떻게 그토록 확신할 수 있는지는 모르겠지만, 어쨌든 의식에 뭔가가 더 있다는 점에서는 네가 옳아. 우리의 식별된 상태들이 단지 식별될 수 있기만 한 것은 아니야. 우리의 내면에 선호를 불러일으키는 힘을 가지고 그런 상태 중에 하나를 선택할 때 우리는 무관심하지 않아. 하지만 이러한 선호들은 그 자체로 미묘하고, 가변적이며, 다른 조건들에 크게 의존하고 있어. 초콜릿이 좋을 때가 있고 치즈가 좋을 때가 있으며, 파랑이 좋을 때가 있고 노랑이 좋을 때가 있지. 간단히 말해, (그리고 심하게 단순화하자면) 전부는 아니더라도 우리의 많은 식별된 상태에는 정동적 가치affective valence라고 할 만한 차원이 있어. 우리는 우리가 어떤 상태에 있는지를 중요하게 여기고. 이는 상태를 변화시키는 우리의 성향에 반영되어 있지.

필: 하지만 분명히 뭔가가 더 있어! 내가 저 오래된 돌담에 쏟아지는 햇빛의 감미로운 따스함을 응시할 때, 나는 그저 그 아래

더러운 길가보다 돌담 보기를 더 선호하기만 하는 건 아니야. 나는 상상 속 로봇에게 내적 상태의 모든 가능한 후속 상태들에 대한 내장된built-in 선호를 부여하는 것을 쉽게 상상할 수 있어. 하지만 그 로봇은 여전히 저 울퉁불퉁한 장밋빛 돌담이라는 시각적인 시visual poetry에 대한 나의 의식적 **감상appreciation**과 같은 어떤 것도 갖지 못할 거야.

사이: 그래, 나도 그렇게 생각해. 뭔가 더 있지. 그중 하나로, 너에게는 상위 선호metaprefernces가 있어. 어쩌면 너는 돌담을 비추는 햇빛의 따스함이라는 고상한 감상에 성적인 연상이 끼어들고 이를 멈추고 싶어할 수 있지만 그와 동시에 주의를 산만하게 하는 데도 끈질기게 끼어드는 그 침입자 때문에 (거칠게 말해) 들뜰 수도 있을 거야. 하지만 … 네가 생각하려고 한 것이 뭐였지? 네 의식의 흐름은 끝없이 공급되는 연상들로 가득 차 있어. 가장 영향력 있는 자리를 잠시 차지한 것이 후임들에 의해 대체되기 때문에, 이런 정신 없는 행진을 멈추고 연상의 세부를 관찰하려는 어떤 시도도 더욱더 덧없는 상태들을 만들어 내기만 할 거야. 주제들과 기획된 바가 잘 맞아떨어진다면, 유용하고도 고도로 생산적인 시간 동안 '주의'를 지배하면서 지엽으로 흐를 수 있는 것들을 꽤 오랫동안 막아낼 수 있을 것이고, 전체 작동을 지휘하는 영속하는 자아 또는 에고에 대한 감각을 만들어 내는 데 성공할 거야.

필: 하지만 분명히 뭔가가 더 있어! 그리고 이제 나는 네가 의도적으로 얼버무리고 있는 추가 사항들의 목록에 뭐가 빠져 있는지 알 것 같네. 반성에 대한 반성의 상태들과 상위 상태들 metastates, 그리고 상위 상태들의 상위 상태들로 진입하려는 그 모든 성향과 상위 성향metadispositions을 (내가 어렴풋이 상상하기엔) 로봇의 내부에 설계할 수 있겠지. 내가 생각하기엔, 그 내적 상태 변화의 궤적은 내가 나 자신의 의식의 흐름에 대해 줄 수 있는 '일인칭' 설명과 놀랍도록 비슷해 보일 수 있겠지만, 로봇의 그러한 상태들은 실제의 **느낌**을, **현상적 속성들**을 전혀 갖지 않을 거야! 너는 여전히 철학자들이 감각질이라고 부르는 것을 빠뜨리고 있다구.

사이: 나는 여전히 **많은** 속성들을 빠뜨리고 있어. 나는 지금까지 내 이야기가 과도하게 단순화되었다고 시인하지조차 않았는데 이제 보니 너는 내가 묘사한 속성들과는 완전히 다른 의식의 속성들이 있다고 주장함으로써 내가 앞으로 추가할 것을 선수 치고 싶어 하는 것 같네. 나는 너의 의문에 답하면서 '현상적' 속성들을 추**가하고 있는** 줄 알았는데, 너는 내가 시작도 하지 않았다고 말하고 있어. 내가 이러한 속성들을 빠뜨렸는지 아닌지 알아보기 전에, 나는 그게 무엇인지 알아야 해. 나에게 현상적 속성의 분명한 사례들을 제시해 줄 수 있나? 예를 들어, 내가 특정한 색

조의 노랑을 좋아했지만, 트라우마의 경험 때문에 (내가 그 색의 자동차에 받혔다고 가정하자) 그 색조의 노랑은 (그것이 그 사고를 명시적으로 상기시키건 그렇지 않건 간에) 이제 나를 매우 불안하게 만들 텐데, 이건 그 색조의 노랑에 대한 나의 경험의 **현상적** 속성들을 변화시키는 데 충분한가?

필: 꼭 그렇진 않아. 너를 불안하게 만드는 **성향적** 속성은 그 자체로는 현상적 속성이 아니야. 현상적 속성들은 정의상 성향적이지 않고 오히려 내재적이며 일인칭 관점에서만 접근 가능해.

그리하여 우리는 신비의 나라에 도착했다. 만약 감각질을 그것의 원인과 효과로부터 고립된 채로 고려되는, 모든 성향적 속성들과 논리적으로 독립적인 경험의 **내재적 속성들**로 **정의**한다면, 감각질은 광의의 기능적 분석에 의해 포착되지 않으리라는 것을 논리적으로 보증받게 된다. 그러나 이것은 상처뿐인 영광인데, 왜냐하면 그런 속성들이 존재한다고 믿을 이유가 없기 때문이다. 이를 알아보려면 경험의 감각질을 돈의 **가치**와 비교해 보라. 일부 순진한 미국인들은 달러가 프랑과 마르크와 엔과는 달리 **내재적 가치**를 가진다는 생각을 떨쳐 버리질 못한다. ('그것은 **실제로는** 얼마인가?') 그들은 성향적 방식으로 다른 화폐들의 가치를 달러로의 (또는 재화나 서비스로의) 환율로 '환원'하는 데 만족하지만, 달러는 뭔가 다르다는 직감을 가진다. 모든 달러에는 기능주의적인 교환 능력과 논리적으로 독립된 뭔가가 있으며, 그것을 **빔**vim이라고 부를 수 있다고 말한다. 그렇게 정의함으로써 각 달러의 빔은 영원히 경제학자들의 이론에 의해 포착될 수 없으리라는 것을 논리적으로 보증받겠지만, 그런 것을 믿을 이유가 없다. 순진한 미국인의 마음에서 우러나오는 직감을 제외한다면 말이다. 그러나 그 직감은 대단한 것으로 여기지 않고서도 설명할 수 있다.

일부 의식 논쟁의 참여자들은 현상적 속성에 대한 그들의 직관이 어떤 의식과학에 있어서든 타협할 수 없는 출발점이 되어야 한다고 단순하고도 노골적으로 요구한다. 그러한 확신은 진단을 요하는 흥미로운 증상이자, 모든 의식과학이 왜 그토록 많은 사람들이 화폐가 내재적 가치를 갖고 있다는 강력한 환상에 굴복하는지를 설명하려 하는 경제학자들 그리고 심리학자들과 동일한 정신에 입각하여 설명해 내야 할 데이터임이 분명하다.

현재 추가적인 과학적 조사에 종속될 수 있고 종속되어야 하는 많은 의식적 상태의 속성들이 존재한다. 일단 우리가 그것들에 대한 설명을 제대로 갖추고 나면, 우리는 의식이 무엇인지에 대한 설명으로서 만족스럽다고 느낄 수 있을 것이다. 어쨌든 이것이 생명이란 무엇인가라는 과거 신비의 사례에서 일어났던 일이다. 생기론(모든 살아 있는 것에 어떤 대단하고 신비로운 별도의 성분이 있다는 끈질긴 믿음)은 심오한 통찰이 아니라 상상력의 실패로 밝혀졌다. 그러한 만족스런 성공 사례에서 영감을 받아, 우리는 의식에 대한 과학적 탐색을 해 나갈 수 있을 것이다. 이 모든 널리 알려진 빚들이 다 해결되고 우리가 뭔가 대단한 것이 빠져 있음을 쉽게 알아보게 되는 그런 날이 온다면 (그것이 정말로 중요한 것이라면 뚜렷하게 눈에 띄어야 할 것이다) 확고한 직감을 가진 이들은 자신들이 그렇다고 하지 않았느냐고 말할 수 있을 것이다. 그런 날이 올 때까지는, 그들은 자신들이 이전의 생기론자들처럼 환영에 의해 오도되었다는 진단을 어떻게 피할 것인지를 고민하라.

참고문헌

Akins, Kathleen. 1993. "What Is It Like to Be Boring and Myopic?" In E. Dahlbom, ed., *Dennett and His Critics: Demystifying Mind*, pp. 124-160. Oxford: Blackwell.

————. 2001. "More Than Mere Coloring: A Dialogue between Philosophy and Neuroscience on the Nature of Spectral Vision." In S. Fitzpatrick and J. T. Breuer, eds., *Carving our Destiny*. Washington, D.C.: Joseph Henry Press.

Alter, Torin, and Sven Walter, eds. 2005. *Phenomenal Concepts and Phenomenal Knowledge: New Essays on Consciousness and Physicalism*. New York: Oxford University Press.

Asch, Solomon. 1958. "Effects of Group Pressure upon the Modification and Distortion of Judgements." In E. E. Maccoby, T. M. Newcomb, and E. L. Hartely, eds., *Readings in Social Psychology*, pp. 174-181. New York: Henry Holt.

Baars, B. 1988. *A Cognitive Theory of Consciousness*. Cambridge: Cambridge University Press.

Block, N. 2001. "Paradox and Cross Purposes in Recent Work on Consciousness." In Dehaene and Naccache 2001, pp. 197-219.

Bower, G., and Clapper, J. 1989. "Experimental Methods in Cognitive Science." In Posner 1989, pp. 245-300.

Bringsjord, Selmer. 1994. "Dennett versus Searle on Cognitive Science: It All Comes Down to Zombies and Searle Is Right." Paper presented at the APA, December 1994. This paper has been developed into "The Zombie Attack on the Computational Conception of Mind," *Philosophy and Phenomenological Research* 59 (1) (1999): 41-69. Available online at http://www.rpi.edu/~brings/SELPAP/

ZOMBIES/zomb.htm.

Brook, Andrew. 2000. "Judgments and Drafts Eight Years Later." In D. Ross and A. Brook, eds., *Dennett's Philosophy: A Comprehensive Assessment*. Cambridge, Mass.: The MIT Press.

Burgess, P. W., Baxter, D., Rose, M., and Alderman, N. 1996. "Delusional Paramnesic Misidentification." In P. W. Halligan and J. C. Marshall, eds., *Method in Madness: Case Studies in Cognitive Neuropsychiatry*, pp. 51-78. Hove: Psychology Press.

Chalmers, David. 1995. "Facing Up to the Problem of Consciousness." *Journal of Consciousness Studies* 2: 200-219.

——. 1996. *The Conscious Mind*. New York: Oxford University Press.

——. 1999. "First-Person Methods in the Science of Consciousness." *Consciousness Bulletin* (fall): 8-11.

——. Reply to Searle. Available on his Web site, http://www.u.arizona.edu/~chalmers/discussions.html.

Chomsky, Noam. 1994. "Naturalism and Dualism in the Study of Mind and Language." *International Journal of Philosophical Studes* 2: 181-209.

Crick, Francis. 1994. *The Astonishing Hypothesis: The Scientific Search for the Soul*. New York: Scribner.

Damasio, Antonio. 1999. *A Feeling for What Happens*. New York: Harcourt Brace.

Davidson, D. 1987. "Knowing One's Own Mind." *Proceedings and Addresses of the American Philosophical Association* 60: 441-458.

Debner, J. A., and L. L. Jacoby. 1994. "Unconscious Perception: Attention, Awareness, and Controls." *Journal of Experimental Psychology: Learning Memory and Cognition* 20: 304-317.

Dehaene, S., and L. Naccache, eds. 2001. Special issue of *Cognition*, vol. 79, *The Cognitive Neuroscience of Consciousness*. Reprinted in 2001 by The MIT Press.

Dennett, Daniel. 1971. "Intentional Systems." *Journal of Philosophy* 68: 87-106.

——. 1978. *Brainstorms: Philosophical Essays on Mind and Psychology*. Cambridge, Mass.: The MIT Press/A Bradford Book.

——. 1979. "On the Absence of Phenomenology." In D. Gustafson and B. Tapscott, eds., *Body, Mind, and Method: Essays in Honor of Virgil C. Aldrich*. Dordrecht: D. Reidel.

———. 1982. "How to Study Consciousness Empirically: Or, Nothing Comes to Mind." *Synthese* 53: 159–180.

———. 1987. *The Intentional Stance.* Cambridge, Mass.: The MIT Press/A Bradford Book.

———. 1988. "Quining Qualia." In Marcel and Bisiach, eds., *Consciousness in Contemporary Science.* Cambridge: Cambridge University Press.

———. 1991. *Consciousness Explained.* Boston and New York: Little, Brown.

———. 1994a. "Get Real." Reply to my critics in *Philosophical Topics* 22: 505–568.

———. 1994b. "Real Consciousness." In A. Revonsuo and M. Kamppinen, eds., *Consciousness in Philosophy and Cognitive Neuroscience.* Hillsdale, N.J.: Lawrence Erlbaum.

———. 1994c. "Instead of Qualia." In A. Revonsuo and M. Kamppinen, eds., *Consciousness in Philosophy and Cognitive Neuroscience.* Hillsdale, N.J.: Lawrence Erlbaum.

———. 1995a. "Overworking the Hippocampus," commentary on Jeffrey Gray. *Behavioral and Brain Sciences* 18: 677–678.

———. 1995b. "The Unimagined Preposterousness of Zombies." *Journal of Consciousness Studies* 2: 322–336

———. 1996a. "Cow–Sharks, Magnets, and Swampman." *Mind and Language* 11 (1): 76–77.

———. 1996b. "Consciousness: More Like Fame Than Television" in German translation: "Bewusstsein hat mehr mit Ruhm als mit Fernsehen zu tun." In Christa Maar, Ernst Pöppel, and Thomas Christaller, eds., *Die Technik auf dem Weg zur Seele.* Berlin: Rowohlt.

———. 1996c. "Facing Backwards on the Problem of Consciousness," commentary on Chalmers for *Journal of Consciousness Studies* 3 (1, special issue, part 2): 4–6. Reprinted in *Explaining Consciousness: The "Hard Problem,"* ed. Jonathan Shear. Cambridge, Mass.: The MIT Press/A Bradford Book, 1997.

———. 1998a. "The Myth of Double Transduction." In S. Hameroff, A. W. Kaszniak, and A. C. Scott, eds., *Toward a Science of Consciousness II: The Second Tucson Discussions and Debates*, pp. 97–107. Cambridge, Mass.: The MIT Press.

———. 1998b. "No Bridge Over the Stream of Consciousness," commentary on Pessoa et al. *Behavioral and Brain Sciences* 21: 753-754.

————. 1999. "Intrinsic Changes in Experience: Swift and Enormous," commentary on Palmer. *Behavioral and Brain Sciences* 22 (6): 951.

————. 2000a. "The Case for Rorts." In R. B. Brandom, ed., *Rorty and His Critics*, pp. 89-108. Oxford: Blackwell.

————. 2000b. "It's Not a Bug, It's a Feature," commentary on Humphrey. *Journal of Consciousness Studies* 7: 25-27.

————. 2001a. "Are We Explaining Consciousness Yet?" *Cognition* 79: 221-237.

————. 2001b. "The Zombic Hunch: Extinction of an Intuition?" In Anthony O'Hear, ed., *Philosophy at the New Millennium* (*Royal Institute of Philosophy Supplement* 48: 27-43). Cambridge: Cambridge University Press.

————. 2001c. "Explaining the 'Magic' of Consciousness." In *Exploring Consciousness, Humanities, Natural Science, Religion*, Proceedings of the. International Symposium, Milano, November 19-20, 2001 (published in December 2002, Fondazione Carlo Erba), pp. 47-58). Reprinted in J. Laszlo, T. Bereczkei, and C. Pleh, eds., *Journal of Cultural and Evolutionary Psychology* 1(2003): 7-19.

————. 2001d. "Surprise, Surprise," commentary on O'Regan and Noë. *Behavioral and Brain Sciences* 24 (5): 982.

————. 2002a. "How Could I Be Wrong? How Wrong Could I Be?" *Journal of Consciousness Studies* 9 (5-6), special issue: "Is The Visual World a Grand Illusion?" Alva Noë, ed., pp. 13-16.

————. 2002b. "Does Your Brain Use the Images in It, and If So, How?", commentary on Pylyshyn. *Behavioral and Brain Sciences* 25 (2): 189-190.

————. 2003a. *Freedom Evolves*. New York: Viking Penguin.

————. 2003b. "Who's on First? Heterophenomenology Explained." *Journal of Consciousness Studies*, special issue: "Trusting the Subject? (Part 1)," 10 (nos. 9-10, October): 19-30. Also appears in A. Jack and A Roepstorff, eds., *Trusting the Subject?* vol. 1, pp. 19-30. Imprint Academic, 2003.

————. 2003c. "Look Out for the Dirty Baby," peer commentary on Baars. *Journal of Consciousness Studies*, "The Double Life of B. F. Skinner," 10 (1): 31-33.

————. 2003d. "Making Ourselves at Home in Our Machines," review of Wegner, *The Illusion of Conscious Will*, The MIT Press, 2002. *Journal of Mathematical Psychology*

47: 101–104.

Dennett, Daniel, and M. Kinsbourne. 1992. "Time and the Observer: The Where and When of Consciousness in the Brain." *Behavioral and Brain Sciences* 15: 183–247.

DeSimone, R., and J. Duncan. 1995. "Neural Mechanisms of Selective Visual Attention." *Annual Review of Neuroscience* 18:193–222.

Driver, J., and P. Vuilleumer. 2001. "Perceptual Awareness and Its Loss in Unilateral Neglect and Extinction." In Dehaene and Naccache 2001, pp. 39–88.

Ellis, H. D., Lewis, M. B. 2001. "Capgras Delusion: A Window on Face Recognition." *Trends in Cognitive Science* 5: 149–156.

Fodor, Jerry. 1998. "Review of Steven Pinker's *How the Mind Works*, and Henry Plotkin's *Evolution in Mind.*" *London Review of Books*, January 22.

Reprinted in J. Fodor, *In Critical Condition* (Cambridge, Mass.: The MIT Press/A Bradford Book, 1998).

Frith, C. D. 2000. "The Role of Dorsolateral Prefontal Cortex in the Selection of Action, as Revealed by Functional Imaging." In S. Monsell and J. Driver (eds.), *Control of Cognitive Processes: Attention and Performance*, vol. 18. Cambridge, Mass.: The MIT Press.

Goldman, Alvin. 1997. "Science, Publicity, and Consciousness." *Philosophy of Science* 64 (4): 525–545.

———. 2000. "Can Science Know When You're Conscious?" *Journal of Consciousness Studies* 7 (5): 2–22.

Graham, George, and Terence Horgan. 2000. "Mary Mary Quite Contrary." *Philosophical Studies* 99: 59–74.

Gray, Jeffrey. 1995. "The Contents of Consciousness: A Neuropsychological Conjecture." *Behavioral and Brain Sciences* 18 (4): 659–722. Hayes, Patrick. 1978. "The Naive Physics Manifesto." In D. Michie, ed., *Expert Systems in the Microelectronic Age*. Edinburgh: Edinburgh University Press.

Hilliard, John Northern. 1938. *Card Magic*. Minneapolis: Carl W. Jones. Hofstadter, Douglas. 1979. *Gödel, Escher, Bach: An Eternal Golden Braid*. New York: Basic Books.

———. 1981. "Reflections." In Hofstadter and Dennett, ed., *The Mind's I*, p. 375. New York: Basic Books.

Hofstadter, Douglas, and Daniel Dennett, eds. 1981. *The Mind's I*, New York: Basic

Books.

Humphrey, Nicholas. 2000. "How to Solve the Mind-Body Problem" (with
commentaries and a reply by the author). *Journal of Consciousness Studies* 7: 5-20.
(Also available as a book, *How to Solve the Mind-Body Problem*.)

Hurley, Susan. 1998. *Consciousness in Action*. Cambridge, Mass.: Harvard University
Press.

Jack, Anthony I., and T. Shallice. 2001. "Introspective Physicalism as an Approach to
the Science of Consciousness." In Dehaene and Naccache 2001, pp. 135-159.

Jackson, Frank. 1982. "Epiphenomenal Qualia." *Philosophical Quarterly* 32: 27-36.

Janet, Pierre. 1942. *Les Dissolutions de la Memoire*. Quoted in Tolland, *Disorders of
Memory*, 1968, p. 152.

Kanwisher, N. 2001. "Neural Events and Perceptual Awareness." In Dehaene and
Naccache 2001, pp. 89-113.

Kawamura, Y., and Kare, M. R., eds. 1987. *Umami: A Basic Taste*. New York: Dekker.

Levine, Joseph. 1983. "Materialism and Qualia: The Explanatory Gap." *Pacific
Philosophical Quarterly* 64: 354-361.

————. 1994. "Out of the Closet: A Qualophile Confronts Qualophobia." *Philosophical
Topics* 22: 107-126.

Lycan, William. 1987. *Consciousness*. Cambridge, Mass.: The MIT Press.

————. 1996. *Consciousness and Experience*. Cambridge, Mass.: The MIT Press.

————. 2003. "Perspectival Representation and the Knowledge Argument." In Q.
Smith and A. Jokic (eds.), *Consciousness: New Philosophical Essays*. Oxford: Oxford
University Press.

McCarthy, John. 1959. Discussion of Oliver Selfridge, "Pandemonium: A Paradigm for
Learning." In *Symposium on the Mechanization of Thought Processes*. London: H. M.
Stationery Office.

McConnell, Jeff. 1994. "In Defense of the Knowledge Argument." *Philosophical Topics*
22: 157-197.

McGeer, Victoria. 2003. "The Trouble with Mary." *Pacific Philosophical Quarterly* 84 (4):
384-393.

McGinn, Colin. 1999. *The Mysterious Flame: Conscious Minds in a Material World*. New
York: Basic Books.

Merikle, Philip M., Daniel Smilek, and John D. Eastwood. 2001. "Perception without Awareness: Perspectives from Cognitive Psychology." *Cognition* 79: 115–134.

Nagel, Thomas. 1974. "What Is It Like to Be a Bat?" *Philosophical Review* 83: 435–450.

———. 1979. *Mortal Questions.* Cambridge: Cambridge University Press.

———. 1998. "Conceiving the Impossible and the Mind–Body Problem." *Philosophy* 73: 337–352.

O'Craven, K. M., B. R. Rosen, K. K. Kwong, A. Treisman, and R. L. Savoy. 1997. "Voluntary Attention Modulates fMRI Activity in Human MT/MST." *Neuron* 18: 591–598.

Palmer, S. 1999. "Color, Consciousness, and the Isomorphism Constraint." *Behavioral and Brain Sciences* 22: 923–989.

Panksepp, J. 1998. *Affective Neuroscience: The Foundations of Human and Animal Emotions.* Oxford and New York: Oxford University Press.

Parvizi, Josef, and Antonio Damasio. 2001. "Consciousness and the Brain Stem." *Cognition* 79: 135–159.

Penrose, Roger. 1989. *The Emperor's New Mind: Concerning Computers, Minds, and the Laws of Physics.* Oxford: Oxford University Press.

Pessoa, L., E. Thompson, and A. Noë. 1998. "Finding Out about Filling In: A Guide to Perceptual Completion for Visual Science and the Philosophy of Perception." *Behavioral and Brain Sciences* 21: 723–748.

Petitot, J., F. Varela, B. Pachoud, and J.-M. Roy. 1999. *Naturalizing Phenomenology: Issues in Contemporary Phenomenology and Cognitive Science.* Stanford: Stanford University Press.

Posner, M. I., ed. 1989. *Foundations of Cognitive Science.* Cambridge, Mass.: The MIT Press.

Powers, Richard. 1995. 2.2. New York: Harpers.

Pylyshyn, Z. 2002. "Mental Imagery: In Search of a Theory." *Behavioral and Brain Sciences* 25: 157–237.

Rensink, R. A., J. K. O'Regan, and J. J. Clark. 1997. "To See or Not to See: The Need for Attention to Perceive Changes in Scenes." *Psychological Science* 8 (5): 368–373.

Robinson, Howard. 1993. "Dennett on the Knowledge Argument." *Analysis* 53: 174–

177.

Rolls, E. T., and T. Yamamoto, eds. 2001. *Sensory Neuron* 3: "Glutamate Receptors: Taste Perception and the Brain."

Rozin, Paul. 1976. "The Evolution of Intelligence and Access to the Cognitive Unconscious." *Progress in Psychobiology and Physiological Psychology*, vol. 6, pp. 245-280. New York: Academic Press.

Searle, John. 1980. "Minds, Brains, and Programs." *Behavioral and Brain Sciences* 3: 417-458.

————. 1992. *The Rediscovery of the Mind.* Cambridge, Mass.: The MIT Press. Shepard, Roger, and J. Metzler. 1971. "Mental Rotation of Three-Dimensional Objects." *Science* 171: 701-703.

Siegel, Lee. 1991. *Net of Magic: Wonders and Deceptions in India.* Chicago: University of Chicago Press.

Smiley, Jane. 2004. "Excerpts from Jane Smiley's New Book." *Practical Horseman* (June): 44-68.

Smith, S. D., and P. M. Merikle. 1999. "Assessing the Duration of Memory for Information Perceived without Awareness." Poster presented at the Third Annual Meeting of the Association for the Scientific Study of Consciousness, London, Ontario, Canada, June 1999.

Strawson, Galen. 1999. "Little Gray Cells." *New York Times Book Review*, July 7, 1999, p. 13.

Thompson, Evan. 2001. "Empathy and Consciousness." *Journal of Consciousness Studies* 8: 1-33.

Tye, Michael. 1995. *Ten Problems of Consciousness.* Cambridge, Mass.: The MIT Press.

Varela, Francisco, and Jonathan Shear. 1999. "First-Person Methodologies: What, Why, How?" *Journal of Consciousness Studies* 6 (203): 1-14.

Voorhees, Burton. 2000. "Dennett and the Deep Blue Sea." *Journal of Consciousness Studies* 7: 53-69.

Weiskrantz, L. 1998. "Consciousness and Commentaries." In S. R. Hameroff, A. W. Kaszniak, and A. C. Scott (eds.), *Toward a Science of Consciousness II: The Second Tucson Discussions and Debates*, pp. 11-25.

Cambridge, Mass.: The MIT Press. Wright, Robert. 2000. *Nonzero: The Logic of Human*

Destiny. New York: Pantheon.

Zhao, Grace Q., Yifeng Zhang, Mark A. Hoon, Jayaram Chandrashekar, Isolde Erlenbach, Nicholas J. P. Ryba, and Charles S. Zuker. 2003. "The Receptors for Mammalian Sweet and Umami Taste." *Cell* 115: 255–266.

주

1   가장 최근에 그들은 작업들에서 그러고 있다. Chomsky 1994; Nagel 1998; McGinn 1999.

2   Chalmers 1995, 1996; Levine 1983.

3   Chalmers 1995.

4   Nagel, "Conceiving the Impossible," p. 338.

5   Chomsky, "Naturalism and Dualism," p. 189.

6   Strawson 1999.

7   Chalmers 1996, 특히 7장.

8   Nagel 1974.

9   Searle 1992.

10   Dennett 1991, 특히 10-12장, 1994a; 1995b.

11   Nagel, "Conceiving the Impossible," p. 342.

12   골드만은 이어지는 이메일들을 통해 이 문단에 응답했다.

13   이제까지의 세 문단의 내용은 수정을 거쳐 Dennett 1999으로부터 발췌된 것이다.

찾아보기

의식이라는 꿈

초판 1쇄 발행 2021년 6월 7일
개정판 1쇄 발행 2024년 1월 22일

지은이   대니얼 데닛
옮긴이   문규민
기획   김은수
책임편집   권오현 박소현
디자인   고영선

펴낸곳   (주)바다출판사
주소   서울시 마포구 성지1길 30 3층
전화   02-322-3885(편집) 02-322-3575(마케팅)
팩스   02-322-3858
이메일   badabooks@daum.net
홈페이지   www.badabooks.co.kr

ISBN   979-11-6689-214-1 03120